Alan Train

Ablachen, Fertigmachen, Draufstiefeln

Strategien gegen die Gewalt an Schulen
Wie Erziehende Opfern und Tätern
wirkungsvoll helfen können

Alan Train

Ablachen, Fertigmachen, Draufstiefeln

Strategien gegen die Gewalt an Schulen
Wie Erziehende Opfern und Tätern
wirkungsvoll helfen können

Illustrationen von Kira und Bardia

Die Deutsche Bibliothek – Cip-Einheitsaufnahme

Train, Alan:
    Ablachen, Fertigmachen, Draufstiefeln: Strategien
    gegen die Gewalt unter Kindern; wie Erziehende
    Opfern und Tätern wirkungsvoll helfen können /
    Alan Train, Ill. von Kira und Bardia.
    [Übers.: Cornelia Richter-Machicao]. - 2., überarb.
    Aufl. - München: Beust, 1998
    (KidsWorld)
    Einheitssacht.: The bullying problem <dt.>
    ISBN 3-89530-016-0

2., überarbeitete Auflage 1998

Copyright © 1997 Alan Train
Titel der englischen Originalausgabe: The Bullying
Problem, zuerst erschienen bei Souvenir Press (E&A)
Ltd, London, UK

Copyright © 1998 der deutschen Ausgabe
Beust Verlag, München

ÜBERSETZUNG: Cornelia Richter-Machicao für
GAIA Text, München
ILLUSTRATIONEN: Kira Schmidt und Bardia Beust für
GAIA Text, München
LEKTORAT: Katja Schneider für GAIA Text, München
LAYOUTDESIGN, SATZ UND PRODUKTION: GAIA Text,
München
UMSCHLAGDESIGN: Markus Härle für GAIA Text,
München
DRUCK: Offizin Andersen Nexö, Leipzig

ISBN 3-89530-016-0

Printed in Germany

Inhalt

Danksagung

Für meine Frau Vivienne
und mit Dankbarkeit für unsere Eltern
George und Winnie Train
Chris und Freda Calvert

TEIL 1:
VERSUCH EINER ANNÄHERUNG

1 Betroffen sein

1.1 Den Tatsachen ausweichen

Wer sich über das schwierige Verhalten seines Kindes Sorgen macht und befürchtet, daß es womöglich gewalttätig sein könnte, hat bereits mit der Wahl dieses Buches eine Initiative ergriffen und ist bereit, den Tatsachen ins Auge zu sehen. Die meisten Eltern ziehen es vor zu verdrängen, daß das geliebte Kind von anderen schikaniert werden könnte, und wären beschämt, wenn sie erfahren würden, daß ihr Kind andere malträtiert. Die Vorstellung, das eigene Kind könnte den Quälereien seiner Mitschüler oder seiner Mitschülerinnen zum Opfer fallen, ist erschreckend, aber festzustellen, daß das eigene Kind selbst es ist, das andere belästigt und deshalb allgemein verabscheut wird, ist noch schwerer zu akzeptieren.

Experten haben die Erfahrung gemacht, daß die meisten Eltern einer Konfrontation mit der Gewalttätigkeit ihrer Kinder aus dem Wege gehen und daß diejenigen, die beruflich mit Kindern zu tun haben, Gewalttätigkeit stillschweigend hinnehmen, weil sie an der Aggressivität eines Kindes nichts Ungewöhnliches finden. Sie wissen, daß eine gewisse Grausamkeit unter Kindern weit verbreitet ist, und achten gewöhnlich nicht besonders darauf. Studien belegen jedoch, daß Tausenden von Kindern täglich körperliche Schmerzen zugefügt werden und sie unter seelischen Grausamkeiten leiden. Und diese Schikanen prägen ihr gesamtes Leben: Die Opfer werden zu Einzelgängern und neigen zu Selbstmord, die Täter entwickeln sich oftmals zu abgebrühten Verbrechern, und beide, Opfer und Täter, werden häufig in kriminelle Taten verwickelt.

Eltern, die dieses Buch zur Hand nehmen, haben vermutlich den starken Verdacht, daß ihr Kind belästigt wird. Sie haben sich vielleicht gewundert, daß es so spät von der Schule nach Hause kommt, oder zerbrechen sich den Kopf darüber, warum es sich plötzlich innerlich zurückzieht und jeder

Zuwendung verschließt. Vielleicht hat es blaue Flecken am Körper, und seine Kleider sind zerrissen. Das Kind ist womöglich launisch und distanziert. Die Eltern werden beunruhigt und bestürzt sein wegen seiner offensichtlichen Unzufriedenheit und wissen nicht, wie sie sich verhalten sollen. Die meisten Eltern sind momentan aufgebracht und möchten den Täter am liebsten stellen und Gleiches mit Gleichem vergelten, aber eigentlich wollen sie dem Problem lieber aus dem Weg gehen und abwarten, bis sich die Ereignisse zuspitzen und aus vielerlei Gründen schließlich unerträglich werden.

Wer beruflich mit Kindern zu tun hat, trifft immer mal wieder auf ein Kind in seiner Gruppe, das in seinem Verhalten auffällig wird und in seinen Leistungen plötzlich abfällt. Ein einst aufgeschlossenes und vergnügtes Kind ist auf einmal still und launisch, seine Fähigkeit, sich zu konzentrieren, läßt nach. Es lehnt den Lehrer ab. Ein anderes Kind in der Gruppe hingegen schüchtert offensichtlich durch seine bloße Gegenwart die Mitschüler und Mitschülerinnen ein. Es ist förmlich zu spüren, wie alle aufatmen, wenn dieses Kind den Raum verläßt.

All diese Hinweise auf gewalttätiges Verhalten nehmen Sie, die Eltern, bewußt wahr und sind dennoch unsicher, ob Sie aktiv werden sollen oder nicht. Sie befürchten, daß Sie – wenn Sie eingreifen – ständig mit diesem Problem zu tun haben werden. Ihnen wäre es am liebsten, wenn die Kinder ihre Beziehungen allein regeln. Sie würden es vorziehen, Probleme als Teil einer normalen Entwicklung zu betrachten.

Vielleicht beruht das Unbehagen, das sowohl Eltern als auch Lehrer im Umgang mit auffällig aggressiven Kindern erfahren haben, auf einer grundsätzlichen Unentschiedenheit gegenüber der Tatsache als solcher. Die meisten haben eine angeborene Abneigung gegenüber Gewalt, und dennoch bewundern und beneiden sie dominante Persönlichkeiten um die Macht, die sie besitzen. Hätten Sie die Wahl zwischen einem passiven und einem aufsässigen Kind, würden Sie letzteres vorziehen. Vielleicht ist das ganz natürlich und entspringt dem inneren Überlebenstrieb, oder es beruht vielleicht auf eigenen Erfahrungen. Allgemein ist unter den Erwachsenen die Vorstellung weit verbreitet, daß dominante Persönlichkeiten die glücklicheren Menschen sind. Sie wirken nicht so hilflos wie andere, und die Schwächeren brauchen sie und sind auf sie angewiesen. Erwachsene wünschen sich starke Kinder, die fähig sind, nicht nur auf sich selbst zu achten, sondern später auch einmal für ihre Eltern zu sorgen.

Jeder fühlt sich für das Verhalten seines Kindes verantwortlich, egal, ob es andere piesackt oder selbst gehänselt wird. Seine Neigung zu Gewalttätigkeit wird bewußt oder unbewußt auf die eigene Persönlichkeit oder die Erziehung zurückgeführt. Wer sich selbst oder den Partner für eine aggressive und dominante Persönlichkeit hält und sein Kind immer wieder gewalttätigen Situationen aussetzt, hat das Verhalten seines Kindes mit Sicherheit in dieser Richtung beeinflußt. Das Betragen Ihres Kindes offenbart alles, was Sie an sich und Ihrer Beziehung zu anderen Menschen verabscheuen. Und deswegen werden Sie sich für sein Betragen die Schuld zuschreiben.

Wer diese Zusammenhänge grundsätzlich richtig einzuschätzen weiß, kann sie auch auflösen. Wie, das werde ich in Kapitel 4 zeigen. Um Kinder wirklich zu begreifen, ist es unerläßlich, sich mit sich selbst auseinanderzusetzen. Im Augenblick sind Sie aus Ihrer Situation heraus bereit, darüber nachzudenken, ob und wie Sie eine starke Persönlichkeit von einer zu Gewalt neigenden unterscheiden können. Tatsächlich können Ihnen Fragen dieser Art helfen herauszufinden, wie Sie sich am sinnvollsten dem Problem der Gewalttätigkeit nähern.

Alle, die beruflich mit Kindern arbeiten, sind sich im klaren darüber, daß es nicht nur darauf ankommt, Täter und Opfer auszumachen, sondern auch die Gefühle der betroffenen Eltern zu begreifen. Wer keine eigenen Kinder hat oder sich nie über das Verhalten der eigenen Kinder den Kopf zerbrechen mußte, sollte versuchen, sich wenigstens vorzustellen, wieviel Mut Eltern abverlangt wird, sich derartigen Problemen ihrer Kinder zu stellen.

Sowohl Eltern als auch Erzieher müssen sorgfältig ihr eigenes Verhalten auf Gewalt hin überprüfen, wenn sie den Kindern helfen wollen. Wie oberflächlich die meisten ihr eigenes Verhalten beurteilen, wird im Umgang mit ihrem Kind deutlich: Oft ermutigen sie es dazu, sich aggressiv und notfalls auch mit Macht durchzusetzen, ohne richtig nachgedacht zu haben, oder lehnen das Verhalten ihres Kindes ab, weil es zu lasch und passiv ist.

Gewöhnliche Entschuldigungen

Vielleicht liegt es an unseren Schuldgefühlen, daß wir die Existenz von Gewalttätigkeit leugnen oder ihre möglicherweise zerstörerische Auswirkung auf das Leben unserer Kinder verharmlosen. Wer grundsätzlich den Problemen aus dem Weg gehen möchte, versucht, die Dinge in jeder Hinsicht rational zu erklären. Lesen Sie den nachfolgenden Text, und fragen Sie sich einmal, wie oft Sie sich bereits selbst einer Auseinandersetzung entzogen haben und ob Sie sich weiterhin passiv verhalten möchten.

»Jungs sind eben Jungs«

Mit diesem Satz wird gewöhnlich das schlechte Benehmen von Jungen gerechtfertigt – oft genug sogar ihr gewalttätiges Verhalten entschuldigt. Damit möchte man anscheinend ausdrücken, daß ihr Betragen nichts mit ihrer Persönlichkeit oder mit den Eltern zu tun hat – das ist eben einfach so. Die Verantwortung wird der Gesellschaft schlechthin zugeschoben, man selbst entzieht sich geschickt jeder Form von Verantwortung und sieht keine Veranlassung einzugreifen. Gleichzeitig hilft dieser Satz, damit fertig zu werden, daß das eigene Kind Opfer von Gewalttätigkeiten ist oder selbst andere belästigt. Wer sich so äußert, nimmt Zuflucht zu der falschen, aber weit verbreiteten und dadurch beliebten Annahme, daß Männlichkeit sich in einem bestimmten charakteristischen Verhalten offenbart und damit unabänderlich ist.

Dieses sexistische Denken durchdringt jede Annäherung an das Problem gewalttätigen Verhaltens und hilft niemandem, weder den Tätern noch den Opfern. Im Gegenteil, Jungen werden indirekt durch solche Bemerkungen in ihrem Verhalten bestätigt.

Man kann bereits viel Übles anrichten, wenn man zufrieden und stolz anerkennt, daß Kleinkinder im Spiel andere dominieren. So wird ihnen vermittelt, daß aggressives Verhalten an sich positiv ist. Halb verstecktes Lachen von Erwachsenen und ausbleibende Ermahnungen bestärken ein Kind enorm. Kleinkinder speichern viel mehr von unseren Verhaltensweisen und Wertvorstellungen, als wir uns vorstellen können.

»Mädchen sind oft so zickig«

Nicht nur Jungen haben unter Vorurteilen zu leiden. Wenn Mädchen schikaniert werden, dann heißt es oft, sie seien extrem empfindlich und reizbar. Und wenn sie andere schikanieren, dann sind sie eben übermütig und ausgelassen. Mädchen sind eben Mädchen, und Jungs sind Jungs, und mehr noch – wir haben Verständnis dafür, daß sie sich in unerklärlich »komischen« Phasen befinden, egal wie zickig und boshaft sie sind.

Diese verzerrte, verallgemeinerte Wahrnehmung von Mädchen hindert uns daran zu sehen, was wirklich los ist, und wir müssen uns enorm anstrengen, ihr Verhalten objektiv zu betrachten. Mädchen wie Jungen glauben oft, sie seien selbst schuld, wenn sie von anderen gequält werden und niemand es zu bemerken scheint. Wenn ihre Hilfeschreie nicht erhört werden, können sie unsägliches Elend erleiden.

»Das gehört zum Größerwerden dazu. Das tut dir gut«

Dies ist ein besonders unvernünftiger Ausspruch, der ein Opfer wenig tröstet. Wer als Erwachsener so redet, hat die Nöte und Ängste, die er selbst als Kleinkind durchmachte, längst vergessen. Für ihn haben sich die Schikanen im nachhinein relativiert. Er hat die Demütigungen verdrängt, die er ertragen mußte, weil er wegen seiner neuen Schuhe verspottet wurde, oder die öffentliche Kritik, der er als Teenager ausgesetzt war. Versuchen Sie sich daran zu erinnern, wann man Sie in Ihrer Kindheit drangsaliert hat. Wie fühlten Sie sich?

Wer Schwierigkeiten hat, sich zu erinnern, hat die Erinnerung an diese Vorfälle unterdrückt.

Wer ähnliche Ereignisse gegenüber einem Kind verharmlost, der vermittelt ihm zugleich, daß es in Ordnung ist, andere zu belästigen, und daß Schikanen ganz normal sind. Er prägt auf diese Weise ein Kind für sein ganzes Leben und bestimmt seine Beziehungsfähigkeit.

Was ist das für eine Beziehung, die sich aufgrund solcher Kommentare zwischen Eltern und Kind entwickelt? Glauben Sie, daß Sie einem Kind mit diesen Phrasen das Gefühl geben, daß Sie es ernst nehmen und es gern haben?

»Das ist deine Sache«

Diese Verharmlosung eines Vorfalls ist oft begleitet von genauen Anleitungen, wie man Vergeltung üben kann. Oft zeigt dann ein Vater seinem Kind, wie es sich in einem Kampf mit einem schlauen Griff oder mit einem Nackenhebel zur Wehr setzen kann.

Wer solche Ratschläge erteilt, bringt seinem Kind etwas anderes bei, als sich nur zu wehren.

Es lernt zwei Dinge: Erstens, daß es nicht ohne Schamgefühl Erwachsene um Hilfe bitten kann, zweitens, daß es aggressiv sein soll. Eltern vermitteln so ihrem Kind, daß es in dem Moment, da es einen Kampf verliert, nicht mit ihrer Zuneigung rechnen kann. Und sie suggerieren ihm, daß es sich nur mit physischer Gewalt Anerkennung verschaffen kann. Diese Taktik ist gefährlich, und Ihr Kind wird Ihnen völlig entgleiten. Wenn es mit Gewalt konfrontiert wird, dann wird es Ihrem Rat entsprechend handeln und letztlich selbst der Aggressor sein. Setzt es Ihren Rat aber nicht um, so fühlt es sich als Versager. In beiden Fällen werden Sie seine Zuneigung verlieren.

»Nicht petzen«

Diese Zurechtweisung eines Kindes, das eigentlich um Hilfe ruft, beruht gewöhnlich auf Trägheit und Desinteresse. Der Erwachsene drückt damit zum einen aus, daß er sich nicht um die Probleme des Kindes kümmern will, zum anderen, daß es wichtigere Dinge gibt. Gewalt ist normal, Erwachsene befassen sich kaum damit – so folgert das Kind.

Können Sie sich vorstellen, warum sich das Verhalten des Kindes negativ verändert?

Ist es tapfer genug, dann kehrt es zu seiner Gruppe zurück und wird vor lauter Angst die Auseinandersetzung, den Kampf suchen. Oder aber es fürchtet sich zunehmend vor dem Umgang mit anderen Kindern. Durch Ihr Verhalten entmutigen Sie obendrein Ihr Kind, mit Ihnen zu sprechen, und sein Umgang mit anderen wird anhaltend belastet sein.

Um alle diese möglichen Folgen zu vermeiden, müssen Sie Ihrem Kind einzig und allein zuhören und dabei nicht einmal Partei ergreifen.

»Schau – auch ich wurde gepiesackt, aber es hat mir nicht geschadet!« So reagierten unsere Eltern, wenn wir uns bei ihnen beklagten, und wir haben diese irrationalen Kommentare übernommen. Und so geschah es von Generation zu Generation, ohne daß sich jemand Gedanken über die Wirkung dieses Geredes machte. Egal, was passiert ist, man sollte nie sagen: »Ja, und sieh mich an – mir geht es gut.« Diese Art von Selbstgerechtigkeit macht Sie unter Erwachsenen unangreifbar, im Umgang mit einem Kind ist sie aber unangemessen. Haben Sie schon einmal bemerkt, daß Erwachsene auf diesen Satz gar nicht reagieren? Denken Sie darüber nach, warum nicht!

»Einfach nicht beachten, dann geht es vorüber«

Eltern und Lehrer spüren intuitiv, daß sich gewalttätiges Verhalten legt, wenn man es einfach ignoriert; so haben sie es gelernt. Bedauerlicherweise kennen Kinder diese Verhaltensregel aber nicht von Geburt an. Sie müssen unter den Belästigungen anderer leiden, bis sie durch Erfahrung, also durch Erfolg und Irrtum, lernen, mit Schikanen umzugehen. Und manche von ihnen erholen sich nie wieder von ihren schlechten Erfahrungen.

Häufig will man besser nicht mit seinem Kind über Gewalttätigkeit sprechen und etwas thematisieren, womit es vielleicht nie in Berührung kommen wird. Aber damit macht man sich tatsächlich etwas vor: Gewalt beherrscht einen Teil des kindlichen Lebens, Gewalt ist keine Erfindung der Erwachsenen. Gewalt existiert im Kinderzimmer, in Kleinkindgruppen, in Grundschulen und in weiterführenden Schulen. Nur wer offen über Gewalt spricht, wer die Augen offen hält und Vorfälle sofort regelt, wird das Problem an seiner Wurzel packen. Wer hingegen Gewalt ignoriert, muß mit Komplikationen rechnen: Kinder werden immer wieder von anderen verprügelt oder zumindest durch undeutliche und sich widersprechende Informationen verunsichert.

Wer die eine oder andere dieser Bemerkungen in Frage stellt, setzt sich bereits mit dem Gewaltproblem auseinander, auch wenn er sich eigentlich nicht in die Angelegenheiten eines Kindes einmischen will. Soll das Kind irgendwann auf eigenen Beinen stehen, darf es nicht allzusehr behütet werden, denkt man. Das ist wunderbar, solange ein Kind einigermaßen glücklich ist und man sich keine Sorgen machen muß. Ist man aber erst einmal über sein Betragen verwundert und spürt, daß es in irgendeiner Form in Gewalttätigkeiten verwickelt ist, dann sollte man ernsthaft die eigene Einstellung gegenüber dem Kind und seinem Verhalten überdenken.

Von Natur aus ist die Aggressionsbereitschaft bei manchen Kindern stärker ausgeprägt als bei anderen, und um diese auszuloten, ist es wesentlich, alle potentiellen Probleme zu durchleuchten, die ein Kind womöglich dazu treiben könnten, sich zu prügeln. Eltern und Erzieher, die wissen, daß ein Kind zu aggressiven Ausbrüchen neigt, können es im Auge behalten. Vorbeugen ist besser als Heilen.

Die nachfolgenden Übungen sollen Ihnen helfen, die Veranlagung eines Kindes zum Täter oder zum Opfer einzuschätzen. Ziel der Übungen ist es nicht herauszufinden, ob ein Kind schüchtern oder aggressiv ist, sondern auszumachen, ob es dafür anfällig ist oder nicht.

Erzieher sollten das Nachfolgende aus der Sicht der Eltern lesen, deren Kind Anlaß zu Sorgen gibt. Notieren Sie nicht einfach die Eigenschaften von Täter- und Opferpersönlichkeiten, sondern versuchen Sie sich vorzustellen, was in Eltern vorgeht, wenn sie mit diesen Tatsachen konfrontiert werden.

1.2 Den Tatsachen ins Auge sehen

1.2.1 Könnte mein Kind gewalttätig sein?

Es ist nicht leicht, ein aggressives Kind zu identifizieren. Es muß nicht – so die landläufige Meinung – groß sein oder bedrohlich aussehen, ein gewalttätiges Kind kann im Gegenteil klein, schwächlich und schüchtern sein. Denn auch psychisch und verbal kann man andere Kinder belästigen und beherrschen.

Gewalttätige können einer Bande angehören, aber auch ebensogut Einzelgänger sein. Verallgemeinerungen sind hier nicht nur schwierig, sondern auch gefährlich.

Eines ist allen gewalttätigen Personen gemeinsam: Sie tyrannisieren andere. Und deshalb lassen sich alle durch ihr Verhalten identifizieren.

Zeit für ein paar Übungen

Überfliegen Sie die folgenden Übungen nicht, sondern veranschaulichen Sie sich sorgsam die Fakten, die bei der Lösung der Aufgaben ans Licht kommen, und beurteilen Sie dann Ihr eigenes Kind.

Wer von den Übungen profitieren möchte, sollte sich mindestens 15 Minuten Zeit für jede einzelne nehmen. Ihre Antworten werden Ihnen Hinweise darauf geben, ob Ihr Kind zu gewalttätigem Verhalten neigt. Noch wichtiger ist es allerdings herauszufinden, was Ihnen an seinem Verhalten Sorgen bereitet.

Wenn Sie mutig genug sind, dann bitten Sie eine Freundin oder einen Freund, Ihnen beizustehen. Zu zweit können Sie Ihre Ansichten diskutieren, und es wird Ihnen helfen, mit jemandem, der Verständnis zeigt, über Ihr Kind zu reden.

1. Übung

Beantworten Sie die nachfolgenden Fragen:

1. Versucht mein Kind absichtlich, andere zu verletzen oder ihnen Leid zuzufügen?
2. Scheint es ihm Spaß zu machen, sich so zu verhalten?

Erläuterungen

1. Die Absicht eines Kindes einzuschätzen ist schwierig. Versuchen Sie es trotzdem, dann vermeiden Sie, Ihre eigenen Ängste und Zweifel auf die Situation zu übertragen. Entschuldigen Sie das Verhalten des Kindes nicht, und notieren Sie sich wenigstens sechs Fälle, die Ihren Verdacht begründen.

2. Ärgert Ihr Kind andere, dann können Sie an seiner Reaktion und aufgrund ausbleibender Gewissensbisse feststellen, ob es das gern tut. Hinterfragen Sie auch seine Reue, ob es tatsächlich berührt ist oder ob es das nur vorgibt, um sich vor Strafe zu schützen.

2. Haben Sie sich eine Meinung gebildet, dann machen Sie sich nochmals klar, daß gewalttätige Kinder anderen bewußt weh tun wollen und offensichtlich Vergnügen dabei empfinden.

2. Übung

Lesen Sie sich die nachfolgende Checkliste durch, und kreuzen Sie die Verhaltensweisen an, die auf Ihr Kind zutreffen:

	selten	manchmal	häufig
boxt, tritt			
grabscht, stößt			
prügelt sich mit anderen			
hänselt, spottet			
macht anzügliche Bemerkungen			
verbreitet böswillige Gerüchte			
droht andern			
belästigt andere sexuell			
verhält sich rassistisch			
schüchtert ein			
erpreßt sich Dinge von anderen			
ist Rädelsführer			
diskriminiert einzelne Personen			
diskriminiert Personen nach ihrer ethnischen Zugehörigkeit			
diskriminiert Gruppen nach ihrem Geschlecht			

Erläuterungen

Alle diese Aktivitäten gehören zur normalen Entwicklung eines Kindes, solange sie nicht anhalten und vorherrschend werden. Um Ihre Antworten richtig zu beurteilen, sollten Sie sich zwei weitere Fragen stellen:

1. Verhält sich Ihr Kind so, wenn Sie mit ihm zusammen sind, oder nur zu bestimmten Zeiten oder an bestimmten Orten?

   Können Sie konkrete Angaben zu Zeit und Ort machen, dann haben Sie unmittelbar eine Lösung gefunden: Versuchen Sie, diese besonderen Situationen zu umgehen, und schaffen Sie gleichzeitig Gelegenheiten für positive Erlebnisse und weniger Mißerfolge.

2. Verhält sich Ihr Kind in Ihrem Beisein anders als mit anderen? Benimmt es sich in der Gesellschaft bestimmter Personen ordentlich, dann schauen Sie sich genau an, in welcher Beziehung diese zu ihm stehen. Wie gehen die, die nie seinen auffälligen Verhaltensweisen ausgesetzt waren, mit ihm um? Was machen sie anders?
3. Vergegenwärtigen Sie sich, daß gewalttätige Kinder bewußt anderen weh tun und offensichtlich Freude dabei empfinden und wahrscheinlich häufig eine oder mehrere der oben aufgeführten Verhaltensweisen in unterschiedlichen Situationen und mit unterschiedlichen Personen ausleben.

3. Übung

Lesen Sie die nachfolgende Checkliste durch, und kreuzen Sie die charakteristischen Eigenschaften an, die die Persönlichkeit Ihres Kindes ausmachen:

	nein	ja
übermäßig aggressiv gegen Ebenbürtige		
übermäßig aggressiv gegen Erwachsene		
übermäßig aggressiv gegen Geschwister		
schlechte Konzentrationsfähigkeit		
haßt Schule und Lehrer		
körperlich kräftig		
sehr aktiv		
bestimmend		
unbeliebt		
wenig Selbstvertrauen		
hat wenige liebenswerte Eigenschaften		

Erläuterungen

Genau wie bei der zweiten Übung fragen Sie sich bitte, ob Ihr Kind in unterschiedlichen Situationen und im Beisein anderer Personen so ist.

Prägen Sie sich ein, daß Gewalttätige bewußt anderen weh tun und Vergnügen dabei empfinden, daß sie wahrscheinlich immer häufiger eine oder mehrere Verhaltensweisen, die in der zweiten Übung aufgeführt sind, an den Tag legen, und daß sie wenigstens eine der oben angeführten persönlichen Eigenschaften haben.

Sie haben mittlerweile etwas über die aggressiven Neigungen Ihres Kindes herausgefunden. Eingehend haben Sie sich selbst befragt, und ich hoffe, daß Sie und Ihre Freundin oder Ihr Freund auf einige Wahrheiten gestoßen sind. Erinnern Sie sich daran, daß aggressives Verhalten normal ist, wenn es von Zeit zu Zeit auftritt. Erst wenn es das Leben Ihres Kindes beherrscht und Ihnen auffällt, dann wird es problematisch.

Mit diesen Übungen soll kein Urteil über Ihr Kind gefällt werden. Es geht nicht darum festzustellen, ob es gewalttätig ist oder nicht, und ihm ein entsprechendes Etikett zu verpassen. Entscheidend ist, daß Sie herausfinden, wie sich Ihr Kind in besonderen Situationen benimmt.

Denn dann können Sie wirklich helfen, und später wird sich herausstellen, daß Ihr Engagement überaus wichtig war. Gewalttätige haben ihr Leben lang ein schlechtes Gewissen und fühlen sich oft nur in dem Moment, da sie bestraft werden, wohl. Sie isolieren sich leicht und neigen zu Depressionen. Es fehlt ihnen womöglich an Selbstvertrauen, und sie sind häufig voller Groll darüber, daß man ihnen in ihrer Kindheit nicht geholfen hat.

Sie werden bald in der Lage sein, Ihrem Kind diese Konsequenzen zu ersparen – und es darüber hinaus davor zu bewahren, als Erwachsener ein Leben in Gewalt und Kriminalität zu verbringen. Ihre Anstrengungen werden sogar bis in die nächsten Generationen reichen, denn die meisten aggressiven Kinder orientieren sich am Vorbild ihrer ebenso streitsüchtigen und gewalttätigen Eltern und setzen die Kette somit fort.

1.2.2 Mein Kind – ein Opfer?

Vielleicht lesen Sie dieses Buch auch, weil Ihr Kind schikaniert wird. Sie leiden mit ihm und wollen ihm helfen. Ist die

Situation erst einmal ernst geworden, und haben Sie die Hoffnung aufgegeben, dann gelangen Sie womöglich zu dem Schluß, daß Ihr Kind all sein Leid selbst verschuldet hat. Ebenso denken Gewalttätige über ihre Opfer. Es gibt zwar Kinder, die durch ihr Verhalten andere zu Handgreiflichkeiten herausfordern, aber sie sind in der Minderheit.

Lassen Sie sich nicht verwirren! Distanzieren Sie sich von der Idee, daß Ihr Kind selbst Schuld an seinem Leid haben könnte, dann wird es Ihnen leichter fallen, ihm zu helfen. Wer negativ von seinem Kind denkt, wird es nicht unterstützen.

Es gibt Möglichkeiten, Ihrem Kind aktiv beizustehen – wie, das besprechen wir in Teil 2 »Das Problem in Angriff nehmen«.

Weitere Übungen
Anhand der nachfolgenden Übungen können Sie herausfinden, ob sich Ihr Kind schikanieren läßt. Es geht also nicht darum zu klären, ob es tatsächlich drangsaliert wird, sondern ob es besonders verletzlich ist. Genau wie bei den vorausgegangenen Übungen werden Sie mehr von Ihrer Arbeit haben, wenn Sie eine Freundin oder einen Freund hinzubitten.

4. Übung
Lesen Sie die nachfolgende Checkliste durch, und kreuzen Sie die charakteristischen Merkmale an, die auf Ihr Kind zutreffen:

	ja	nein
vorsichtig		
empfindlich		
ruhig		
in sich gekehrt		
hat eine negatives Selbstverständnis		
hat eine negative Lebenseinstellung		
fühlt sich dumm		
fühlt sich unattraktiv		
schüchtern		
gereizt		

22

Erläuterungen

Fragen Sie sich, wie bei den anderen Übungen auch, ob diese charakteristischen Eigenschaften immer zutreffen oder sich nur in bestimmten Situationen manifestieren. Verhält sich Ihr Kind so in Gesellschaft anderer oder nur in Ihrem Beisein?

Wenn diese Eigenschaften nur in bestimmten Situationen auftreten, dann versuchen Sie, diese zu vermeiden. Bemühen Sie sich, eine angenehme Umgebung zu schaffen, und lassen Sie es auf keine Kraftprobe ankommen.

Bewirken bestimmte Personen ein entspannteres Verhalten Ihres Kindes, dann fragen Sie sich, was diese dazu beitragen, und bieten Sie Ihrem Kind jede Gelegenheit, mit ihnen zusammen zu sein. Seien Sie nicht eifersüchtig.

Prägen Sie sich ein, daß Opfer im allgemeinen unsicher und ängstlich sind. Sie können obendrein vorsichtig, empfindlich und still sein. Sie haben womöglich eine sehr geringe Selbstachtung.

5. Übung

Lesen Sie das Nachfolgende durch, und kreuzen Sie die Punkte an, die im allgemeinen auf das Verhalten Ihres Kindes zutreffen:

	ja	nein
weint und schreit leicht		
ist einsam		
unglücklich		
distanziert		
unbeständig		
unfähig, sich zu konzentrieren		
bringt wenig zustande		
hat Schwierigkeiten, sich an Dinge zu erinnern		
sträubt sich, nach draußen zu gehen		
launisch		

Erläuterungen

Besprechen Sie mit Freunden, ob Ihr Kind immer und in allen Situationen so reagiert. Verhält es sich nur in Ihrem

Beisein so oder grundsätzlich? Fallen Ihnen Situationen ein, in denen sich Ihr Kind besonders auffällig benimmt, dann überlegen Sie sich, wie Sie diese vermeiden können.

Prägen Sie sich ein, daß Opfer gewöhnlich unsicher und ängstlich sind, daß sie vorsichtig, empfindlich und still sein können und eine sehr niedrige Selbstachtung haben. Sie werden oft mit Schreien oder Weinen reagieren und einsam, unglücklich, distanziert und unbeständig sein. Sie werden wenig leisten und sich als Versager fühlen.

6. Übung

Lesen Sie das Nachfolgende durch, und kreuzen Sie die Punkte an, die auf Ihr Kind zutreffen:

	ja	nein
zeichnet sich durch etwas Bestimmtes aus		
zeichnet sich durch nichts aus		
äußerlich attraktiv		
äußerlich unattraktiv		
äußerlich andersartig		
hat einen abweichenden Akzent		
hat eine Sprach- oder Hörbehinderung		
hat ein körperliches oder geistiges Handikap		
ist neu in der Gruppe		
benimmt sich gekünstelt		
hat ungewöhnliche Interessen		
ist das einzige Kind, das Musikunterricht hat		
andere Ungewöhnlichkeiten ...		

Erläuterungen

Bei dieser Übung brauchen Sie unbedingt die Unterstützung einer Freundin oder eines Freundes, denn es wird Ihnen schwerfallen, die richtigen Punkte unvoreingenommen anzukreuzen und richtig einzuschätzen. Denn Charakterzüge, die Ihr Kind verwundbar machen, können für Sie untrennbar mit dem Wesen des geliebten Kindes verbunden sein. Vielleicht werden Sie sich sogar direkt verantwortlich fühlen, wenn Sie auf einem ausgefallenen Hobby für Ihr Kind be-

standen haben. Dann müssen Sie sich möglicherweise eingestehen, daß Ihr Kind unter Ihren Ambitionen und Prinzipi-
en leidet.

Alle diese Übungen werden Ihnen geholfen haben herauszufinden, ob Ihr Kind gegebenenfalls malträtiert wird. Es wurde Ihnen bestätigt, was Sie bereits befürchteten, oder Sie haben Verhaltensweisen aufgedeckt, die Ihnen bisher nicht
auffielen. Auf alle Fälle werden Sie genauer sagen können,
was Ihnen Sorgen am Verhalten Ihres Kindes macht und wie
ernst die Lage ist.

Beurteilen Sie abschließend die gesamte Situation, und
prägen Sie sich nochmals bewußt ein, daß Opfer grundsätzlich unsicher und ängstlich sind, womöglich launisch, empfindlich und still, und vielleicht ein geringes Selbstwertgefühl haben. Sie weinen oder schreien leicht und scheinen
einsam, unglücklich, distanziert und flatterhaft. Sie schätzen
ihre Arbeit als geringwertig ein und sehen sich selbst als Versager. Sie werden häufig von Tätern ausgewählt, weil sie irgend etwas von den Gleichaltrigen unterscheidet.

1.3 Ursachen für auffälliges Verhalten

Wenn Sie die Aufgaben durchgegangen sind und das Gefühl
haben, Ihr Kind könnte Opfer von Gewalttätigkeiten sein
oder selbst andere belästigen, dann sollten Sie sich eingehender mit dem Problem beschäftigen.

Im folgenden geht es um allgemeingültige Ursachen, die
vielleicht dazu beigetragen haben, daß Ihr Kind andere schikaniert oder selbst zum Opfer von Schikanen wird.

1.3.1 Körperliche Probleme

Ihr Kind – vor allem ein jüngeres – hat womöglich gesundheitliche Probleme, von denen Sie nichts ahnen. Es ist vielleicht hingefallen und hat sich den Kopf angestoßen, ohne
daß es jemand mitbekommen hat. Es sieht eventuell nicht
richtig oder hört schlecht, oder es hat Zahnschmerzen. Es

wird anfangen, sich schlecht zu benehmen, während es gleichzeitig in seinen Leistungen immer weiter zurückfällt.

Ältere Kinder hingegen, die körperlich bereits weiter entwickelt sind, schämen sich möglicherweise manchmal, über Dinge zu reden, die sie glauben wissen zu müssen.

1.3.2 Besteht ein Drogenproblem?

Ungeklärte gesundheitliche Probleme, eine verborgene Drogenproblematik oder Ängste, die behandlungsbedürftig sind, können das Verhalten Ihres Kindes sehr beeinflussen.

Vereinbaren Sie einen Termin beim Arzt, bei dem es nicht nur darum gehen soll, daß der Arzt Ihr Kind untersucht, sondern daß Ihr Kind Gelegenheit bekommt, mit ihm über seine eigenen Probleme zu reden.

1.3.3 Hausaufgaben

Viele Kinder sind durch zu anspruchsvolle Hausaufgaben überfordert. Haben sie erst einmal den Anschluß verpaßt, dann verändert sich unausweichlich auch ihr Verhalten. Kleinere Kinder werden in dem Moment, in dem sie zur Schule gehen müssen, manchmal außergewöhnlich aggressiv. Wahrscheinlich, weil die Anforderungen zu hoch sind, oft aber auch, weil es ihnen schwerfällt, mit so vielen anderen Kindern zusammenzuarbeiten. Es ist nicht leicht, sich plötzlich in einer großen Gruppe zurechtzufinden.

Genauso geht es Kindern, die die Schule wechseln. Sie finden die neue Situation bedrohlich und beginnen, sich schlecht zu benehmen.

Andere Kinder sind schwer belastet durch bevorstehende Prüfungen oder schaffen es nicht, dem Druck, den Eltern und Lehrer durch zu hohe Erwartungen auf sie ausüben, standzuhalten.

In einem ruhigen Gespräch mit dem Klassenlehrer Ihres Kindes läßt sich vielleicht ein einfacher Weg finden, die Anspannung zu lösen, und es ist zweifellos immer hilfreich für beide, die gegenseitigen Ansprüche zu klären. Ergreifen Sie die Initiative, und beschreiben Sie einfach das Betragen Ihres Kindes, dann wird sich auch der Lehrer oder die Lehrerin zu dem Benehmen Ihres Kindes äußern, und Sie werden hören, ob es sich in der Schule genauso verhält wie zu Hause oder aber völlig anders ist. Auf diese Art wird Ihnen vielleicht ganz plötzlich klar, wie Sie mit dem Problem umgehen können.

1.3.4 Lehrer

Das Verhalten eines Kindes kann sich beträchtlich verschlechtern, wenn es spürt, daß ein Lehrer an ihm herumnörgelt. Gleichermaßen können Kinder bestimmte Lehrer nicht leiden, und wenn ein Kind Schwierigkeiten in der Schule hat, dann wird es diese auf die Unzulänglichkeiten des Lehrers zurückführen. Es ist nicht ausgeschlossen, daß es zum Beispiel von seiner Lehrerin schikaniert wird (siehe Kapitel 10). Am besten, Sie sprechen sofort mit der Lehrerin. Sie könnten das Gespräch mit dem Hinweis beginnen, daß Ihr Kind merken würde, wie unzufrieden die Lehrerin mit ihm sei. Dann räumen Sie ein, daß es die Situation völlig falsch verstanden haben könnte, und daß Sie wüßten, daß Ihr Kind nicht leicht zu nehmen sei ... Sei sie sich einer Verschlechterung seines Benehmens bewußt? Wenn ja, welchen Rat könnte sie geben?

Es ist überflüssig zu sagen, daß Sie nicht in die Schule gehen und Krach schlagen sollen: Ihr Ziel ist es nicht nur, mehr Verständnis für das Verhalten Ihres Kindes zu wecken, sondern auch herauszufinden, was die Schule unternimmt.

1.3.5 Kleine Delikte oder Straftaten

Sollte Ihr Kind eine Straftat oder ein Delikt begangen haben, so wird es – egal, wie geringfügig sein Vergehen auch war – sehr viel Angst haben, jemand könnte seine Tat entdecken. Hegen Sie den Verdacht, daß es Geld aus Ihrem Portemonnaie genommen hat oder außerhalb des Hauses in eine Straftat verwickelt ist, dann bieten Sie ihm die Gelegenheit, darüber zu reden.

Sprechen Sie es aber nicht direkt an. Gibt es eine Person im Leben Ihres Kindes – und die gibt es bei den meisten –, der es besonders nahesteht (etwa eine bevorzugte Tante oder einen Lieblingsonkel), dann weihen Sie diese in Ihre Sorgen ein, und geben Sie beiden die Möglichkeit, miteinander allein zu sein. Auf diese Weise wird sich Ihr Kind vielleicht von einer schweren Last befreien.

1.3.6 Andere Kinder

Das Verhalten Ihres Kindes hängt womöglich mit der Dynamik in seiner Clique zusammen. Gelegentlich streitet es sich mit seinen Freunden oder Freundinnen und wird zeitweilig aus der Gruppe ausgeschlossen. Dies ist ein Teil des Lebens, der Schmerzen und Unglück verursachen kann.

Das Verhältnis Ihres Kindes zu anderen Kindern wird sich ständig ändern. Achten Sie darauf, daß es richtig lernt, wie man mit anderen umgeht, denn darauf kommt es an. Beklagt es sich, dann entmutigen Sie es nicht, sondern hören Sie ihm zu und unterstützen Sie es. Sie müssen natürlich auch darauf achten, daß es in dem Moment, da sich sein Betragen dramatisch verändert und es einen äußerst unglücklichen Eindruck macht, mehr als unterstützende Worte braucht. Vielleicht fordert es generell mehr Aufmerksamkeit.

Beziehungsprobleme lassen sich am effektivsten durch Gruppenarbeit klären, bei der man fiktive Szenen stellt und nachspielt. Diese Methode festigt die Persönlichkeit von Kindern und vermittelt ihnen Sicherheit im sozialen Miteinander. Um Ihrem Kind in seiner schwierigen Lage zu helfen, könnten Sie seinen Lehrer oder seine Lehrerin darauf hinweisen (siehe Kapitel 10). Im Rahmen solcher Rollenspiele lassen sich Gewaltprobleme leichter lösen, denn alles bleibt anonym, es werden keine Namen genannt und jedes Kind kann unbehelligt seine eigenen Belange vortragen.

1.3.7 Kleidung

Möglicherweise reagiert Ihr Kind von heute auf morgen anders, nachdem Sie ihm ein Kleidungsstück für die Schule gekauft haben. Oder es wird mürrisch, wenn Sie darauf bestehen, daß es bei strömendem Regen etwas Wasserdichtes anzieht.

Werden Kinder älter, dann sollten Sie sich nicht mehr zu sehr um ihr Aussehen kümmern, und Sie sind gut beraten, wenn Sie nicht alles, was sich ein Teenager zum Anziehen heraussucht, kritisieren. Ist Ihr Kind noch kleiner und können Sie es sich nicht leisten, allen Ansprüchen gerecht zu werden, dann sollten Sie zumindest darauf achten, daß es in der Schule nicht in ernsthafte Verlegenheit gerät, weil es die »falsche« Kleidung trägt, »altmodisch« oder einfach »anders« angezogen ist. Ihr Kind ist sonst Hänseleien ausgesetzt. Und reagiert es obendrein besonders empfindlich auf jede Äußerung, dann wird es Kränkungen hören, wo keine beabsichtigt waren, und aggressiv reagieren. In beiden Fällen ändert es sein Benehmen, denn sein Selbstbewußtsein ist bedroht.

Ist Ihr Kind bei seiner Kleidung sehr heikel, dann halten Sie sich an den Grundsatz: Es darf alles anziehen, solange es damit den Anforderungen der Schule nachkommt.

Das Thema Kleidung kann zwischen Ihnen und Ihrem Kind zum Schlachtfeld werden. Ziehen Sie sich zurück, und bitten Sie eine dritte, neutrale Person, die Regeln festzulegen. Nur so werden Sie herausfinden, ob es in Ihrer Auseinandersetzung wirklich um die Kleiderfrage geht. Ihre Beziehung zueinander steht auf dem Prüfstein. Entspannen Sie sich, und machen Sie sich klar, daß Sie die persönliche Entwicklung Ihres Kindes unterstützen und sein Selbstbewußtsein fördern, wenn Sie ihm zu tragen erlauben, was es möchte. Die Kleiderfrage wird nur zu einem Problem, wenn Sie eines daraus machen.

1.3.8 Familiendynamik

Kinder reagieren sehr empfindlich auf die Familiendynamik, und wenn Sie nach den Ursachen für die plötzliche Verhaltensänderung Ihres Kindes suchen, dann überlegen Sie sich als erstes, ob es kürzlich irgendwelche familiären Veränderungen oder Streitigkeiten gab, die es irritiert haben könnten (siehe Kapitel 9).

Entscheidend ist, daß Sie mit Ihrem Kind reden und ihm erzählen, was passiert ist: Machen Sie sich nicht vor, größere Meinungsverschiedenheiten vor ihm verbergen zu können. Haben Sie Geheimnisse vor Ihrem Kind, dann wird es sich allein gelassen fühlen und glauben, das Problem ohne

Ihre Hilfe klären zu müssen. Weihen Sie es aber ein, dann werden Sie erstaunt sein, wieviel Hilfe und Unterstützung es Ihnen in Krisenzeiten bieten kann.

1.3.9 Allgemeine Entwicklung

Fragen Sie sich immer, ob das Verhalten Ihres Kindes altersgemäß ist. Es ist sehr schwer, allgemeingültige Maßstäbe festzusetzen, da sich jedes Kind auf seine eigene Art entwickelt, und dennoch machen alle die gleichen Entwicklungsstadien durch (auf einige davon werden wir in Kapitel 3 eingehen).

Zunächst ist es für Sie am einfachsten, einmal unvoreingenommen das Verhalten der Altersgenossen Ihres Kindes zu beobachten. Es wird Ihnen auffallen, wenn sich das Verhalten Ihres Kindes von dem der anderen unterscheidet. Wenn Sie dennoch unsicher sind, dann fragen Sie die Eltern seiner Freunde, wie sich ihre Kinder in den für Sie momentan auffälligen Situationen benehmen. Seien Sie darauf gefaßt, daß Sie, ohne danach gefragt zu haben, auch Äußerungen über Ihren Sohn oder Ihre Tochter zu hören bekommen.

1.4 Zusammenfassung

Experten unterscheiden in ihren Untersuchungen zwischen der Zahl der gewalttätigen Kinder und der Zahl derer, die der Gewalt zum Opfer fallen. Während manche die Meinung vertreten, daß nur ein geringer Prozentsatz aller Grundschulkinder in Gewalttätigkeiten verwickelt ist, halten andere jedes fünfte Kind für gewalttätig. Das Problem ist unbestritten sehr ernst, und die Forscher fordern, daß die Erwachsenen alles Notwendige unternehmen, um das Leid so vieler Kinder zu verringern.

Lange wurde der sexuellen Belästigung von Kindern in der Öffentlichkeit wenig Beachtung geschenkt. Glücklicherweise achten wir nun darauf und sind imstande zu handeln. Im selben Maße müssen wir unser Augenmerk auf das alltägliche Elend von Millionen von Kindern richten, die unter

Tyrannisierung leiden. Wie im Umgang mit sexueller Belästigung müssen wir uns eingestehen, daß es sich dabei nicht um vereinzelte Phänomene handelt. Wir haben die Erniedrigungen, die wir selbst als Kind oder als Heranwachsender erfuhren, verdrängt, und wir gehen in unserer Verdrängung so weit, daß wir nicht einmal mehr in der Lage sind, uns an die Ursprünge unserer Demütigungen zu erinnern.

In diesem Kapitel haben Sie sich mit den schwierigsten Fragen zum Thema Gewalttätigkeit auseinandergesetzt. Sie haben begonnen, über sich selbst nachzudenken, und bemerkt, daß Sie dazu neigen, in bestimmten Momenten auffällige Verhaltensweisen zu verleugnen. Es ist entscheidend, daß Sie sich über Ihre persönliche Annäherung an das Problem klarwerden. Wollen Sie effektiv helfen, dann müssen Sie erst Ihre eigenen Einstellungen herausarbeiten.

Sie haben sich auch gefragt, ob Ihr eigenes Kind Täter oder Opfer sein könnte. Das herauszufinden ist nicht leicht, und es ist schmerzlich, die Tatsachen zu akzeptieren. Aber da Sie das geschafft haben, sollten Sie sich im klaren darüber sein, daß Sie eine wesentliche Hürde genommen haben. Nun sind Sie fähig, die Sache weiter in die Hand zu nehmen. Außerdem haben Sie Faktoren herausgefunden, die vielleicht das plötzlich so aggressive Verhalten Ihres Kindes verursachen. Sie werden die Vielschichtigkeit des menschlichen Verhaltens begreifen und ahnen, wie schwierig es ist, einzuschätzen, ob ein Kind gegenwärtig in Gewalttaten verwickelt ist.

Schließlich werden Sie nach Abschluß dieser Untersuchungen feststellen, daß vieles von Ihrer Lebenserfahrung und Ihrer persönlichen Integrität abhängt.

Waren Sie als Eltern oder als Lehrer imstande, sich den angesprochenen Punkten zu stellen, dann haben Sie den ersten entscheidenden Schritt getan und die Voraussetzung dafür geschaffen, beiden – Opfern und Tätern – effektiv zu helfen. Sie haben begonnen, sich objektiv den Tatsachen zu nähern.

Im folgenden wollen wir Ihr Engagement unterstützen. Wir werden besprechen, in welcher Form Gewalttätigkeit auftritt und warum, und wir werden uns noch genauer damit beschäftigen, wie Sie Ihre eigene Beziehung zu Ihrem Kind einschätzen.

Zum Schluß, bevor wir uns dem praktischen Teil zuwenden (Teil 2), werden wir einige Bedürfnisse von Kindern untersuchen, und zwar sowohl Bedürfnisse von Tätern als auch von Opfern.

Bleiben Sie am Ball und lesen Sie den ersten Teil des Buches ganz durch. Die praktischen Leitfäden sind nur wirklich mit Leben zu füllen, wenn man das Wesen der Gewalttätigkeit erkannt hat.

2 Sachlich bleiben

Wer effektiv etwas gegen Gewalt unternehmen möchte, muß sich vor allem bemühen, sachlich zu bleiben. Erfahren Erwachsene von Prügeleien unter Kindern, dann geraten sie erst aus der Fassung und reagieren in der Regel emotional. Sie wollen sich am liebsten sofort am Täter rächen oder dem Opfer dafür, daß es ein solcher Schwächling ist, ordentlich den Kopf waschen. Diese Gefühlsausbrüche sind nachvollziehbar. Wer sich Sorgen macht und als Kind vielleicht selbst unter den Schikanen anderer gelitten hat, fühlt sich mit dem Angriff auf das Kind auch persönlich angegriffen.

Der Umgang mit Kindern allgemein erfordert ein gewisses Maß an spontaner Eingebung, und das ist häufig auch angebracht. Wer aber in einem Fall von Gewalttätigkeit seinem intuitiven Bedürfnis freien Lauf läßt, landet womöglich hinter Gittern. Es existieren Gesetze, die Erwachsene davon abhalten sollen, Kinder tätlich anzugreifen. Sollten Sie spüren, daß Sie nahe dran sind, die Kontrolle über sich zu verlieren und sich von Ihren Gefühlen hinreißen zu lassen, dann zwingen Sie sich innezuhalten, um sich zu sammeln. Alles, was Sie in diesem Zustand machen oder sagen, wäre unvernünftig und könnte sich verheerend auf das Verhältnis zu Ihrem Kind auswirken.

Versuchen Sie, sich dem Thema Gewalt sachlich zu nähern: Befassen Sie sich mit den Urteilen von Fachleuten, und setzen Sie sich kritisch mit sich selbst auseinander. Wenn Sie die Meinungen von Forschern einholen, die das Problem wissenschaftlich durchleuchten, und zugleich Ihre eigenen Reaktionen beobachten, dann werden Sie imstande sein, sich aus Ihrer mißlichen Lage zu lösen und sich besser in den Griff zu bekommen. Im Umgang mit schwierigen Kindern ist es ganz wichtig, sich selbst unter Kontrolle zu haben, bevor man versucht, die Kinder zu kontrollieren.

Gewalttätiges Verhalten stimuliert in allen Beteiligten primitive Instinkte. Selbst Lehrer und Mitarbeiter der Fürsorge, die mehr als Eltern gelernt haben, sich das Verhalten der

Kinder unter theoretischen Aspekten und aus einer gewissen Distanz heraus anzusehen, erliegen im Moment der Gewalt oftmals ihren spontanen natürlichen Impulsen.

Beherzigen Sie, was Sie über Gewalt als solche und über ihre Erscheinungsformen gelesen haben. Noch wichtiger ist vielleicht, darüber nachzudenken, was Sie gegenüber dem Täter oder dem Opfer empfinden. Ich werde Ihnen in diesem Zusammenhang am Ende des Kapitels ein paar Fragen stellen.

2.1 Was ist Gewalt?

Jedes Kind agiert hin und wieder aggressiv, ohne gewalttätig zu sein. Gewalttätige Kinder sind besonders aggressiv, haben aber bestimmte zusätzliche charakteristische Eigenschaften.

2.1.1 Das Bedürfnis zu verletzen

Um zu überleben, müssen wir alle in einem bestimmten Maße aggressiv sein, und je jünger wir sind, desto gezielter leben wir unsere Aggressionen aus. Mit zunehmendem Alter greifen wir auf subtilere Formen von Aggression zurück, um uns zu verteidigen oder uns durchzusetzen.

Wer Gewalt ausübt, verletzt andere ganz bewußt. Ein Kleinkind kämpft im Spiel verbissen um seine Habseligkeiten oder um sich zu verteidigen. Ältere Kinder entfalten zielorientierte Aggressivität und unterstützen damit die Entwicklung ihres Selbstbewußtseins. Die Aggressionen von Gewalttätigen hingegen sind vorsätzlich und werden bewußt eingesetzt, um anderen etwas anzutun. Gewalt ist altersunabhängig.

2.1.2 Das Vergnügen, anderen weh zu tun

Gewalttätige scheinen es zu genießen, wenn sie anderen weh tun können. Kinder sind hin und wieder einmal aggressiv, aber sie sind erschrocken, wenn sie es merken. Nach einem Wutanfall kämpfen sie offensichtlich mit ernsthaften Gewissensbissen, und je mehr sie sich der Unverhältnismäßigkeit ihres unkontrollierten Verhaltens bewußt sind, desto reumütiger treten sie auf.

Gewalttäter bedauern ihr Verhalten selten, sie freuen sich, wenn sie anderen Leid zufügen. Sie fühlen sich wohl, wenn sie andere schikanieren können, und kommen sich hinterher noch stärker vor.

2.1.3 Kraft versus Schwäche

Gleich starke und psychisch ebenbürtige Kinder streiten oder balgen, ohne jemals gewalttätig zu werden. Nur wer sich seiner körperlichen Überlegenheit bewußt ist, wird womöglich rabiat. Normalerweise messen Gleichaltrige ihre Kräfte spielerisch. Bei einer Balgerei testen sie gegenseitig ihre Stärke und ihre Geschicklichkeit, und in ihrer Phantasie üben sie, ihre Gefühle zu beherrschen. Hat ein Spiel festgesetzte Regeln, dann lernen sie auch, Grenzen zu akzeptieren.

Gewalttätig wird Verhalten dann, wenn sich einer der Beteiligten nicht selbst verteidigen kann und der andere sich dessen bewußt ist und ihn trotzdem weiter malträtiert.

Im allgemeinen stellt man sich unter einem Schläger einen stattlichen Jungen vor, der schon durch seine Erscheinung bedrohlich wirkt. Und meistens ist das auch so. Gewalttätige Kinder sind in der Regel ihren Altersgenossen körperlich überlegen. Aber nicht alle kräftigen Knaben sind auch Rabauken; es gibt keinen Beweis dafür, daß große Jungen aggressiver sind als kleine. Wer stark ist, wird allerdings seltener Opfer von Schikanen werden, da er sich selbst verteidigen kann; schwache Kinder können das nicht.

Bei Gewalt zwischen Mädchen spielen körperliche Kräfte fast keine Rolle.

2.1.4 Hartnäckigkeit

Jedes Kind wird hin und wieder gewalttätig, und es lernt erst allmählich, mit seiner Aggressionsbereitschaft umzugehen und sein Verhalten zu beherrschen. Wir alle sind in der Lage, andere zu schikanieren, selbst gesetzte Erwachsene verhalten sich manchmal so, daß andere sie für gewalttätig halten. Entscheidend ist die Häufigkeit des aggressiven Verhaltens und das zur Schau gestellte Vergnügen daran. Ein Junge, der hartnäckig und mit Lust seine Klassenkameraden piesackt, hat vielleicht auch anziehende Eigenschaften: Er kann intelligent sein und antwortet freundlich, wenn er sich von Erwachsenen beobachtet fühlt. Aber erst einmal allein gelassen, wird er die Schwächeren plagen. Für alle, die mit ihm zu tun haben, ist er jemand, den man fürchtet. Selbst wenn er nicht persönlich anwesend ist, wirkt er bedrohlich.

2.1.5 Gruppen und Individuen

Sowohl in Gruppen als auch als Einzelgänger belästigen manche Menschen andere Personen. Kinder, die sich allein nicht trauen, aggressiv zu sein, schließen sich einem schweren Schläger an und identifizieren sich im Schutz seiner Anhängerschaft mit seiner Taktik. Ihre Hemmschwelle wird herabgesetzt, wenn sie sehen, welchen Spaß ein Raufbold an seiner Tyrannei hat. Als Teil einer Bande fühlen sie sich für ihre Taten weniger verantwortlich. Schlägertypen wiederum gewinnen an Ansehen und Status, wenn sie Anhänger um sich versammeln, und wollen sie eine Rauferei provozieren, dann rekrutieren sie aktiv ihre Leute um sich herum. Sie lassen sich regelmäßig von zwei oder drei Gleichgesinnten begleiten, die sie offenkundig bewundern und dadurch bestärken.

Während Kinder, die in einer Gruppe spielen, manchmal den anderen Gruppenmitgliedern oder auch Außenstehenden Leid zufügen, dabei aber nicht eigentlich gewalttätig handeln, artet ein solches Verhalten dann in Gewalt aus, wenn die Gruppe unaufhörlich einzelne oder andere Gruppen belästigt, die weniger penetrant sind als sie selbst. Jeder möchte gern irgendwie dazugehören, und gerade schwache Kinder fühlen sich zu gewalttätigen Banden hingezogen, deren Zielstrebigkeit auf sie eine enorme Anziehungskraft ausübt.

Gewaltgruppen organisieren sich häufig aus rassistischen oder religiösen Motiven heraus. Sie überziehen Menschen anderer Kulturen oder Glaubensrichtungen mit fanatischem Haß, der sich bis zu Mord steigern kann. Sozial benachteiligte Kinder können sich von dieser ausgeprägten Intoleranz und der rücksichtslosen Demonstration physischer Stärke, mit der sich Gewalttätige über alle Schranken hinwegsetzen, angezogen fühlen.

2.1.6 Ängstliche Täter

Es wird oft behauptet, daß Kinder, die andere schikanieren, im Grunde ängstlich sind und aus Mangel an Selbstsicherheit andere belästigen. Solche Täterpersönlichkeiten gibt es, die meisten haben aber nicht mehr und nicht weniger Angst als andere auch und weisen überdies im allgemeinen kein außergewöhnlich niedriges Selbstbewußtsein auf.

Der Wunsch zu terrorisieren scheint wie ein ausgeprägter Charakterzug zu sein: Tatsächlich verhalten sich bestimmte Typen in jedem Alter aggressiv, und zwar nicht nur gegenüber Jüngeren, sondern auch gegenüber Gleichaltrigen und Erwachsenen. Daraus ließe sich schließen, daß manche Menschen von Natur aus eher zu Gewalt neigen als andere. Warum Kinder andere tyrannisieren, wird in Kapitel 3 untersucht. Im Augenblick geht es darum, wie man aufgrund dieser Kenntnisse mit einem gewalttätigen Kind umgeht.

Wer glaubt, daß ein Schläger eigentlich ängstlich ist, wird versuchen, moralisch auf ihn einzuwirken. Wer akzeptiert, daß ein Rabauke ganz und gar nicht ängstlich ist, wird sich vielleicht bemühen, ihn emotional zu beeinflussen und ihm soziales Verhalten nahezubringen.

2.1.7 Unsoziales Verhalten

Gewalttätige Kinder offenbaren nicht nur in der Schule, sondern im allgemeinen auch in anderen Bereichen unsoziales Verhalten. Sie beschädigen Inventar, stehlen und zerstören fremdes Eigentum. Sie zeigen deutlich ihre Abneigung gegenüber dem Unterricht und stiften zum Schwänzen an. Sie üben in ihrer Freizeit sowohl gegenüber anderen Kindern als auch gegenüber Erwachsenen Gewalt aus, bringen so die Schule in Verruf und nehmen ihren Mitschülern die Möglichkeit, sich mit ihrer Schule identifizieren zu können.

Junge Schlägertypen und ihre Opfer können schwerwiegende psychische Probleme entwickeln und leiden später, wenn sie mit Gefühlen wie Scham und Schuld in Berührung kommen. Mit zunehmendem Alter, also als Jugendlicher, werden sie zwangsläufig immer mehr von der Gesellschaft ausgegrenzt. Wird sowohl den Tätern als auch den Opfern nicht rechtzeitig geholfen, so nimmt ihre Anfälligkeit für Verbrechen und schwere Straftaten zu. Kinder, die bereits in der Grundschule gewalttätig waren, sind als Erwachsene mit etwa 24 Jahren viermal häufiger als andere in Serienverbrechen verwickelt, und ihre Opfer sind ebenfalls viermal häufiger gefährdet.

2.2 Formen der Gewalt

2.2.1 Körperliche Belästigungen

Beim Stichwort Gewalt denkt jeder sofort an körperliche Gewalt. Wir stellen uns kräftige Burschen vor, die schwächere Schüler physisch traktieren. Einem Menschen physischen Zwang anzutun, hat etwas Lebensbedrohliches.

Körperliche Mißhandlungen sind offensichtlich; andere Formen von Gewalt hingegen sind schwer nachprüfbar. Schrammen und Prellungen sind konkrete Beweise. Dennoch – Gewalt findet häufig im verborgenen statt und hinterläßt keine Spuren. Hartnäckige Rippenstöße beim Anstehen in der Reihe und fortgesetztes Treten unter dem Tisch bleiben in den meisten Fällen unentdeckt und lassen sich selten belegen.

Gewalttätige haben Spaß daran, anderen Leid zuzufügen, weil es ihre Überlegenheit bestätigt. Mit kleinen körperlichen Verletzungen fängt es an und endet mit ernsthaften Attacken und sogar Mordanschlägen.

2.2.2 Verbale Gewalt

In Kapitel 1 haben wir uns ein paar gebräuchliche Redewendungen angeschaut, die gewalttätiges Verhalten verharmlosen. In England gibt es ein bekanntes Sprichwort, mit dem Kinder auf Verspottungen reagieren: »Stöcke und Steine verletzen, aber Worte tun nicht weh.« Wenn sie jemand ärgert, dann versuchen sie, sich mit diesem Satz zu schützen und dem Hohn standzuhalten. Der Refrain stammt von Eltern, die als Erwachsene den Sinn der Worte begreifen und in der Lage sind, Spott zu ignorieren. Kleine Kinder hingegen, die gerade erst anfangen, ein Gefühl für die eigene Identität zu entwickeln, verstehen nicht, was gemeint ist. Sie werden von den Hänseleien der anderen verletzt und ernsthaft in ihrer persönlichen Entwicklung beeinträchtigt.

Im Laufe des Heranwachsens fangen sie an, sich einen Begriff von sich selbst zu bilden, und es ist ganz entscheidend, sie in dieser Zeit zu bestärken und zu ermutigen. Harte Kritik und gemeine verbale Attacken beeinträchtigen ihren Reifeprozeß, der mit wachsender Sensibilität verbunden ist. Sie achten zunehmend auf ihre äußere Erscheinung und verbringen viel Zeit damit, sich zu pflegen. Sie hegen ihre Gesundheit und kümmern sich um ihre körperliche Fitness. Sie bewerten ihre Leistungen beim Spiel und bei geistigen Arbeiten und nehmen ihre persönlichen Eigenschaften immer bewußter wahr.

Verbal sind sie sehr verwundbar; böswillige Bemerkungen wirken auf das Opfer vielfach schlimmer, wenn sie von einem anderen Kind kommen, als wenn sie ein Erwachsener äußert.

2.2.3 Rassistische Vorurteile

Rassistische Bemerkungen zielen nicht nur auf die persönlichen Eigenschaften des Opfers ab, sondern auf sein gesamtes Umfeld: die Familie, die Kultur, das Zuhause und die Heimat. Der Täter macht sich über all dies lustig, um das Opfer zu beschämen. Verbale Attacken können sich in rassistischen Graffiti in Schultoiletten niederschlagen. Eine andere Form der Belästigung sind spöttische Pamphlete, die von rassistischen Gruppen durch jüngere Schüler, die sie sich in ihre Banden holen, verteilt werden.

Verbale Aggressionen rassistischer Gruppen und von Einzelpersonen können in körperliche Gewalt und Mordanschlägen münden.

2.2.4 Drohgebärden

Es ist gar nicht nötig, daß jemand tatsächlich zuschlägt, um einem anderen Angst einzujagen. In vielen Fällen ist der Gedanke an einen Schlag oder die Furcht davor viel schlimmer als die Tat selbst.

Rabauken bedrohen andere oft mit Gesten. Sie schwingen ihre Faust oder ziehen Grimassen und haben großen Erfolg, da sie so still und heimlich aktiv sein können und damit weniger riskieren. Eine Geste reicht aus, um die Haltung eines lernbereiten Schülers lächerlich zu machen. Sie stecken sich zum Beispiel zwei Finger in den Hals und deuten damit an, daß ihnen schlecht ist. Mit dieser Handbewegung läßt sich jeder verhöhnen, der dem Lehrer eine einwandfreie Antwort auf seine Frage gab. Rassistische und sexuelle Gebärden vor versammelter Mannschaft und hinter dem Rücken des Lehrers sind besonders verletzend und peinlich für den Betroffenen oder die Betroffene, und es ist schwer, sich sofort zu wehren, ohne das Gesicht zu verlieren.

2.2.5 Erpressung

Gewalttätige setzen oftmals Mitschüler mit körperlichen Schikanen oder Briefen unter Druck und erpressen sich auf diese Weise deren Eigentum. Viele Kinder nehmen etwas zu essen oder Bargeld für ein Pausenbrot mit in die Schule. Sie haben regelmäßig Rechner oder andere Gegenstände, die zur Ausrüstung gehören, dabei. Sie tragen modische Kleidung, besitzen das neueste Fahrradmodell. So können andere Kinder sie so lange unter Druck setzen, bis sie das Gewünschte herausgeben.

Ein anderer Schüler hat es womöglich nicht nur auf materielle Dinge abgesehen, sondern fordert vielleicht auch andere Sachen – eine bestimmte Hausaufgabe oder sexuelle Gefälligkeiten. Er kommt ans Ziel, indem er einer Mitschülerin Schläge androht oder sie durch die Verbreitung bösartiger Gerüchte einschüchtert.

2.2.6 Jemanden ausschließen

Gewalttätige handeln oft nicht besonders auffällig. Das gehört meist zu ihrer Taktik. Sie sprechen zum Beispiel nicht mit einem bestimmten Klassenkameraden oder schließen ihn von Gruppenereignissen aus. Das ist besonders gemein, denn Kinder gehen nicht nur in die Schule, um zu lernen, sondern auch, um von der Zugehörigkeit zu einer sozialen Gruppe zu profitieren. Freundschaften und die Anerkennung durch Altersgenossen sind ausschlaggebend für eine gesunde Persönlichkeitsentwicklung. Es wirkt sich auf das Selbstbewußtsein eines Kindes vernichtend aus, wenn es von

Gleichaltrigen abgelehnt wird. Keiner weiß das besser als der Gewalttäter, und er konzentriert sich erfolgreich darauf. Er genießt es, zu einer Gruppe zu gehören, von der seine Opfer ausgeschlossen sind.

Eine Person zu isolieren bedeutet, sie zu Zurückgezogenheit und Selbstzweifel zu verdammen. Ein Tyrann handelt vorsätzlich so und hat Spaß daran, andere zu überzeugen, es ihm gleich zu tun. Er wird Gerüchte über das Opfer verbreiten und wird sich selbst durch andauernden Spott und abschätzige Bemerkungen über den Abwesenden in der Gruppe hervortun.

2.3 Gewalttätigkeit in der Schule

In größeren Gruppen fallen immer ein paar auf, die besonders aggressiv sind. Raufereien kommen an allen Schulen und in allen Jahrgängen vor. Keine Schule kann das abstreiten, und behauptet sie dennoch, gewaltfrei zu sein, dann macht sie sich etwas vor. In Teil 2 werden wir konkret auf verschiedene Begebenheiten eingehen und an Beispielen erläutern, wie man sich am besten verhält. Ich möchte Ihnen aber zunächst ein paar Denkanstöße geben und Sie zu weiteren Überlegungen anregen.

2.3.1 Heimlichkeiten

Die meisten Quälereien finden im verborgenen statt. Der Täter ist sich seines inakzeptablen Verhaltens bewußt, das Opfer schämt sich seiner Lage und hat Angst, den Täter zu verraten. In vielen Schulen gibt es verborgene Winkel, in denen die Opfer in die Ecke getrieben werden können. Orte wie Toiletten, Umkleidekabinen und andere intime Bereiche bieten sich für verborgene Gewalttaten geradezu an. Die Täter werden immer einen Ort finden, an dem sie sich abreagieren können. Da die Erwachsenen unmöglich alles und jeden konstant überwachen können, ist es am wirksamsten, jeden einzelnen in der Schule aufzufordern, mit aufzupassen. Wenn jedes Kind und Mitglied der Schule weiß, wie man sich bei Belästigungen verhalten soll, und sich keiner schämt, notwendige Maßnahmen zu ergreifen, dann werden den Übeltätern ihre geheimen Plätze genommen.

2.3.2 Das Alter der Kinder

Gewalt findet auch in Kindergärten statt. Obwohl Kinder in diesem Alter noch unfähig sind, Gewalttätigkeit zu erkennen, bestätigen die Eltern oft, daß Gewalttätigkeit im Kindergarten existiert. Gewalt kommt auch an Grundschulen und weiterführenden Schulen vor. Mit zunehmendem Alter nehmen die Schikanen ab, das heißt, sie ändern sich: Die körperlichen Belästigungen werden seltener, und die verbalen nehmen zu. Demnach sind jüngere Schüler und Schülerinnen häufiger Prügeleien ausgeliefert als ältere. Und gerade unerfahrene und anfällige Kinder ziehen die Aufmerksamkeit aggressiver Mitschüler und Mitschülerinnen auf sich, die oftmals älter und stärker sind.

Es ist wünschenswert, daß man die Jahrgänge trennt; läßt man alle Altersstufen zusammen, so bietet sich den Rabauken ein ausreichendes Betätigungsfeld, ähnlich wie auf Spielplätzen, die Kindern jedes Alters, sogar Jugendlichen, zugänglich sind.

2.3.3 Die Klassengröße

Die Klassengröße, sollte man meinen, hat keinen Einfluß auf die Häufigkeit von Schikanen, aber die Zusammensetzung der Klasse hinsichtlich Alter, Intelligenz, psychischer Belastbarkeit und anderer Faktoren bestimmt ihre Dynamik und spielt deshalb eine große Rolle. Auch weitgehend unbeaufsichtigte Gruppensituationen bieten optimale Voraussetzungen für Gewalttätigkeiten an Schulen.

Unabhängig von der Anzahl der Schüler sollte eine Klasse immer in Untergruppen eingeteilt werden. Die Lehrer müssen sich darüber im klaren sein, daß sie der Gewalt Vorschub leisten, wenn sie gewisse Gruppenregeln außer acht lassen.

Gruppen sollten so zusammengestellt sein, daß die Selbstentfaltung eines jeden Kindes gesichert ist. Zu diesem Zweck sollten Schüler immer mit Gleichaltrigen zusammengesetzt werden, unabhängig davon, wieviel sie bereits können oder wie leistungsfähig sie sind. Die Notwendigkeit, bestimmte gefährdete Kinder in einer schützenden Untergruppe unterzubringen, darf nicht unterschätzt werden. Die Zusammensetzung der Kleingruppen hängt davon ab, welche emotionale Unterstützung jedes Kind braucht. Ein ängstliches, für Hänseleien anfälliges Kind wäre in einer Gruppe mit einem Rabauken schlecht aufgehoben, und ein Raufbold gehört in eine Gruppe mit widerstandsfähigen Kindern.

2.3.4 Der Schulweg

Oft wird befürchtet, daß Kinder auf dem Schulweg belästigt werden. Tatsächlich finden die meisten Rüpeleien aber auf dem Schulgelände statt: in den Klassenzimmern, in den Fluren und – häufig – im Schulhof. Trotzdem kommt es vor, daß ein Rabauke sein Opfer außerhalb der Schule vor seinen Anhängern zu einer Schlägerei herausfordert und vielleicht direkt von ihm Geld erpreßt. Womöglich verspottet er sein Opfer in der Öffentlichkeit oder paßt es auf seinem alltäglichen Heimweg ab. So ist es seinem Verfolger sowohl im verborgenen als auch offen ausgeliefert.

Kinder geraten auf dem Schulweg häufig in Situationen, aus denen kein Entkommen ist. Oft müssen sie sich dann in einer großen, minimal beaufsichtigten Gruppe – dem idealen Betätigungsfeld für Rabauken – behaupten. Die Vorstellung, daß Mitarbeiter der öffentlichen Verkehrsmittel ohne besondere Schulung die notwendigen Fähigkeiten besitzen, um eine größere Gruppe von Kindern zu überwachen, ist irrig; zudem ist der Lenker eines Fahrzeugs mit der Überwachung seiner Fahrgäste schlichtweg überfordert.

2.3.5 Der Schulhof

Belästigungen finden überall in der Schule statt. Es wird bösartig getuschelt und gestikuliert, und viel passiert in nächster Nähe des Lehrerkollegiums. Ein geschickter Junge kann stillschweigend seinem Mitschüler einen Finger in die Rippen bohren, ihn kneifen oder seine Haut ansengen, ohne daß der Leidtragende auch nur murrt.

44

Aber die meisten Zwischenfälle ereignen sich in den Pausen und während der Mittagszeit im Schulhof. Zu diesen Zeiten treffen sich die Kinder in großen Gruppen unter einem Minimum an Aufsicht. Pausen sind oft kurz und bieten wenig, fordern aber Probleme geradezu heraus, denn Kinder müssen, sobald sie sich auf die große Gruppe eingestellt haben, schon wieder ins Klassenzimmer zurück.

Eine kurze Pause ist wichtig und wesentlicher Bestandteil des Lehrplans. Aber der Schulhof wird meist von Lehrern überwacht, die selbst ausspannen müssen und häufig wenig auf die Probleme achten, die um sie herum entstehen. Nicht jeder Vorfall, der es eigentlich wert wäre, kann beachtet werden. Die Schüler und Schülerinnen sollen an die Luft gehen und spielen, und aggressive Kinder können dabei unentdeckt tätig werden.

An aufgeschlossenen Schulen haben die Lehrer begriffen, daß ihr eigenes Lebensgefühl und das Glück ihrer Schüler durch weise Voraussicht und genaues Strukturieren von Unterricht und Pausen drastisch gesteigert werden kann. Kinder, die gern raufen, sind die einzigen, die Gefallen daran finden, in einer großen Masse zusammengefaßt zu sein. Ihre Opfer und die Lehrer erleben diese Zwischenspiele aber wenig positiv und werten sie als Momente, die es zu überleben gilt.

2.3.6 Jungen und Mädchen

Sowohl Jungen als auch Mädchen werden in der Schule belästigt. Aber Jungen sind zügelloser als Mädchen und eher in körperliche Auseinandersetzungen – sei es als Opfer oder als Täter – verwickelt. Beide aber leiden stärker unter verbalen als unter körperlichen Belästigungen sowie unter Schikanen, die im verborgenen stattfinden und unbemerkt bleiben.

Bedauerlicherweise glaubt man, daß hauptsächlich Mädchen ihre Mitschülerinnen insgeheim quälen. Jungen dagegen werden sexuelle Anspielungen oft nachgesehen; diese gelten als Teil ihrer normalen Entwicklung (siehe unten). Deshalb bleiben viele Handlungen unbemerkt, der Bösewicht wird als normal angesehen, und das Opfer ist selbst schuld.

Man kann nicht davon ausgehen, daß getrenntgeschlecht-
liche Schulen sicherer sind. Gewalttätige gibt es sowohl unter Jungen als auch unter Mädchen, und egal, wo sie sich befinden, sie wenden dieselben Strategien an. Die folgen-
schwere Methode, jemanden auszuschließen, ist besonders
unter Mädchen üblich. Wird ein Mädchen von seiner Clique gemieden, so kann das verheerende Folgen haben, denn
es wird gleich denken, daß etwas mit ihm nicht stimmt.
Wird ein Junge ausgeschlossen, so erschüttert ihn das nicht
unbedingt. Tatsächlich wird er eher bewundert und für besonders charakterstark gehalten, wenn er sich außerhalb der
Clique bewegt oder sogar ein Einzelgänger ist. Hingegen
werden Mädchen, die außerhalb ihrer Gruppe stehen, schief
angesehen.

Mädchen droht der Ausschluß aus der Clique, wenn sie
sich nicht der landläufigen Meinung oder der allgemein gültigen Rangordnung unterwerfen wollen. Von ihnen wird
nicht wie von Jungen erwartet, daß sie ihre Individualität be-
kunden, im Gegenteil, wenn sie sich der Gruppe nicht anpassen, dann will keiner mit ihnen reden. Mädchen sind
eher bereit, ihre Eigenständigkeit zu opfern, um nicht ausgeschlossen zu werden. Mädchen, die in ihrer Kindheit ausgeschlossen wurden, leiden noch später darunter. In vielen
Fällen verheilen die Wunden nie, und es fällt ihnen ein Leben lang schwer, mit anderen Frauen eine tiefe Beziehung
einzugehen.

Mädchen leiden in der Regel wegen des Erwartungs- und
Anpassungsdrucks der Gesellschaft stärker unter Schikanen
als Jungen. Da Mädchen als launisch gelten, werden die Ursachen ihres Unglücks oft genug nicht ernst genommen;
Jungen werden charakterliche Schwankungen zugunsten ihrer Individualität eher zugestanden.

2.3.7 Sexuelle Belästigung

Sexuelle Anspielungen sind in unserer Gesellschaft weit verbreitet, und deshalb finden sich viele Mädchen mit dieser
Art von Belästigung ab. Sie fühlen sich unwohl, wissen aber
auch nicht recht, wie sie reagieren sollen. Sexuelle Anspie-

lungen können in gemischten Schulen sowohl als Kompliment als auch als Abwertung gemeint sein und als eine männliche Geste im Sinne eines Flirts oder als Ausdruck der Verachtung aufgefaßt werden. Jungen bedrängen Mädchen, indem sie sich eng an sie drücken oder sie berühren; wehrt sich das Mädchen, dann riskiert es, blamiert zu werden, weil der Täter sagt, er habe es gar nicht gemerkt oder er habe sie nur provozieren wollen.

Besonders verletzend ist es für Mädchen, wenn ihre Sexualität in Frage gestellt wird. Das nützen Täter für sich aus und erpressen sich oft irgendwelche Gefälligkeiten, indem sie bösartige sexuelle Gerüchte über das Opfer verbreiten.

Sexuelle Anspielungen kommen nicht nur in gemischten, sondern auch in getrenntgeschlechtlichen Schulen vor. Jungen werden womöglich wegen ihrer Weiblichkeit verspottet und Mädchen wegen angeblicher sexueller Flatterhaftigkeit. Wer belästigen möchte, treibt es auf die Spitze, nur um zu verletzen, und konzentriert sich auf die Sexualität und ihre Erscheinungsformen, wann immer sich die Gelegenheit bietet.

2.4 Zusammenfassung

Gewalt äußert sich vielfältig. In diesem Kapitel haben wir uns auf sechs Formen verborgener Gewalt konzentriert und sind auf die vorherrschenden Charaktereigenschaften der Täter eingegangen.

In Wirklichkeit ist der Ablauf viel komplexer, als wir uns das vorstellen können. Zum Beispiel fühlt sich ein Kind, das Gebärden und verbalen Belästigungen ausgesetzt ist, so verletzt, als ob es körperlich malträtiert worden wäre. Oder ein Junge wird beispielsweise getreten oder geschubst, weil ein anderer lediglich Spaß daran hat, ihn zu ärgern. In Kapitel 3 werden wir ein paar mögliche Gründe für dieses Verhalten besprechen und unter anderem herausarbeiten, in welcher Form Eltern und Lehrer aggressivem Verhalten Vorschub leisten.

Aber jetzt besinnen wir uns einen Augenblick und gehen nochmals auf die Zusammenhänge einiger Behauptungen ein, die in diesem Kapitel über die Formen der Gewalt in den Raum gestellt wurden. Zum besseren Verständnis habe ich ein paar Fragen vorbereitet:

2.4.1 Strafe und Vergnügen

1. In welcher Form sollte zum Beispiel ein aggressiver Schüler, der einen anderen, schwächeren unterdrückt, weil es ihm Spaß macht, bestraft werden, ohne daß es den Anschein hat, sein Vergehen würde damit entschuldigt?
2. Welcher Unterschied besteht zwischen dem Verhalten eines Erwachsenen und dem eines Gewalttätigen, die beide einem Jüngeren oder Kleineren eine Strafe auferlegen?
3. Wie können Sie sicher sein, daß Sie mit der Bestrafung eines Täters nicht das Vergnügen verstärken, das er hat, wenn er jemanden schikaniert?

2.4.2 Wahrnehmung

1. Sie haben erkannt, daß Gewalttätige sich bewußt danach sehnen, andere, die sie schwächer als sich selbst einschätzen, zu belästigen. Wie wirkt sich diese Erkenntnis auf Ihre Auseinandersetzung mit Gewalttätigen aus?
2. Einige Gewalttätige erleben ihre Umwelt als Bedrohung. Nach welchem Leitprinzip würden Sie Ihr Verhalten solchen Tätern gegenüber ausrichten?
3. Manche Gewalttätige können nur schwer nachvollziehen, was andere Menschen empfinden. Welche Ziele würden Sie sich im Umgang mit solchen Tätern setzen?

2.4.3 Zugehörigkeit

1. Sie akzeptieren, daß sich Ihr Kind einer Gewaltgruppe anschließt, weil es das Bedürfnis hat dazuzugehören. Sind Sie gleichzeitig beschämt, daß es Ihnen nicht gelingt, ihm Alternativen zu bieten?

2. Ein Täter sucht Anerkennung und verschafft sich diese mit Gewalt. Können Sie für ihn Alternativen schaffen, ohne daß es den Anschein hat, Sie wollten ihn wegen seines Verhaltens bestrafen?
3. Haben Sie das Gefühl, daß es im Sinne des Täters ist, wenn man sich mit ihm persönlich auseinandersetzt und ihn nicht öffentlich in Gegenwart seiner Clique zur Rede stellt?

2.4.4 Soziales Verhalten

1. Können Sie sich vorstellen, daß die charakteristischen Eigenschaften eines oder einer Gewalttätigen auch positiv genutzt werden können?
2. Können Sie einem Gewalttätigen vertrauen?
3. Ein aggressives Kind kann die Bedürfnisse anderer nicht nachempfinden. Wäre es nicht besser, es konsequent zu bestrafen, statt zu versuchen, es durch Argumente zu überzeugen?

Noch wird es schwer sein, diese Fragen zu beantworten. Wer es dennoch versucht, beweist, daß er bereits sachlicher an das Thema Gewalt herangeht. Seien Sie nicht überrascht, wenn Sie keine eindeutigen Antworten finden. Sogar Experten sind an vielen derartigen Fragen gescheitert, und es ist zu bezweifeln, daß irgend jemand jemals menschliches Verhalten wird vollständig begründen können. Damit Sie einen sinnvollen Ansatz für eine Auseinandersetzung mit Täter oder Opfer finden, müssen Sie das gesamte Spektrum der Gewalt berücksichtigen und zu einem eigenen Standpunkt finden.

3 Ursachen

Eltern und Lehrer müssen herausbekommen, warum ein Kind in Gewalttaten verwickelt ist. Denn nur wer die Ursachen für das inakzeptable Verhalten eines Kindes kennt, kann ihm helfen. Oft fühlen sich Mütter und Väter für das Benehmen ihres Kindes verantwortlich und wollen wissen, was sie selbst falsch gemacht haben könnten. Viele Eltern leiden unter Schuldgefühlen, vor allem wenn sie sich mit Lehrern auseinandersetzen müssen, die nahezu ausnahmslos den Eltern die Schuld an allem, was das Kind denkt, sagt oder tut, zuschieben.

Ob jedoch das Verhalten eines Kindes die Folge seiner Erziehung ist oder eine Veranlagung, steht von jeher im Zentrum pädagogischer und philosophischer Diskussionen. Und wie so oft wird es auch hier nicht möglich sein, feste Regeln zu bestimmen, denn jede Person ist einzigartig in ihrem Wesen und wächst unter einmaligen Umständen auf.

3.1 Die Absichten sind vielschichtig

Auf die Folgen, die das aggressive Verhalten eines Kindes auf seine Entwicklung hat, werden wir später eingehen. Im Moment kommt es darauf an, klar zwischen einem aggressiven und einem gewalttätigen Kind zu unterscheiden.

Ein Kind wird aggressiv, um sich selbst oder seine Position zu verteidigen. Experten behaupten, der Unterschied zwischen normalen Aggressionen und gewalttätigem Verhalten liege in der Motivation, die zu Gewalt führt. Ein Kind, das aggressiv wird, weil ihm der Akt schlechthin Spaß macht und weil es sich großartig fühlt, wenn es einem schwächeren Kind Leid zufügt, übt Gewalt aus. Ein Kind, das aggressiv sich selbst verteidigt oder seine Position einem anderen Kind gegenüber behauptet, das genauso kräftig ist, reagiert normal. Es hat womöglich eine außerordentliche Verhaltensauffälligkeit gezeigt, ist aber nicht gewalttätig.

Bestimmte Verhaltensweisen richtig zu beurteilen ist kompliziert. Die folgenden Fragen tauchen dabei unvermeidlicherweise auf:

1. Wie will man beurteilen, ob die Gegner gleich stark sind?
2. Wird ein Kind je ein anderes angreifen, wenn es sich nicht überlegen fühlt?
3. Woran erkennt man, daß der Aggressor vorsätzlich handelt oder Spaß an seinem Verhalten hat?

3.1.1 Instinkt

Manche Experten sind fest davon überzeugt, daß Kinder mit ausgeprägt aggressivem Instinktverhalten geboren werden. Babys können sofort saugen und fordern Aufmerksamkeit. Sie haben das innere Bedürfnis, sich Dinge anzueignen, sich zu messen und zu überleben. Sie besitzen einen Jagd- und Kampfinstinkt. All diese Fähigkeiten und physischen Reflexe machen bereits von Geburt an einen Teil ihrer Persönlichkeit aus. Bei manchen Kindern aber sind die unterschiedlichen Reflexe stärker ausgeprägt als bei anderen.

Aggression ist ein Teil der Instinkte eines Kindes. Einem Schläger ist demnach also ein besonders hohes Aggressionspotential angeboren.

Andere glauben an einen angeborenen Todestrieb, die Neigung zur Selbstzerstörung und dazu, sich den Belastungen des Lebens zu entziehen, was im Gegensatz zu dem gleichermaßen ausgeprägten Bedürfnis steht, etwas zu erschaffen und sich am Leben zu erhalten. Aggression könnte demnach die Folge einer Blockade des Todestriebes durch den Selbsterhaltungstrieb sein. Unter diesem Aspekt wäre der Gewalttätige jemand, dessen Gemüt unausgeglichen ist.

Nicht nur Theoretiker behaupten, daß Aggression Veranlagung ist. Manche Neurologen befürworten einen neurochirurgischen Eingriff bei Gewaltverbrechern, und andere Spezialisten haben festgestellt, daß aggressives Verhalten bei Jungen auf einen überhöhten Testosteronspiegel zurückzuführen ist. Es heißt auch, daß von bestimmten Gehirnbereichen Impulse wie Aggression und Rückzug gesteuert werden und daß sie anhand von dosierten Elektroschocks, die auf diese Bereiche zielen, ausgelöst werden können. Auch der Gedanke, durch den Einsatz von Psychopharmaka das aggressive Verhalten von Kindern steuern zu können, verbreitet sich immer mehr.

Nach Ansicht all dieser Spezialisten ist Gewalt ein physisches Handikap.

3.1.2 Das Verhalten

Eine andere Theorie sieht die Ursachen für aggressives Verhalten in den Lebensumständen des Individuums. Demnach kann ein Mensch gewalttätig werden, weil er Gewalt am eigenen Leib erfahren hat. Oder weil er durch Aggression die Aufmerksamkeit seiner Mitmenschen erreichen kann, was sein Verhalten bestätigt.

Aggressive Ausbrüche betrachten manche als Folge von persönlich erlebten Frustrationen. Ein Kind, das daran gehindert wird, etwas zu vollenden, reagiert mit einem tätlichen oder verbalen Ausbruch. Frustration kann auch einen Rückzug in die Phantasie bewirken. Dann handelt es sich um sogenannte Autoaggression, eine Form, die oft unbemerkt bleibt, da sie anderen keine Probleme macht und die Gewalt sich nur gegen das Kind selbst wendet. Wir alle brauchen Frustrationen, um etwas zu leisten, und insofern sind wir alle bereit, ein gewisses Maß an Frustration zu tolerieren. Aber wenn ein Mensch eine besonders niedrige Toleranzschwelle gegenüber Frustrationen hat, kann er außergewöhnlich aggressiv werden.

3.1.3 Kompromisse

Theoretiker und Praktiker einigen sich auf eine Verknüpfung beider Theorien und sagen, daß sich der Charakter eines Kindes aus seiner einzigartigen Persönlichkeit und seinen Lebenserfahrungen formt. Bestimmte Anlagen sind angeboren, und die im Laufe eines Lebens zu bewältigenden Schwierigkeiten schaffen Charakterzüge wie Eigensinn, Durchsetzungsvermögen und Ordnungsliebe. Die Bereitschaft, zu lieben oder zu zerstören, ist zum Zeitpunkt der Geburt von Kind zu Kind unterschiedlich. Vom ersten Moment seines

Lebens an nimmt das Kind jedenfalls Kontakt mit seiner unmittelbaren Umgebung auf.

Ein Gewalttäter wurde also möglicherweise mit einem ausgeprägten Aggressionspotential geboren und hat während seiner Kindheit Erfahrungen durchgemacht, die seine Aggressivität verstärkten.

3.2 Charakteristische Eigenschaften und äußere Einflüsse

3.2.1 Gewalttäter

Gewalttäter scheinen viele Gemeinsamkeiten zu haben, die Ursache ihres auffälligen Verhaltens sind:

1. Sie neigen dazu, übertrieben aggressiv zu reagieren, ihr Verhalten ist unbeherrscht.
2. Sie haben ein ausgeprägtes Bedürfnis, andere zu beherrschen und zu bestimmen.
3. Sie fühlen sich von ihrer Umwelt ausgegrenzt und verhalten sich anderen gegenüber feindlich.
4. Sie können nicht begreifen, daß es schlecht ist, Gewalt auszuüben.
5. Sie können sich nicht in die Lage ihrer Opfer versetzen.
6. Sie geben anderen die Verantwortung für ihr Verhalten und behaupten, ihre Opfer hätten es verdient, schikaniert zu werden.

Verstärkende äußere Einflüsse
1. Unbeherrschtes aggressives Verhalten wird häufig unterstützt und verstärkt. Eltern ermutigen ihre Kinder bereits im Kleinkindalter, sich unbeherrscht zu verhalten, indem sie seinem Benehmen keine Grenzen setzen, und sie verstärken seine Aggressionen, indem sie sich bequemerweise vormachen, diese seien Zeichen seines Durchsetzungsvermögens.

2. Macht und Überlegenheitsgefühl eines Kindes können durch materielle Gaben oder durch die Versicherung, etwas Besseres zu sein als andere, gefördert werden. Das Verhalten von Kleinkindern wird unterstützt, wenn ihnen alle Wünsche erfüllt werden, das Verhalten älterer Kinder durch übertriebene Anerkennung und Bewunderung.

3. Die Isolation kann zunehmen, weil auch sie als eine Art gesellschaftlicher Status empfunden wird und ein Gefühl von Identität schafft.

4. Es kommt darauf an, einem Kind klare Grenzen zu setzen, denn nur so kann es einen Sinn für richtig oder falsch entwickeln. Ein Kind, das zwischen Recht und Unrecht nicht unterscheiden kann, wird im Laufe seiner Erziehung wahrscheinlich voneinander abweichende Hinweise vermittelt bekommen haben.

5. Die Unfähigkeit eines Täters, sein Fehlverhalten zu begreifen, hängt womöglich mit seiner Unfähigkeit zusammen, sich in ein Opfer hineinzuversetzen. Er kann Gefühle nicht richtig einschätzen, was vielleicht auf ein traumatisches Erlebnis in seiner Kindheit zurückzuführen ist. Der Aggressivitätsspiegel kann sogar steigen, wenn der Täter merkt, daß sein Opfer leidet, weil es besonders sensibel ist.

6. Ein Gewalttäter neigt dazu, dem Opfer die Verantwortung für sein Verhalten zuzuschieben, was darauf hindeutet, daß er sich nicht mit sich selbst auseinandersetzen kann. Er fühlt sich in seinem Verhalten bestärkt, wenn ihm wiederholt Gefühllosigkeit vorgeworfen und er mit den oben genannten charakteristischen Merkmalen abgestempelt wird.

Auch Opfer haben viele charakteristische Züge gemeinsam, und das spielt sicherlich eine Rolle innerhalb des Gesamtkomplexes der Gewalt. Täter ziehen bestimmte Personen anderen vor. Diese Opfer können als wehrlos oder provozierend beschrieben werden.

3.2.2 Wehrlose Opfer

Die charakteristischen Eigenschaften der Opfer sind in vielerlei Hinsicht denen der Täter entgegengesetzt.

1. Opferpersönlichkeiten sind besonders ängstlich und unsicher.
2. Sie sind vorsichtig, empfindlich und zurückhaltend.
3. Sie haben wenig Selbstbewußtsein.
4. Sie haben eine negative Einstellung gegenüber Gewalt.

Verstärkende äußere Einflüsse

1. Extreme Angst oder Unsicherheit wird durch überhöhte Ansprüche von Eltern und Lehrern gefördert und verstärkt.
2. Übertriebene Vorsicht kann aufgrund von physischen oder psychischen Schocks verstärkt werden, Empfindlichkeit durch die Überreaktion der Eltern. Auch kann ein Kind sich extrem zurückhalten, weil es das Gefühl hat, nicht willkommen zu sein.
3. Das Selbstbewußtsein wird immer schwächer, wenn Eltern und Altersgenossen sich ablehnend verhalten.
4. Je mehr ein Kind an sich selbst zweifelt, desto mehr ziehen sich die Freunde zurück.
5. Eine negative Einstellung gegenüber jeglicher Form von Aggression kann sich durch die Angst, von jemandem belästigt zu werden, und das Gefühl, sich nicht wehren zu können, verstärken.

Alle diese charakteristischen Merkmale des wehrlosen Opfers können übertrieben fürsorgliche Eltern ausgelöst haben, die selbst wegen ihrer persönlichen Bedürfnisse nach Sicherheit eine sehr behütete Kindheit verbrachten oder ihr zartes Kind vor Unheil bewahren wollen. Übertriebene Fürsorge kann die Anlagen eines Kindes verstärken, es zum Opfertyp und, entgegen der Absicht seiner Eltern, noch passiver machen.

3.2.3 Provozierende Opfer

Es gibt Kinder, die Aggressionen provozieren. Sie sind zwar in der Minderheit, aber auf ihr charakteristisches Verhalten sollte dennoch eingegangen werden. Es besteht in der Kombination von aggressivem und typischem Opferverhalten. Zu den charakteristischen Eigenschaften des wehrlosen Opfers kommen bei den provozierenden Opfern diese hinzu:

1. **Sie versuchen, sich zu rächen, wenn sie belästigt wurden.**
2. **Sie attackieren Kinder, die noch schwächer sind.**
3. **Sie neigen dazu, hyperaktiv zu sein, sind unruhig und unkonzentriert.**
4. **Sie sind häufig ungeschickt und unreif.**
5. **Sie sind eher unbeliebt, auch unter den Lehrern, da sie stören und Spannungen auslösen.**

Die charakteristischen Merkmale eines solchen Kindes können Gewalt auslösen, sind aber auch eine Reaktion auf Gewalt. Sie entstehen und werden bestärkt aus den persönlichen Umständen des Kindes oder durch die Reaktion anderer.

3.2.4 Auffällige Kinder

Obgleich es oft vorkommt, daß Kinder, die sich auf irgendeine auffällige Weise von anderen unterscheiden, belästigt werden, ist dies nicht die Regel.

Kinder werden wegen ihrer Haarfarbe, oder weil sie eine Brille tragen, von Tätern nicht mehr beachtet als von anderen Kindern auch. Warum wir glauben, daß vor allem auffällige Kinder schikaniert werden, beruht auf zwei Dingen: Zum einen gibt es in jeder Gruppe einen hohen Prozentsatz an Kindern, die angeblich seltsam sind und belästigt werden, zum anderen wird häufig übersehen, daß es tatsächlich zahlreiche Kinder gibt, die auffallen, weil sie zu dick sind oder anders sprechen, aber trotzdem keinen Schikanen ausgesetzt sind.

Rabauken nutzen Auffälligkeiten anderer aus, weil sie damit wirksamer drangsalieren können. Aber die Eigenarten sind nicht der Auslöser ihrer Schikanen. Der einzig auffällige äußerliche Faktor, der eine Rolle spielt, ist die Größe und die Stärke der Betroffenen, denn die Täter suchen sich immer körperlich schwächere Gegner aus.

3.3 Entwicklungsprozesse

3.3.1 Aggressives Verhalten in der Kindheit

Ein Kind ist von Geburt an auf Aggressionen angewiesen. Es braucht sie, um zu überleben. Es hat körperliche Bedürfnisse, kann fühlen und denken. Es setzt sich zwar noch nicht gefühlsmäßig mit anderen in Verbindung, aber Aggressionen sind Teil seines Systems, und ohne sie kann es nicht überleben. Es ist angriffslustig und fordert bedingungslos die Erfüllung seiner Bedürfnisse sowie Anerkennung ein. Das ist normal.

Komplikationen bei der Geburt können zu unterschiedlichen organischen Schäden und körperlichen Beschwerden in der frühen Kindheit führen und damit außergewöhnlich aggressives Verhalten nach sich ziehen. Ganz gleich, wie alt ein Kind ist, es sollte immer ärztlich untersucht werden, wenn es irgendwelche Probleme verursacht. Während der Kindheit ist eine Untersuchung unerläßlich, wann immer es ihm schlechtgeht. Aggressionen können mit körperlichen und geistigen Behinderungen zusammenhängen und sollten als ein Teil der damit verbundenen Frustration betrachtet werden.

Gegen Ende des ersten Lebensjahres, wenn das Kind anfängt, mit anderen Kindern Kontakt aufzunehmen, ändert sich die Art seiner Aggression: Es wird aggressiv, um sich Spielsachen und anderes Eigentum seiner Spielkameraden anzueignen. Es beginnt, seine Umwelt zu beeindrucken. Im Mittelpunkt seiner Aufmerksamkeit stehen vor allem die Gegenstände seiner engsten Umgebung. Diese Gegenstände aber sind Teil seiner selbst, und wenn jemand versucht, ihm etwas wegzunehmen, dann fühlt es sich sofort bedroht.

Mit fünf oder sechs Jahren nimmt die Aggression andere Ausdrucksformen an. Das Kind agiert kaum mehr körperlich, um seine Ziele zu erreichen, sondern ist nur noch wütend, wenn es das Gefühl hat, von jemandem bewußt angegriffen zu werden. Bereits ein Kleinkind ist in der Lage, die Absicht einer Person zu deuten. Bevor es selbst sprechen kann, versteht es die Worte der anderen, und es begreift, was sie wollen und vorhaben. So entwickelt sich das Kind von einer Person, die aggressiv handelt, um etwas zu bekommen, zu einer Person, die nur noch aggressiv wird, wenn sie sich von anderen bedroht fühlt.

Ein Gewalttäter hat sich über das erste Stadium seiner Kindheit hinaus nicht weiterentwickelt, seine Aggressionen dienen der sofortigen Befriedigung seiner Wünsche. Er hat entweder noch immer das ausgeprägte Bedürfnis, seine Umgebung zu beeindrucken, oder er ist frustriert, weil in der frühen Kindheit seine Ansprüche materiell und emotional nicht erfüllt wurden. Hinzu kommt, daß ein Gewalttäter sich übermäßig von seiner Umwelt bedroht fühlt.

Hingegen gelang es einem Opfer nie, durch Aggression seine Bedürfnisse zu stillen. Es wurde in seiner Kindheit eher beschwichtigt als zufriedengestellt. Womöglich wurden ihm Dinge gewaltsam und vorsätzlich weggenommen, und es kann wegen des widersprüchlichen Verhaltens seiner Eltern die Absichten anderer nicht deuten. Es ist deshalb durch die Angst zu versagen nicht in der Lage, spontan zu reagieren. Es fühlt sich übermäßig durch andere bedroht und zieht es vor, sich in sich selbst zurückzuziehen.

3.3.2 Wutanfälle

Temperamentvolle Wutausbrüche Heranwachsender sind normal. Kinder nutzen sie, um ihren Willen durchzusetzen. In der frühen Kindheit reagiert eine Mutter auf diese Anfälle. Wenn das Kind aber größer wird, beachtet sie sie weniger, und das Kind sucht nach anderen Möglichkeiten der Verständigung. Kinder müssen erst lernen, angemessen zu verhandeln und sich mitzuteilen. Dabei spielt der Wutanfall eine wesentliche Rolle. Wenn Wutanfälle allerdings unkontrolliert erfolgen, so kann man in Trainingssitzungen versuchen, sie zu gestalten. Eltern wissen, wann sie bei einem Wutanfall eingreifen müssen, sie spüren, wenn das Kind aus Kummer wütend ist, und sollten dann niemals zögern zu reagieren.

Ein Gewalttäter hat als Kind nie gelernt, sich angemessen zu verständigen oder zu verhandeln, und er setzt sich noch immer durch, indem er anderen Protestaktionen androht.

Ein Opfer hat als Kind mit seinen Wutanfällen eher zu heftige Reaktionen seiner Eltern ausgelöst und wurde womöglich zu sehr behütet und bei aggressivem Verhalten eher abgelehnt als in seinen Bedürfnissen befriedigt.

3.3.3 Die Aggressionen Heranwachsender

Mit zunehmendem Alter wird ein Kind unabhängiger. Als kleines Kind einst eng mit der Mutter verbunden, wird es zu einer eigenständigen Person, die nicht mehr nur von seiner Herkunftsfamilie abhängig ist. Im Laufe seiner Entwicklung vom Kind zum Erwachsenen erhält ein Mensch im familiären Umfeld bestimmte Anhaltspunkte, auf die er sich während des Hin und Her in seiner Entwicklung immer wieder beziehen kann.

Die Suche nach der eigenen Identität ist eine charakteristische Eigenschaft des Menschen. Jeder muß herausfinden, wer er ist und was er will, bevor er die Welt um sich herum begreifen kann, denn jeder setzt alles in Bezug zu sich selbst. Unsere Suche wird ein Leben lang anhalten, auch wenn manche glauben, sie erreiche ihren Höhepunkt in den Teenagerjahren.

In dieser Zeit allerdings verlieren sich Grenzen und Kontrollen, die Eltern spielen eine geringere Rolle im Leben ihres Kindes, und dieses versucht, seinen Platz in der Gesellschaft zu finden. Unsicherheiten überwiegen, da der Jugendliche zwischen seiner noch engen Bindung an die Kindheit und der Gewißheit, daß er noch kein vollzähliges Mitglied der Erwachsenenwelt ist, hin- und herirrt. Teenager befinden sich im Niemandsland und sind sehr verwundbar. Sie experimentieren mit ihrer eigenen Entscheidungsfähigkeit und entwickeln Eigenverantwortung, sie sind hilflos und wollen zugleich ihre Zukunft selbst bestimmen.

Beispielsweise wird ein Teenager, je nachdem welche charakteristischen Eigenschaften er besitzt und welche Erfahrungen er bereits hinter sich hat, zwei Wege einschlagen: Entweder hält er an bestimmten Werten der Vergangenheit fest (und hatte das Glück, daß ihm oder ihr solche vermittelt wurden), oder aber er lehnt das bisher Erlebte ab und bricht mit allem. Geht er den ersten Weg, dann wird er sich zu einer lebensbejahenden Persönlichkeit entwickeln, sich im eigenen Körper wohl fühlen und intuitiv spüren, in welche Richtung er sich bewegen soll, und eng mit den prägenden Personen seines Lebens verbunden bleiben. Wählt er den zweiten Weg, dann ist die Gefahr, daß er sich seiner Umwelt verweigert, sehr groß. Er wird mit sich selbst nicht im Einklang stehen, nicht wissen, was er machen soll, und sich von allem lossagen, was mit der Vergangenheit zu tun hat, auch wenn diese ihm womöglich weiterhelfen könnte.

Irgendein Bruch muß allerdings vollzogen werden. Wer sich nicht löst, wird als Teenager in seiner Kindheit eingeschlossen bleiben. Jeder Loslösungsprozeß ist dabei zwangsläufig schmerzhaft, nicht nur für das Kind selbst, sondern für die gesamte Umgebung – alle müssen unter der wechselhaften Laune und der Unentschlossenheit, der überspitzten Empfindlichkeit und der Verschlossenheit des Heranwachsenden leiden.

Jugendliche sind mit vier neuen Herausforderungen konfrontiert: Sie müssen einige der Wertvorstellungen und Ansichten, die in ihrer Kindheit gültig waren, aufgeben. Sie müssen die seelischen Erschütterungen, die sie in ihrer Kindheit erfuhren, nochmals durchleben, um sie zu bewältigen, damit sie nicht ihr ganzes Leben belasten. Sie müssen ihre eigene Geschichte akzeptieren, denn ohne Vergangenheit gibt es keine Zukunft. Und sie müssen ein sicheres Gespür für ihre Sexualität entwickeln.

Sind diese vier Herausforderungen bewältigt, dann kann sich ein Heranwachsender eigenständig und stabil weiterentwickeln. Eltern und Lehrer können helfen, indem sie Gelegenheiten schaffen, die Vergangenheit zu reflektieren. Eltern sollten daher jede Möglichkeit nutzen, um mit ihrem Kind zu reden; Lehrer könnten das Kind ermuntern, seine Gedanken auf künstlerische Weise auszudrücken.

Der Reifeprozeß vom Kind zum Erwachsenen kann sehr widersprüchlich ablaufen. Ansichten und Werte lösen sich plötzlich auf, neue Wertvorstellungen ersetzen zuvor vertretene Überzeugungen. Der Heranwachsende modifiziert sie so lange, bis sie sich in seine Ordnung der Dinge einfügen lassen. Teenager können in kindliche Verhaltensformen zurückfallen, obwohl sie schon neue Werte gefunden haben. Sprechen Sie direkt und aufrichtig mit ihnen. Auch sexuell sind sie in der Experimentierphase, bis sie ihre jeweilige geschlechtliche Identität gefunden haben.

Der Gewalttätige oder das Opfer kann als jemand gesehen werden, dem es nicht gelang, der Kindheit zu entkommen, der sich noch immer mit den prägenden Erwachsenen identifiziert, weil er unfähig war, sich auf den Prozeß der Selbstfindung einzulassen. Wenn die Bindungen in der Kindheit zu stark waren, kann sich das aggressive Kind zu sehr mit einer besonders überlegenen Person identifiziert haben; hingegen wurde das Opfer von einem ängstlichen Erwachsenen zu sehr behütet.

Auf der anderen Seite kann ein Gewalttätiger auch seine Vergangenheit vollkommen hinter sich gelassen haben, fortan in einem bedeutungslosen Vakuum agieren. Und das Opfer ist möglicherweise ein hilfloser junger Erwachsener, schwach in seiner Unentschlossenheit und gefangen zwischen Kindheit und Erwachsenendasein. Beide, Täter und Opfer, sind grundsätzlich als unreife Erwachsene zu betrachten, die große Schwierigkeiten haben, eine gesellschaftsfähige Identität zu entwickeln.

3.3.4 Entfremdung

Jugendliche scheinen sich von der Gesellschaft abzuwenden, wenn sie nach ihrer Identität suchen. Sie können besonders empfindlich auf Scheinheiligkeit, Unaufrichtigkeit, Rücksichtslosigkeit und Unehrlichkeit reagieren. Sie greifen häufig andere an, so, wie sie sich selbst angegriffen fühlen, und sind insgesamt eher intolerant. Manche Heranwachsende ziehen sich komplett in ihre eigene Welt zurück, vereinsamen und sind unfähig, irgendeine Form von Nähe zuzulassen. Sie sind extrem mißtrauisch, egozentrisch und voller Pessimismus.

Ein Gewalttätiger, gleich wie alt er ist, hat sich ebenfalls sozial zurückgezogen und legt es geradezu darauf an, ausgeschlossen zu werden, indem er andere verletzt. Das Opfer, das gleichfalls außerhalb der Gemeinschaft steht, trägt seine Schmach schicksalsergeben.

3.4 Die Familie

Die Familie bietet einem Kind Sicherheit und das Gefühl der Zugehörigkeit; beides ist für seine Entwicklung zu einer selbständigen und einzigartigen Persönlichkeit unverzichtbar. Die Familie schafft eine beschützende und fürsorgliche Atmosphäre, in der alle Angehörigen ihren Emotionen freien Lauf lassen können. Innerhalb der Familie bewegen sich Kinder ohne soziale Einschränkungen, während sie sich außerhalb anpassen müssen, um sozial anerkannt zu werden. Demnach ist ein Kind in seiner Familie sowohl Aggressionen und Gewalt als auch Liebe und Glück ausgesetzt. Nur im Schutz der Familie kann ein Kind den Umgang mit Emotionen lernen.

3.4.1 Gewalt in der Familie

Außergewöhnliche und länger anhaltende Gefühlsausbrüche wirken sich destruktiv auf die Entwicklung eines Kindes aus. Gewalttätige Eltern sind nicht nur eine qualvolle psychische Belastung für ein Kind, sondern fügen ihm nicht selten auch körperlichen Schaden zu. Kindesmißhandlung durch Eltern und Angehörige ist in allen sozialen Schichten weit verbreitet, und jedes Familienmitglied spielt bei aggressiven Interaktionen eine Rolle. Sogar das Kind selbst kann mitverantwortlich sein. Unruhige und schwierige Kinder gehen ihren Mitmenschen auf die Nerven und lösen Aggressionen bei ihnen aus, ja, Eltern werden durch ein anhaltend unkontrollierbares Kind womöglich die Nerven verlieren.

Männer und Frauen, die ihr Kind mißhandeln, sind häufig um die zwanzig Jahre alt, in einem Alter also, da sie selbst gerade erst angefangen haben, unabhängig von ihren eigenen Familien zu leben. Es fällt ihnen oft sehr schwer, neue Beziehungen einzugehen, und sie sind deshalb nicht in der Lage, die schweren Anforderungen der Elternschaft zu erfüllen. In ihrer Frustration werden sie aggressiv, gewalttätig oder ziehen sich aus der Umwelt zurück. Sie lassen ihre Wut vor allem an ihrem Kind aus, und das um so mehr, wenn es kränkelt und permanent schreit. Die Mutter oder der Vater fühlen sich physisch überfordert, emotional allein gelassen oder beides zusammen.

Eltern, die ihre Kinder schlagen, sind entweder von Haus aus aggressiv und neigen zu Gefühlsausbrüchen, oder sie sind gefühllos und depressiv. Ihre Aggression richtet sich im einen wie im anderen Fall gegen die angebliche Quelle ihres Ärgers. Diese Eltern werden sozial ausgegrenzt, isoliert und dadurch oft noch streitsüchtiger. Sie sind hilflos, unfähig und ihren Emotionen auf Gedeih und Verderb ausgeliefert. Sie malträtieren andere und fühlen sich zugleich selbst schlecht behandelt.

Ein Kind, das mißhandelt wurde, wird mit aller Wahrscheinlichkeit später selbst mißhandeln. Deshalb ist es so wesentlich, die Zwangslage gewalttätiger Eltern zu erkennen und ihnen zu helfen, um den Kreislauf der Gewalt zu durchbrechen. Hilft man den Eltern, nimmt das aggressive Verhalten ihrer Kinder zusehends ab.

Gewalttäter können also als Personen betrachtet werden, die selbst mißhandelt wurden. Sie haben physisch und psychisch gelitten und eigneten sich die Verhaltensmuster ihrer Peiniger an, die eine entscheidende Rolle in ihrem Leben gespielt haben. Auch Opfer sind oftmals als Kind geschlagen worden und seitdem passiv, um nicht aufzufallen. Sie haben es aufgegeben, aktiv am Leben teilzunehmen.

3.4.2 Seelische Krankheiten eines Elternteils

Väter oder Mütter, die ein gestörtes inneres Gleichgewicht haben, beeinträchtigen das gesamte Familienleben.

Psychische Krankheiten können übertragbar sein, das heißt, über einen längeren Zeitraum hinweg steckt womöglich ein Elternteil den anderen mit seinem gestörten Wahrnehmungsvermögen an. Das Paar wird sozial isoliert, und seine Kinder werden unter der Loslösung von der Gesellschaft leiden und ihre Umgebung insgesamt als unfair und bedrohlich erleben.

Psychische Störungen können zu einer schwerwiegenden ehelichen Disharmonie führen. Eltern streiten sich nach kindlichen Verhaltensmustern und entfernen sich voneinander. Die fehlende Harmonie innerhalb der Familie verwirrt ein Kind. Eine psychische Erkrankung kann auch dazu führen, daß ein Elternteil ins Krankenhaus eingeliefert wird oder das Kind von zu Hause fort muß. In beiden Fällen faßt das Kind die Trennung als Ablehnung auf. Durch eine anhaltende Krankheit können Eltern auch in höchstem Maße gereizt sein und dadurch ihren Kindern eine entsprechend negative Lebenseinstellung vermitteln. Aber kranke Eltern an sich bedrohen nicht zwangsläufig das Wohl eines Kindes, eine viel größere Beeinträchtigung ist die familiäre Mißstimmung, die infolge von Krankheit entsteht.

Täter und Opfer sind beide das Opfer der Weltanschauung ihrer Eltern und der daraus resultierenden Frustrationen.

3.4.3 Familiengröße

Kinder aus großen Familien tendieren eher zu gewalttätigem Verhalten als Kinder, die aus kleineren Familien kommen. Das kann daran liegen, daß körperliche, materielle und psychische Bedürfnisse in letzteren besser erfüllt werden. Trotzdem läßt sich vom wirtschaftlichen Stand einer Familie nicht auf gewalttätiges Verhalten schließen. In direkter Beziehung hingegen steht elterliche Zwietracht, vor allem wenn ein Kind von einem der Gegner als Verbündeter gewonnen wird.

Einzelkinder laufen Gefahr, besonders verwöhnt zu werden. Die Mutter pflegt einen übertriebenen Kontakt zu ihrem einzigen Kind und hält es von allen anderen Beziehungen fern. Sie wird dieses Kind zu lange bemuttern, den Prozeß der kindgerechten Fürsorge verlängern und vermeiden, daß es unabhängig wird. Sie ist emotional von ihrem Kind abhängig und will ihm all die Liebe geben, auf die sie selbst als junger Mensch verzichten mußte.

In einer großen Familie verhält sich eine Mutter genau entgegengesetzt: Emotional und physisch erschöpft, hat sie womöglich wenig Kontakt zu ihren Kindern und scheint sich nicht um sie zu sorgen.

Ein Gewalttätiger kann also aus einer Familie mit großem Konfliktpotential stammen und ein Opfer ein zu sehr behütetes Kind sein. Beide, Täter und Opfer, hatten eine inadäquate Beziehung zu ihren Eltern.

3.4.4 Ein kindgerechter Umgang

Ein Mutter, die sich nicht für ihr Kind interessiert und eine kühle, distanzierte Beziehung zu ihm hat, wird seine Aggressionen fördern. Eine Mutter, die die Aggressionen ihres Kindes zu sehr toleriert, wird es indirekt ermutigen, Gewalt als Ausdrucksmittel zu begreifen. In beiden Fällen setzt die Mutter ihrem Kind keine Grenzen, und dies ist für das Kind ein Zeichen dafür, daß sie sich nicht für es interessiert.

Beide, ob Vater oder Mutter, fördern das aggressive Verhalten ihrer Kinder, wenn sie diese mit Prügeln und unter gewalttätigen emotionalen Ausbrüchen erziehen. Familien, in denen wohlerzogene Kinder heranwachsen, versorgen diese mit einem richtigen Maß an Liebe und Interesse, setzen klare Grenzen und bestrafen nicht körperlich.

Täter und Opfer, könnte man also sagen, stammen aus Familien, in denen die Kinder nicht nach den richtigen Grundsätzen behandelt werden.

3.5 Zusammenfassung

Auf der Suche nach den Gründen für gewalttätiges Verhalten und die Opferbereitschaft von Kindern haben wir drei Dinge herausgefunden:

Zunächst ging es darum, inwieweit charakteristische Eigenschaften von Kindern ihre Tendenz zu Gewalttätigkeit oder zur Opferrolle beeinflussen. Gewalttäter lassen sich durch die Unfähigkeit, Frustrationen auszuhalten, und die Neigung, außergewöhnliche Aggressionen auszuleben, charakterisieren. Opfer haben eine ähnlich niedrige Frustrationsschwelle, reagieren aber, indem sie sich zurückziehen und in Passivität verfallen. Diese Eigenschaften können sich durch die Lebensumstände und das Vorbild nahestehender Personen verstärken.

Im weiteren Verlauf unserer Untersuchung der äußeren Umstände aggressiven Verhaltens haben wir herausgefunden, daß Täter sich oftmals kindlich verhalten, versuchen, ihre Bedürfnisse direkt zu befriedigen, und sich unaufhörlich durch ihre Umwelt bedroht fühlen. Opfer wiederum scheinen in ihrer Kindheit nie mit Aggressionen etwas durchgesetzt zu haben, sie wurden vielmehr rasch besänftigt anstatt zufriedengestellt. Beide, sowohl Täter als auch Opfer, haben nie gelernt, zu anderen eine Beziehung einzugehen und in angemessener Form auch einmal etwas abzulehnen. Gewalttätige schüchtern ein, und Opfer entschuldigen sich für sich selbst. Heranwachsende, Täter und Opfer, scheinen hilflos zwischen Kindheit und Erwachsenendasein hin- und herzupendeln.

Abschließend haben wir untersucht, inwieweit die Familienverhältnisse dazu beitragen, daß ein Kind gewalttätig oder zum Opfer wird, wenn beide Typen, sowohl Täter als auch Opfer, in ihrer Kindheit mißhandelt wurden: Die einen werden entsprechend dem Vorbild selbst zum Täter, die anderen ziehen sich resigniert zurück und verfallen in Passivität. Täter und Opfer haben beide unter dem gestörten Weltbild ihrer Eltern und den damit verbundenen Frustrationen gelitten. Sie waren familiären Unstimmigkeiten ausgesetzt und haben im Leben ihrer Eltern die Rolle von Schachfiguren gespielt. Oder ihr Betragen ist das Ergebnis ungenügend ausgelebter kindlicher Verhaltensmuster.

Im nächsten Kapitel geht es detailliert um die Bedürfnisse von Kindern, insbesondere im Hinblick auf Täter und Opfer. Doch zuvor sollten Sie sich noch drei Fragen stellen, die im Laufe dieses Kapitels aufkamen:

1. **Sind sowohl Täter als auch Opfer benachteiligte Kinder?**
2. **Sind sie für ihr Verhalten selbst verantwortlich?**
3. **Sind manche Kinder von Geburt an böse?**

Es ist hilfreich, darüber nachzudenken, ob Sie diese Fragen rational oder emotional beantwortet haben.

4 Das eigene Kind

4.1 Fachliche Unterstützung

Eltern, die mit ihren Kindern Probleme haben, sollten wissen, daß es Fachleute gibt, die für ihre Situation Verständnis haben und sie unterstützen. Wer isoliert in einem anonymen Hochhaus wohnt und niemanden hat, mit dem er sich austauscht, kann ab einem bestimmten Punkt sein schwieriges Kind nicht mehr ertragen und verliert die Kontrolle, die sie oder er über das Kind hatte. Womöglich hat das aggressive Verhalten oder die Passivität des Kindes so überhandgenommen, daß die Eltern am Ende ihrer Kräfte angelangt sind und sich eigentlich nur noch wünschen, das Kind möge weggehen. Je weiter, desto lieber.

Am effektivsten läßt sich das Verhalten eines Schulkindes beeinflussen, wenn die Schule mitarbeitet und die Eltern unterstützt. Eine unverbindliche Einladung in die Schule zu einer Tasse Kaffee kann der Beginn einer sehr wertvollen Partnerschaft sein. Manche Eltern akzeptieren und nutzen die genauen Ratschläge, die sie für die Erziehung ihres Kindes bekommen, viele müssen sich nur dazu durchringen, auch einmal »Nein« zu ihrem Kind zu sagen. Und auch wer das kann, braucht vielleicht trotzdem Hilfe.

In Teil 2 geht es darum, wie Lehrer mit Eltern zusammenarbeiten können, aber vorerst ist es für beide Seiten hilfreich, sich vorab über die Aspekte des Lebens klarzuwerden, die wir alle gemeinsam haben. Eltern teilen diese mit Lehrern, und beide teilen sie mit Tätern und Opfern.

4.2 Gemeinsamkeiten

4.2.1 Fragilität und Spannkraft

Menschen werden mit unterschiedlichen Veranlagungen geboren, und jeder hat eine spezifische physische Konstitution. Einige sind besonders intelligent, andere weniger, die meisten sind durchschnittlich begabt. Gleichermaßen sind

manche Personen stark, andere schwach. Die Mehrzahl bewegt sich im mittleren Bereich und ist durchschnittlich kräftig. Weniger bekannt ist, daß auch jeder eine eigene Gefühls-
schwelle hat, manche sind robust, andere leicht verletzbar,
doch die meisten wiederum finden sich dazwischen.

Von den Gefühlen hängt wahrscheinlich alles ab, denn sie
bestimmen unsere Geistesverfassung und damit auch unsere Leistungsfähigkeit. Spitzenathleten verfehlen einen Rang
oft nur um Bruchteile einer Sekunde, und wenn man sie im
nachhinein befragt, dann erläutern sie häufig, wie sie sich
während des Wettkampfes gefühlt haben. Viele Menschen
lassen sich durch die alltägliche Arbeit emotional aussaugen
oder aufladen. Gefühle formen die Basis unseres Lebens.

In jeder Familie kann es ein Kind geben, das zwar genauso intelligent wie seine Geschwister ist, auch ebenso stark,
aber wenn es darum geht, die alltägliche Pflicht in der Schule zu erfüllen, dann scheitert es. Bekanntermaßen bilden In-
tellekt und körperliche Verfassung eine einzigartige Einheit,
und feinste Veränderungen der Lebenslage erschüttern jedes
Kind unterschiedlich stark. Eindeutig ist jedenfalls, daß sich
die Gefühlslage dieses Kindes von der seiner Geschwister unterscheidet. Während die Brüder und Schwestern in der Lage sind, sich zurechtzufinden, fällt ihm das schwer; dieses
Kind ist besonders zart und emotional leicht verwundbar.

Es überrascht, wenn man die Verhaltensweisen eines besonders aggressiven, ja gewalttätigen Kindes auf seine zarte
Persönlichkeit zurückführt, und das werde ich auch nicht
tun (obwohl ich glaube, daß der Gewalttätige nur scheinbar
übermäßig selbstsicher, im Grunde aber so empfindlich ist,
daß er sich nicht traut, Gefühle an sich heranzulassen). Ich
habe bereits auf Forschungsergebnisse hingewiesen, die gezeigt haben, daß Täter doch nicht das niedrige Selbstwertgefühl haben, das manche ihnen unterstellen und das ein an-
erkanntes Charakteristikum einer zartbesaiteten Persönlichkeit wäre. Natürlich sind manche Täter ängstlich, aber das
sind die wenigsten.

Opfer allerdings weisen ein deutlich niedrigeres Selbstbewußtsein auf, genauso wie manche extrem aggressiven Kin-

der. Die Frage nach ihrer Empfindlichkeit ist wichtig, wenn wir sie verstehen wollen. Auch wer sich mit sich selbst auseinandersetzt, sollte klären, wie sensibel er oder sie ist. Die Art der Beziehung zu den engsten Partnern ergibt sich aus der angeborenen Verletzbarkeit. So ist es bezeichnend, daß empfindliche Personen sich schwertun, ein enges Verhältnis zu jemandem einzugehen, und die Beziehung zu ihnen nahestehenden Partnern als Belastung empfinden.

Eltern-Kind-Beziehungen sind häufig schwierig, wenn ein Teil sehr zartbesaitet ist. Sind beide besonders empfindlich, dann ist die Beziehung, gelinde gesagt, angespannt. Fragen Sie sich selbst, ob dies auf Ihre Situation und Ihr Verhältnis zu Ihrem Kind zutrifft. Ist Ihr Kind besonders verletzbar, dann distanziert es sich und ist introvertiert, obwohl es Ihnen eigentlich ganz nah sein möchte. Es ist passiv, da es sich nur in seiner eigenen Welt sicher fühlt.

Extrem sensible Kinder reagieren angesichts eines ruppigen Familienlebens entweder auffällig aggressiv, oder sie ziehen sich vollkommen in sich zurück. Vor allem ein Kind, das im Mittelpunkt steht, wird sich zurückziehen, denn es möchte auf keinen Fall genau beobachtet werden. Problematisch ist, daß dieses Kind sich im Moment der Annäherung abwendet, und nicht gewillt ist, eine Nähe zuzulassen, die seiner Erfahrung nach oder wegen seiner Angst fehlschlagen könnte.

Ein aggressives, nach außen überlegenes gewalttätiges Kind ist scheinbar genauso distanziert. Vielleicht aber hat es Angst, sich anderen emotional zu nähern. Wer aber davon ausgeht, daß ein Rabauke keine ängstliche, sensible Persönlichkeit hat, wird sein Verhalten für egozentrisch halten und das damit begründen, daß er sich nicht um die Gefühle anderer schert und sich nur für sich selbst interessiert.

Versuchen Sie herauszufinden, wie verletzlich Sie selbst sind. Fällt es Ihnen schwer, die Nähe anderer zu suchen? Distanzieren Sie sich von Ihrem Partner oder Ihrem Kind? Wir alle haben dieses Bedürfnis in einem bestimmten Maß. Aber eine besonders empfindliche Person hat dieses Bedürfnis in extremen Maße und ist weit entfernt von der Standfestigkeit, die man bei einem Gewalttätigen annimmt.

4.2.2 Selbstachtung
Mit Mißerfolgen umgehen
Emotionale Empfindlichkeit und Selbstachtung sind miteinander verknüpft. Kinder und Erwachsene mit wenig Selbstachtung können nicht mit Mißerfolgen umgehen. Ein unsicheres Mädchen reißt beim kleinsten Fehler das Blatt aus seinem Heft. Fängt es an, Fehler stehenzulassen, ohne die Seite gleich herauszureißen, dann ist das ein Zeichen seines zunehmenden Selbstvertrauens. In der Schule fühlen sich Kinder manchmal überfordert, die Aufgaben sind zu schwer, und sie finden keinen Kontakt zu anderen Kindern. In der Folge benehmen sie sich schlecht.

Empfindliche Kinder haben häufig Schwierigkeiten, mit einer neuen Situation zurechtzukommen, und werden früh mit Mißerfolgen konfrontiert. Ihre Unzulänglichkeit führt zu Aggressivität oder innerem Rückzug. Sie fallen in ihren Leistungen ab und bauen ein negatives Selbstbild auf.

Der Wert einer Vorschulerziehung kann nicht genug betont werden, denn besonders sensible Kinder müssen rechtzeitig lernen, mit anderen umzugehen und sich mit ihnen auseinanderzusetzen, und ihr Charakter muß sich so festigen, daß sie in der Schule erfolgreich mitarbeiten können.

Gewaltverbrecher und Kriminelle waren häufig als Kind bereits sehr streitsüchtig, hatten eine Opferrolle inne oder spielten den zynischen Störenfried (womöglich gemäß ihrer Vorbilder). Spielgruppen und gezielte Früherziehung hätten verhindern können, daß sie auf Abwege geraten. Jedes Kind, dem rechtzeitig geholfen wird, kann sich zu einem reifen Menschen entwickeln. Die Gesellschaft darf nicht dazu beitragen, daß sich ein Mensch im späteren Leben von ihr abwendet.

Mit Veränderungen umgehen
Jeder braucht das Gerüst persönlicher Regeln und eines Zeitplans, keiner kann in einem Vakuum existieren – sonst würde er krank. Zugleich muß jeder in der Lage sein, dieses Gerüst als Basis seiner Selbstentfaltung zu nutzen. Kindern und Erwachsenen mit geringem Selbstwertgefühl fällt es schwerer, mit Veränderungen zurechtzukommen, als anderen.

Kinder verzweifeln, wenn sich der Tagesablauf plötzlich ändert, Erwachsene weigern sich, von scheinbar unbedeutenden und unerheblichen Routinen abzuweichen.

4.2.3 Bestätigung

Kinder, die wenig von sich selbst halten, brauchen ständig Anerkennung. Sie werden ihr Übungsheft alle paar Minuten zum Lehrer bringen, um Lob zu ernten. Erwachsene mit wenig Selbstachtung sind auf jedes tröstliche Wort wie auf Streicheleinheiten angewiesen, und ihre Unterhaltung mit anderen zielt darauf ab, bestätigt zu werden.

Eine Opferpersönlichkeit hat zu wenig Selbstbewußtsein. Ein Täter hingegen hält viel zu viel von sich selbst und ist rücksichtslos, wenn es darum geht, seine Umwelt zu beeindrucken. Wie schätzen Sie sich selbst ein, haben Sie zu wenig oder zu viel Selbstvertrauen? Wie steht es damit im Vergleich zu Ihrem Kind? Brauchen Sie dauernd Anerkennung?

4.2.4 Ideale

Wir alle tragen in uns ein Idealbild, dem wir gern entsprechen würden. Wir haben eine feste Vorstellung davon, was wir schaffen und bewältigen wollen. Wer nicht in der Lage ist, seine Idealvorstellungen zu verwirklichen, ist frustriert und unglücklich. Extrem sensible Menschen neigen dazu, sich so sehr mit ihrem Unglück zu identifizieren, daß sie wütend oder depressiv werden. Sie halten wenig von sich selbst, da es ihnen nicht gelungen ist, ihre Vorstellungen zu verwirklichen. Aber dieses Problem ist nie zu lösen; selbst wenn solch sensible Menschen auf dem besten Weg sind, ihr Ideal zu verwirklichen, wird irgend jemand auftauchen, der sie daran zu hindern versucht.

Idealvorstellungen inspirieren uns, sie machen den Sinn des Lebens aus. Aber wir müssen sie auch realistisch einschätzen, um nicht frustriert zu werden, wenn wir sie nicht verwirklichen können. Die wenigsten setzen sich hin und malen sich aus, wie eine ideale Welt aussehen könnte, und das ist vielleicht das Problem. Wir sind entmutigt und wütend, enttäuscht und betrübt, weil wir uns unrealistische

Vorstellungen von einer Wirklichkeit gemacht haben, die wir nicht einmal richtig kennen.

Wer seine persönlichen Schwierigkeiten angehen möchte, sollte sich zunächst einmal fragen, welches die eigenen Ziele sind, und herausfinden, wo sie ihren Ursprung haben. Versuchen Sie, den Wertvorstellungen Ihres Vaters oder Ihrer Mutter zu entsprechen, oder versuchen Sie, die Welt Ihres Vorbildes Claudia Schiffer oder Boris Becker zu kopieren? Wer eine Antwort gefunden hat, sollte sich überlegen, wie realistisch seine Ziele sind, und sich entsprechend verhalten. Es kommt darauf an, sich eine eigene Welt aufzubauen und nicht die von anderen zu kopieren.

Sowohl der Täter als auch das Opfer können von dieser kritischen Selbstanalyse profitieren.

Die Auseinandersetzung mit sich selbst ist nicht einfach. Man braucht ein festes Selbstbild und muß zugleich realistisch bleiben. Zum Beispiel hängt die Einstellung, die wir zu unserem Körper haben, eng mit unserer Selbsteinschätzung zusammen, und es ist entscheidend, daß wir uns so akzeptieren, wie wir sind. Aber gerade das ist so schwer, weil die Gesellschaft ein bestimmtes Bild von Attraktivität festgelegt hat. Obendrein sind diejenigen, die gut aussehen, meistens auch beliebt und selbstbewußt. Weniger gutaussehende Menschen sind auch weniger begehrt und neigen dazu, sich dadurch in ihrem negativen Selbstbild bestätigt zu fühlen.

Insbesondere unattraktive und dicke Kinder werden von anderen abgelehnt. Deshalb haben sie häufig wenig Selbstvertrauen, und das wiederum spiegelt sich in ihrem Verhalten wider. Ein Kind, das sich in seinem Körper nicht wohl fühlt, flüchtet sich in häufiges Kranksein. Es ist ständig müde, oft ist ihm schlecht. All das sind Zeichen dafür, daß es aufgegeben hat, sich an einem idealen körperlichen Selbstbild zu orientieren. Mit zunehmendem Alter ändert sich auch das Selbstverständnis von Kindern. Solange sie jung sind, definieren sie sich über ihre körperliche Erscheinung, ihre Spielsachen und ihre Habseligkeiten. Im späteren Teenageralter spielen die Wertvorstellungen anderer eine größere Rolle. Persönliche Stärken und Schwächen und besondere

Verhaltensweisen bestimmen zunehmend das Selbstbewußtsein. Jugendliche identifizieren sich über ihre Hobbys
und Interessen, ihre Vorstellungen und ihr Verhalten. Eine
zentrale Rolle für ihr Selbstbewußtsein spielt außerdem ihre
Beziehung zum anderen Geschlecht.

Wer sich Gedanken über sein Kind macht, sollte versuchen, sich in seine Person hineinzuversetzen. Daraus könnte sich eine gemeinsame Ebene ergeben. Es ist immer hilfreich, sich klarzumachen, wie man selbst auf andere und vor
allem auf das eigene Kind wirkt.

4.2.5 Abwehrmechanismen

Jeder, der angegriffen wird, wehrt sich normalerweise. Wer
körperlich attackiert wird, schlägt entweder zurück oder
läuft davon. Wird das Selbstbewußtsein in Frage gestellt,
verteidigt man sich. Wer auf äußere Angriffe nicht reagiert,
riskiert womöglich sein Leben.

Wer ein stabiles Selbstwertgefühl hat und im Einklang mit
sich ist, kann Attacken widerstehen. Wer unsicher ist oder
ein angeschlagenes Selbstbewußtsein hat, fühlt sich in Auseinandersetzungen sofort angegriffen und reagiert aggressiv.
Drei Formen von Abwehrmechanismen sind aus diesen
Gründen weit verbreitet:

1. **Wir verteidigen uns mit Sarkasmus oder anderen
   verbalen Aggressionen.**
2. **Wir verzerren die Tatsachen zu unserem Vorteil.**
3. **Wir weichen aus, um nicht zu hören, was wir nicht
   hören wollen.**

Wer sehr empfindlich ist und wiederholt das Gefühl hat, un-
gerechterweise bedroht zu werden, nutzt diese Mechanismen
so regelmäßig, daß sie schließlich den Umgang mit anderen
völlig beeinflussen. Ablehnung und Aggression beherrschen
sodann das Miteinander. Die Betroffenen geraten in den Ruf,
unsozial zu sein, und glauben das schließlich selbst.

Ein klares und festes Selbstverständnis ist für uns alle wesentlich; viele Menschen versuchen daher, sich auf unterschiedlichen Wegen ein solches Selbstbild zu erwerben:

1. Verfehlungen schieben sie äußeren Umständen zu, die sie nicht unter Kontrolle haben. Positive Ereignisse halten sie ihrem Verhalten zugute. Sie machen nie etwas falsch.
2. Sie betonen gern die Rolle, die sie bei gelungenen Ereignissen spielten.
3. Sie gehen davon aus, daß andere sich ändern müssen und daß die anderen die Fehler begehen.
4. Sie schieben persönliche Beeinträchtigungen vor, um nicht zu scheitern. Mit anderen Worten, sie haben immer eine Ausrede parat und sichern sich so ab.

Unsichere Personen setzen diese Mechanismen häufiger ein als andere, da sie sich rascher angegriffen fühlen. Ihr Harmoniebedürfnis ist besonders ausgeprägt.

Ein anderer Abwehrmechanismus besteht darin, sich in die Phantasie zu flüchten. Jeder schafft sich seine Phantasiewelt – seine Ideale, um besser mit der Wirklichkeit zurechtzukommen. Die passive Persönlichkeit lebt in einer Traumwelt, der Gewalttätige übernimmt die charakteristischen Eigenschaften eines künstlichen Vorbilds, das seine Aggressionen verkörpert.

Doch zurück zu der Beziehung, die Sie zu Ihrem Kind haben. Inwieweit reagieren Sie beide abwehrend? Viele Eltern schwieriger Kinder haben das Gefühl, sich in einem ständigen Kampf mit diesen zu befinden. Sie sind permanent dabei, sich selbst zu verteidigen. Und ihre Kinder haben wiederum das Gefühl, ununterbrochen von den Eltern angegriffen zu werden. Ohne Ausnahme sind sich aber weder Eltern noch Kinder darüber im klaren, um was es wirklich geht. Dabei verteidigen sie natürlich ihr Selbstverständnis, doch wenn sie ein deutliches Bild davon hätten und wüßten, wie sie von anderen wahrgenommen werden, dann könnten sie mit ihren Schwierigkeiten umgehen.

4.2.6 Besitz

Einige Experten vermuten, daß ein Mangel an materiellen Dingen zu Hause mit dem problematischen Verhalten von

Kindern zusammenhängt, während andere das bezweifeln. Es wurden keine Anhaltspunkte dafür gefunden, daß der soziale und wirtschaftliche Status einer Familie Aggressionen unter Kindern zur Folge hat. Sowohl Täter als auch Opfer kommen aus allen sozialen Schichten. Genausowenig kann behauptet werden, daß ärmere Eltern ihre Kinder unzureichend erziehen. In ärmeren Elternhäusern gibt es ebenso viele gute Eltern wie in allen anderen gesellschaftlichen Kreisen auch. Auch lassen sich diese Schlußfolgerungen nicht auf alle Länder der Welt übertragen, und die uralte Weisheit, daß materieller Besitz nicht unbedingt glücklich macht, ist nach wie vor gültig.

Eltern brauchen also keine Schuldgefühle zu haben, wenn sie nicht jedem Wunsch ihres Kindes nachkommen können. Und wer seinem Kind alle Träume erfüllt, der sollte sich einmal fragen, ob das wirklich im Interesse des Kindes ist oder nicht eher in seinem eigenen. Ein Raufbold fordert, unmittelbar belohnt zu werden, und wird doch nur noch aggressiver, wenn er immer bekommt, was er möchte. Genausowenig wird ein Opfer aus seiner Rolle entfliehen können, wenn ihm alles auf dem Tablett serviert wird.

Viele Eltern erreichen einen Punkt, an dem sie so ausgelaugt sind, daß sie alles tun würden, um nur das Gejammer des Leidenden zu stoppen. Aber wer sich so verhält, unterstützt, was eigentlich gemäßigt werden sollte. Wer nicht damit umgehen kann, der sollte aufhören, dagegen anzukämpfen, und sich im eigenen Interesse und in dem des Kindes Hilfe suchen. Leider schämen sich viele Eltern, Fachkräfte zu Rate zu ziehen, und befürchten, daß diese sie für das Verhalten ihrer Kinder verantwortlich machen (siehe Kapitel 5).

4.2.7 Der Generationsunterschied

Jeder Mensch befindet sich in einem anderen Entwicklungsstadium. Manche Eltern begreifen das Verhalten ihrer Kinder nicht, da sie erwarten, daß diese genauso wie sie selbst sind. Sie liefern sich Machtkämpfe mit ihren Sprößlingen (siehe Kapitel 3), obwohl sie sich doch nur den Entwicklungsprozeß eines Heranwachsenden bewußt machen, die

Empfindlichkeiten einer Tochter gegenüber moralischen und ethischen Erwartungen berücksichtigen und darauf gefaßt sein sollten, daß sie auf jede Art von Kritik heftig reagiert.

Eltern identifizieren sich oftmals zu sehr mit ihren Kindern. Es gelingt ihnen nicht, diese als eigenständige Personen anzuerkennen, und sie beharren auf ihrer eigenen Lebensvorstellung. Sie klammern sich an sie und verurteilen damit jede Beziehung zum Scheitern. Zu einer Beziehung gehören aber immer zwei Personen, eine reicht nicht aus. Viele verhalten sich gegenüber ihren Kindern sogar wie Gleichaltrige und reagieren wie ein Kumpel, wenn diese die Autorität eines Vater oder einer Mutter brauchen. Sie verwechseln die Bedürfnisse ihres Kindes mit den eigenen. Kinder wollen keine Erwachsenen, die sich wie Jugendliche gebärden, sondern erwachsene Vorbilder.

Verständnis für sein Kind zu zeigen, bedeutet nicht, alles zu akzeptieren. Um so entscheidender ist es, daß sich Eltern bewußt von ihren Kindern loslösen und wie Erwachsene handeln, die aufgrund ihrer Erfahrung und Reife in der Lage sind, wichtige Entscheidungen zu treffen. (In Kapitel 5 wird näher darauf eingegangen, inwieweit man sein Kind kontrollieren sollte.)

Allerdings brauchen Eltern und Kinder sich gegenseitig, und dieses Bedürfnis ist ihnen gemein. Eine Mutter oder ein Vater braucht ihr bzw. sein Kind, genauso wie dieses selbst auf seine Eltern angewiesen ist.

4.3 Das eigene Verhalten

In Kapitel 1 wurde bereits angedeutet, wie unerläßlich es ist, der eigenen Betroffenheit im Umgang mit Tätern oder Opfern nachzuspüren und sich diese bewußt zu machen. In den darauffolgenden Abschnitten ging es um die charakteristischen Merkmale und einige Ursachen aggressiven Verhaltens. Anhand der sich anschließenden Fragen soll nun geklärt werden, inwieweit sich Ihre persönliche Haltung gegenüber Täter und Opfer verändert hat und inwieweit Sie das Verhalten Ihres Kindes fördern.

4.3.1 Das gewalttätige Kind und die persönliche Haltung

1. Empfinden Sie Ihr Kind als laut und unerträglich?

Wenn dem so ist, dann strahlen Sie Schwäche aus. Wer auf die Lautstärke seines Kindes noch lauter reagiert, steht bereits auf verlorenem Posten. Jünger als Vater oder Mutter, hat das Kind sicherlich mehr Kraft und Ausdauer. Wer Abstand sucht und entschlossen ist, das Spielchen nicht mitzumachen, erreicht damit, daß sich die Lautstärke bald legt. Reden Sie in aller Ruhe mit Ihrem Kind, und es wird Ihnen zuhören; schreien Sie es an, dann spürt es lediglich Ihre Wut, hört aber nicht zu. Erwachsene sollten sich auch wie solche verhalten. Sehen Sie den unreifen Menschen in Ihrem Kind, und regredieren Sie nicht selbst zum Kind.

Lassen Sie sich nicht durch die vereinnahmende Art Ihres Kindes verwirren, lösen Sie sich von ihm, und nehmen Sie sein Lärmen als Zeichen dafür, daß es selbst verunsichert ist. Werten Sie sein Benehmen nicht als Angriff auf Ihre Person, sonst geraten Sie unter Druck und in die Versuchung, sich zu rächen.

Ist Ihr Kind laut und unerträglich, dann sollten Sie sich fragen, ob sein Verhalten jeden stört oder nur Sie allein. Wer mit der lauten und herrischen Art seines Kindes nicht zurecht kommt, sollte ihm das ruhig und unter vier Augen erklären, und das Kind wird überraschenderweise einsichtig sein. Räumen Sie Ihrem Kind Gelegenheiten ein, laut zu sein; lassen Sie es auch einmal alleine, damit Sie selbst nicht ständig das Gefühl haben, es sei unausstehlich. Es kommt immer darauf an zu handeln, eine Strategie zu entwickeln und sich nicht mit unerträglichen Situationen abzufinden.

2. Ist Ihr Kind kalt und gefühllos?

Überlegen Sie sich zunächst, wieviel Zuneigung Sie zum Beispiel von Ihrer Tochter erwarten. Vielleicht wünschen Sie sich mehr Wärme, als sie Ihnen entgegenbringen kann. Viele Eltern haben das Gefühl, ihrem Kind nicht so stark verbunden zu sein, wie sie es gerne wären. Womöglich haben sie dauernd Angst, es zu verlieren oder neigen dazu, sich zu sehr mit ihm zu identifizieren.

Ergeht es Ihnen genauso, dann sollten Sie sich mit dem Wissen beruhigen, daß sich Ihre Tochter Ihnen mehr nähern würde, wenn sie es nur könnte; könnte sie mehr Gefühl zeigen, dann wäre sie auch sanfter und Ihnen mehr zugetan. Stellen Sie sich vor, daß sie im Grunde viel sensibler ist, als es den Anschein hat, und daß sie wegen ihrer Verletzbarkeit nicht in der Lage ist, mit den nächststehenden Personen entspannt umzugehen. Es ist absurd, aber oft der Fall, daß ein Kind, je mehr es für einen Erwachsenen empfindet, um so weniger imstande ist, seine Gefühle auszudrücken.

Verhält sich ein Kind gefühllos oder beschimpft es seine Mutter oder seinen Vater, dann sollten diese nicht auf dieselbe Art reagieren. Die Aufgabe der Erwachsenen ist es, einem Kind vorzumachen, wie es sich verhalten sollte. Dennoch müssen Ungezogenheiten nicht hingenommen werden, im Gegenteil müssen Eltern dem Verhalten ihres Kindes Grenzen setzen. In Kapitel 5 werden wir uns eingehend damit befassen.

3. Ist Ihr Kind »böse«?

Möglicherweise sind Sie am Ende Ihrer Kräfte angelangt und bereit aufzugeben. Sie glauben, daß Ihr Kind den Teufel in sich hat und ihm nicht mehr zu helfen ist. Wer so weit ist, sollte sich klarmachen, daß er seinem Gefühl nachgibt und sich nicht weiter mit dem Kind auseinandersetzt. Wer unfähig ist, sachlich zu urteilen, wird seinem Kind nicht helfen können.

Solange Sie dieses Buch weiterlesen, haben Sie die Hoffnung, daß sich das Verhalten Ihres Kindes wieder bessern wird, noch nicht aufgegeben. Sie lesen es, weil Sie noch immer das Gefühl haben, Ihrem Kind helfen zu können. Wer von uns wirklich die Möglichkeit in Betracht zieht, daß ein Kind böse geboren wurde, der mag verzweifeln und dem Teufel das Feld überlassen. Natürlich ist kein Kind von Geburt an schlecht, und jedes kann zu einer reifen Persönlichkeit erzogen werden.

Es trifft allerdings zu, daß jedes Kind mit unterschiedlichen Bedürfnissen auf die Welt kommt. Weiter oben wurde auf die grundsätzliche Verletzbarkeit oder die unverwüstliche Widerstandskraft, die jedem Menschen ganz unterschiedlich zu eigen ist, und auf deren Bedeutung für das Selbstbewußtsein eingegangen. Es wurde gezeigt, wie Abwehrmechanismen arbeiten, um ein solides Selbstbewußtsein zu bewahren. Wer über sein Kind nachdenkt, sollte sich all das vergegenwärtigen. Wer glaubt, es habe den Teufel im Leib, hat ihm seine Rolle bereits vorgegeben.

4.3.2 Das Opfer

1. Empfinden Sie Ihr Kind als empfindlich und schwach?
Wer sein Kind als empfindlich und schwach wahrnimmt, vermißt vielleicht an ihm all die Eigenschaften, die das eigene Ideal hat. Sie haben sich als Mutter oder Vater, bevor Ihr Kind geboren wurde, vielleicht ausgemalt, wie es sein sollte. Vielleicht sollte es anders werden als Sie, denn es gibt ja Dinge, die Sie an sich selbst nicht mögen. Aber es kommt darauf an, sich die eigenen Vorteile bewußt zu machen und gleichzeitig, aber unabhängig davon, die positiven Anlagen des eigenen Kindes anzuerkennen. Wer sich seiner hervorragenden Eigenschaften bewußt ist, wird auch in der Lage sein, die seines Kindes zu sehen.

Und wem es schwerfällt, beide Seiten zu akzeptieren, hat vielleicht selbst etwas von einer Gewalt- oder einer Opferpersönlichkeit in sich.

Um das herauszubekommen, sollten Sie erst einmal eine eigene Definition von Kraft und Schwäche ausarbeiten. Eine starke Persönlichkeit muß nicht auch körperlich stark sein, und es gibt viele großgewachsene Schwächlinge. Starke Willenskraft ist die Folge eines gesunden Glaubens an sich selbst. Eine schwache Persönlichkeit ist von ihrem Selbstwert nicht überzeugt.

Wer schwach ist, sollte alles daransetzen, das Gefühl für die eigene Identität zu stärken. Als Mutter oder Vater braucht man nicht davor zurückzuschrecken, sich im richtigen Moment auch einmal von der Familie zu lösen. Die eigenen persönlichen Interessen und Hobbys spielen für die Identität eine entscheidende Rolle. Ein Kind denkt an seine Eltern immer im Zusammenhang damit, was sie machen und welche Interessen sie haben.

Wer seine eigenen Aufgaben und Vorstellungen hat, wird nicht länger ausschließlich durch sein Kind leben und diesem ein lohnendes Vorbild sein. Fangen Sie an, selbständige Wege zu gehen, und Sie werden weniger Zeit haben, Ihr Kind zu bemuttern – es kann in Ruhe heranwachsen und wird zunehmend unabhängig werden.

Wer hingegen eine außerordentlich starke Persönlichkeit hat und andere dominiert, sollte mehr über seine Mitmenschen nachdenken, lieber zuhören als selbst sprechen, und darauf achten, was er sagt. Sprechen Sie nur über Ihre eigenen Belange, oder fragen Sie auch andere nach ihrem Leben und ihren Gefühlen? Überprüfen Sie, inwieweit Sie die Techniken umsetzen, auf die in der Diskussion über Abwehrmechanismen eingegangen wurde.

2. Ist Ihr Kind introvertiert?
Ein Kind, das sich sehr zurückzieht, sollte nicht gezwungen werden, aktiv zu sein. Gestatten Sie zum Beispiel Ihrem Sohn, sich ein Weilchen in die Sicherheit seiner Innenwelt zu verkriechen. Sowie es an der Zeit ist, wird er sich aus seiner Isolation lösen. Eine anregende Umgebung kann förderlich sein. Das heißt nicht, daß ununterbrochen aufregende Dinge organisiert werden müssen oder daß man ständig versuchen müßte, sein Kind mit Kuchen und anderen Lieblingsspeisen zu verwöhnen. Es geht nur darum, den Rückzug des Kindes nicht noch zu unterstützen. Setzen Sie Ihren Sohn nicht unter Druck. Er ist bereits ausreichend belastet. Seine Umgebung ist attraktiv genug, wenn Mutter oder Vater einfach da sind und keine Fragen stellen. Wer sich Sorgen macht, daß sein Kind sich isoliert, kann es durch Zustimmung bestärken. Jeder zieht sich einmal zurück, und die verbreitete Meinung, daß jeder gesellig sein müsse, ist ohnehin in Frage zu stellen.

Ein Kind verschließt sich, wenn es den hohen Erwartungen seiner Mitmenschen nicht entsprechen kann. Und das ist verständlich.

3. Halten Sie es für Zeitverschwendung, sich weiter um Ihr Kind zu bemühen?

Vielleicht sind Sie an dem Punkt angelangt, an dem Sie aufgegeben haben. Es scheint Ihnen unmöglich, das Interesse Ihres Kindes für irgend etwas zu wecken. Denn es hat anscheinend keine Freude am Leben, keinen Elan, keinen Eifer.

Es gibt nur eins: Schauen Sie in den Spiegel. Wenn Sie dort nur sich selbst sehen und niemand anderes, dann sehen Sie das wirkliche Leben. Ihr Gesicht unterscheidet sich von anderen, Ihre Persönlichkeit ist einzigartig. Betrachten Sie Ihr Kind genauso, und vermitteln Sie ihm Vertrauen, wo Vertrauen notwendig ist. Entscheidend ist, das eigene Leben nicht auf das des Kindes zu übertragen.

Wer glaubt, mit seinem Kind die Zeit zu verschwenden, hat es aufgegeben. Sehen Sie wieder in den Spiegel, sehen Sie, wie Ihnen Ihre Tochter oder Ihr Sohn entgegenstarrt? Wer sich ein lebhaftes, begeisterungsfähiges Kind wünscht, sollte zunächst die eigene Begeisterungsfähigkeit entwickeln. Solange Sie von Ihrem Kind nicht fordern, es Ihnen gleich zu tun, wird es Ihrem Vorbild wahrscheinlich von allein folgen.

4.4 Aggressionen begünstigen

4.4.1 Spielgruppen

In Tagesstätten und Kindergärten wird aggressives Verhalten sowohl begünstigt als auch kontrolliert. Es ist möglich, daß Kinder isoliert werden. Der Austausch von Aggressionen entgeht den Erziehern häufig, und passive Kinder stehen stärker unter dem Druck, sich durchzusetzen. Dennoch machen Kinder in überwachten Spielgruppen im allgemeinen kaum Probleme, und es hat sich gezeigt, daß sie sich im späteren Leben seltener unsozial verhalten.

Also können Eltern, die arbeiten müssen und deshalb ihre Kinder in einen Hort schicken, ganz beruhigt sein. In Spielgruppen lernen Kinder, sich mit anderen auseinanderzusetzen und grundsätzlich mit anderen auszukommen. Das ist sehr wichtig und kann früh einsetzendem Fehlverhalten zu Schulbeginn vorbeugen. Kinder, die zu Aggressionen neigen oder sich rasch zurückziehen und schüchtern sind, profitieren von Spielgruppen, vorausgesetzt, diese werden von ausgebildeten Erziehern geleitet. Allerdings werden ihre Neigungen gefördert, wenn man diese nicht beachtet. Erzieher sollten also viel Erfahrung haben, damit sie Kindern helfen können, miteinander zurechtzukommen und ihre weniger akzeptablen Impulse zu zügeln.

Wer sein Kind in einem Hort unterbringt, sollte sich vorher sicher sein, daß die Erzieher qualifiziert sind, und sich erkundigen, wie sie mit auffälligen Kindern umgehen. Überzeugen Sie sich davon, daß eine ausreichende Zahl an Erziehern für die Kinder da ist, damit eine effektive Betreuung der Kinder garantiert ist.

4.4.2 Aggressive Spiele

Heftige Spiele fördern das Verhalten aggressiver Kinder. Während andere mit schauerlichen Ereignissen in Phantasiespielen Erfahrungen sammeln, hat das aggressive Kind diese bereits verinnerlicht. Ein besonders streitsüchtiges oder passives Kind sollte nicht an zu ausgelassenen Spielen teilnehmen, da sich sein Verhalten sonst nur noch verschlimmert.

Wer sein Kind für einen außergewöhnlichen Raufbold hält, vermeidet am besten Spiele, bei denen es seinen Energien, die eigentlich gezügelt werden sollten, freien Lauf lassen kann. Ein introvertiertes und schüchternes Kind hingegen findet keine Selbstbestätigung in draufgängerischen Spielen. Statt sich abzuhärten, wird es sich nur noch mehr zurückziehen.

4.4.3 Fernsehen und Kino

Angriffslustige Kinder, die regelmäßig Gewalt im Fernsehen oder im Kino sehen, werden zunehmend selbst gewalttätig. Ein draufgängerisches Kind fühlt sich durch einen hitzigen Helden im Fernsehen oder im Kino bestärkt und wird sich mit dessen unsozialem Verhalten identifizieren. Passive Kinder hingegen, die viel fernsehen, werden sich innerlich noch mehr zurückziehen.

Wer ein geeignetes Kinderprogramm auswählen möchte, sollte sich immer vor Augen halten, daß sich der Zuschauer mit den Darstellern identifiziert, die ihm in seinen Anlagen ähnlich sind. Für ein Kind, das selbst aggressiv und dominant ist, sind Gewaltfilme schädlich. Sie davon fernzuhalten, ist nicht so einfach, und die meisten Eltern finden nur ein wenig Ruhe, wenn ihre Kinder vor dem Fernseher sitzen. Wem tatsächlich nicht einfällt, wie er sein Kind anders beschäftigen kann, der sollte auf geeignete Videos zurückgreifen und genau prüfen, welcher Film für das Kind gut ist, und er sollte dem passiven Kind ein zeitliches Limit setzen.

4.4.4 Leistungssport

Die Beteiligung an aggressiven Leistungssportarten fördert draufgängerisches Verhalten. Die Hoffnung, daß Aggressionen beim Sport abreagiert werden, ist nicht berechtigt. Streitsüchtige Kinder, die beim Wettkampf Dampf ablassen sollen, verstärken ihr Aggressionspotential. Außerordentlich aggressive Kinder sind zugleich sehr impulsiv. Spitzensportler brauchen dieses hohe Aggressionspotential, um erfolgreich zu sein; zugleich aber müssen sie auch besonders diszipliniert sein und ihre Gefühle unter Kontrolle halten.

Ein passives, in sich zurückgezogenes Kind leidet zweifelsohne, wenn man es zwingt, an einem öffentlichen Wettkampf teilzunehmen – vor allem, wenn von ihm erwartet wird, daß es sich offensiv verhält. Es wird verlegen sein, sich bloßgestellt fühlen und an Selbstvertrauen verlieren.

Im allgemeinen sollten Kinder ermutigt werden, Sport zu treiben, um ihre eigene Leistungsfähigkeit zu testen und ihre eigenen Kräfte mit anderen zu messen. Leider arten sportliche Betätigungen oft genug zu kriegerischen Fehden aus. Die Auszeichnung bei einem Länderwettkampf gilt dem ganzen Land und befriedigt das Bedürfnis nach Zusammengehörigkeit, aber zur gleichen Zeit fördert es einen weniger wünschenswerten, primitiven Instinkt. Aggressive und gewalttätige Kinder lassen sich vorwiegend von diesem Instinkt leiten. Sie denken ausschließlich daran, den Gegner zu vernichten.

4.4.5 Wutausbrüche

Wutausbrüche sollten vermieden werden. Wenn ein Kind einen Wutanfall hat, dann läßt es sich erheblich gehen. Je länger es ohne einen solchen Ausbruch zurechtkommt, desto mehr wird sein positives Verhalten bestärkt.

Ein Kind gerät aus drei Gründen aus der Fassung, und zwar wenn

1. **seine Ziele durchkreuzt werden,**
2. **es selbst, der Freund oder die Freundin von jemandem kritisiert wird,**
3. **es spürt, daß eine Situation ungerecht ist, jemand nachlässig oder unbedacht war.**

Mißachten Sie diese Punkte, dann fördern Sie die Ausbrüche Ihres Kindes. Wer vermeiden möchte, daß sein Kind wütend reagiert, der sollte sicherstellen, daß die gesteckten Ziele realistisch und erreichbar sind, darauf achten, daß nichts gesagt wird, was als Kritik verstanden werden könnte, alles klar und deutlich erklären und sich dem Kind behutsam nähern. Weiter oben wurde besprochen, daß Aggression aufgrund von Frustration und Bedrohung ausgelöst wird. Wer ein empfindliches Kind hat, sollte alles daransetzen, ihm Frustrationen und Anfechtungen zu ersparen. Ein Schlüssel zum Erfolg sind eindeutige Botschaften, doch darum geht es in Kapitel 5. Dort werde ich außerdem diskutieren, inwieweit es notwendig ist, ein Kind zu kontrollieren, und wie der Erziehungsstil Kinder zu Tätern oder Opfern macht.

4.5 Zusammenfassung

In diesem Kapitel haben Sie einen Einblick in die Bedürfnisse Ihres Kindes bekommen, und Sie können nun besser die Beziehung zwischen sich und Ihrem Kind beurteilen. Mit dem Hinweis darauf, daß sich jeder einmal selbst unter die Lupe nehmen sollte, wollte ich Ihnen weder die Schuld am Verhalten Ihres Kindes geben noch behaupten, daß die Verantwortung allein bei Ihnen liegt. Ein Kind paßt sich im wesentlichen an und trägt die Verantwortung für sich selbst; Eltern und Erzieher können nur ihr Bestes dazu beitragen, damit es lernt, Verantwortung zu übernehmen.

Genauso wenig war es meine Absicht, den Eindruck zu erwecken, daß man ein Kind nur richtig verstehen muß, damit alles gut geht. Verständnis ist notwendig, aber Sie werden zugeben, daß das allein nicht ausreicht, sondern Taten wesentlich sind. In Teil 2 wird es darum gehen, was man tun kann und wer etwas tun kann.

Im letzten Kapitel dieses vorbereitenden Teils, bevor wir das Problem richtig anpacken, möchte ich nochmals genauer auf die Bedürfnisse der Kinder, die der Eltern und die der Erzieher, die mit den Kindern arbeiten, eingehen. Auf diese Weise bekommt das komplexe Thema Gewalt eine umfassende Perspektive.

5 Persönliche Bedürfnisse

Wer über gewalttätige Kinder und deren Opfer nachdenkt, stellt sie sich als Einzelgänger und anders als alle anderen vor. In gewissem Sinne stimmt das auch.

Aber diese Kinder leben nicht in einem Vakuum. Sie sind Teil der Gesellschaft, und ihre Persönlichkeiten sind mit denen ihrer nächsten Umgebung verbunden. Das Gefühl, daß sie anders sind, verstärkt sich, weil sie sich am Rande des Normalen bewegen und weil deshalb ihre besonders harsche Reaktionsweise oder ihre Zurückgezogenheit auffällt. Dennoch haben sie dieselben Bedürfnisse wie andere auch, nur sind ihre ausgeprägter.

Wer sich um solche Kinder kümmert, sollte ganz bewußt darauf achten, welche Bedürfnisse das sind. Kinder, die nur selten Schwierigkeiten machen, sind auch nicht sonderlich schwer zu verstehen. Sie sind stark genug, um mit kleinen Rückschlägen zurechtzukommen, und sie wachsen innerlich an den Herausforderungen, die ihre Entwicklung mit sich bringt. Indes sind Tätern und Opfern besondere Eigenschaften angeboren, die sie anfälliger gegenüber dem allgegenwärtigen Druck machen. Sie benötigen besondere Zuwendung, wenn man den Konsequenzen ihrer natürlichen Verhaltensweisen Herr werden möchte.

5.1 Die Bedürfnisse aller Kinder

5.1.1 Die Fähigkeiten zur Orientierung

1. Eine klare Weltanschauung

Ein Kind muß sich auf bestimmte Dinge und Personen verlassen können. Seine Position innerhalb seiner Umgebung muß eindeutig sein, seine persönliche Umwelt verläßlich wie eine Landkarte, auf der die Himmelsrichtungen konstant bleiben und die es wiedererkennen und lesen kann. Ohne eine Bezugsperson, die es mit Regeln vertraut macht und die ihm Grenzen setzt, wird es sich verloren und vernachlässigt fühlen. Ist allerdings jemand da, der ihm die Verhaltensregeln beibringt, so wird es lernen, damit umzugehen. Es wird auch in anderen Situationen eine Richtschnur finden und sich aufgrund der vertrauten Grundsätze, auf die es jederzeit zurückgreifen kann, sicher fühlen.

2. Ein Lebensziel

Jedes Kind braucht bestimmte Anforderungen, denen es sich stellen muß, zum Beispiel das Gefühl, auf ein Ziel hinzuarbeiten, das auch den Erwartungen anderer entspricht und nicht nur seinem eigenen Interesse dient. Hat es einen bestimmten Verhaltensplan verinnerlicht, so sind ihm manche Dinge selbstverständlich. Ausgestattet mit den grundlegenden Navigationsfähigkeiten, wird es so weit reisen, wie es seiner angeborenen Neugier und seinem Erfindungsgeist möglich ist.

Ist seine Weltanschauung allerdings konfus und verschwommen, dann wird es sich nicht aus seinem Hafen heraustrauen, seine natürlichen Impulse unterdrücken und unterschwellig in Frage stellen.

3. Dazugehören

Jedes Kind möchte dazugehören, Teil eines Ganzen sein. Identität entsteht durch das Gefühl, gebraucht zu werden, im Netzwerk der Beziehungen verknüpft zu sein, einen bestimmten Platz einzunehmen.

Ein Kind, das kein Zuhause hat, nirgendwo hingehört, wird keine Hoffnung haben, jemals irgendwo anzukommen. Es wird sich wie in Ketten gelegt fühlen, unfähig, den rettenden Küstenstreifen am Horizont zu erblicken, und sich fürchten, in unerforschte Gebiete vorzudringen.

4. Anregung

Jedes Kind braucht Anregung, Impulse, die seine Sprachentwicklung und die Fähigkeit, abstrakt zu denken, fördern. Dabei wird es auch seine Grenzen kennenlernen. Ist ein Kind aber im Hafen eingeschlossen, weil es nicht gelernt hat, einen Lebensplan zu lesen, oder bekommt es zuwenig Rükkenwind, wird es sich langweilen und vielleicht, bildlich gesprochen, beschließen, auf den Lotsen zu schießen oder sogar sein eigenes Schiff zu versenken – alles nur, um ein Zeichen zu setzen.

5. Verwurzelung

Jedes Kind braucht eine starke Mutterbindung, die vor allem im frühen Kleinkindalter wächst und die Basis jeder Entwicklung bildet. Aufgrund dieser Bindung kann es zu einer eigenständigen Persönlichkeit mit einem Sinn für Unabhängigkeit, freien Willen und Selbstkontrolle heranwachsen. Fehlt diese Bindung zur Mutter oder einer anderen Bezugsperson, so wird es später probieren, eine ähnliche Beziehung herzustellen und entweder versuchen, den Partner zu kontrollieren (Sadismus) oder sich selbst kontrollieren zu lassen (Masochismus). Außergewöhnlicher Narzißmus oder Zerstörungsdrang sind die Folge. Das Kind wird also – bildlich ausgedrückt– ohne Ankermöglichkeit in gefährliche Wasser abdriften und sich an dürftigen Sicherheitslinien entlanghangeln. In seiner Orientierungslosigkeit kapert es vielleicht ein anderes Schiff oder gibt sein eigenes auf.

6. Liebesbedürfnis

Die Fähigkeit, zu lieben und eine andere Person uneingeschränkt anzuerkennen, entwickelt sich aus der Beziehung zur Mutter oder in einer leicht abweichenden Form zu einer anderen Person. Uneingeschränkte Anerkennung ist dabei nicht die einzig notwendige Komponente, sondern es ist genauso wesentlich zu begreifen, daß Liebe bedeutet, für jemanden Sorge zu tragen, und daß Sorge heißt, möglichst allen Bedürfnissen eines Menschen gerecht zu werden.

Werden alle bisher erwähnten Bedürfnisse nicht erfüllt, dann ist das Kind auf hoher See verloren. Es weiß weder, woher es kommt, noch, wohin es gehen soll; und hätte es eine ungefähre Richtungsvorgabe, dann wüßte es nicht, wie es dorthin kommen sollte. Es wird lediglich verwirrt sein und in seiner Frustration entweder andere schlagen oder sich selbst zugrunde richten. Ein besonders verunsichertes Kind braucht beträchtliche Unterstützung, um erfolgreich in den sicheren Hafen einlaufen zu können.

5.1.2 Die Fähigkeit zur Kommunikation und zur Auseinandersetzung

1. Sprechen

Kinder müssen lernen, sich ihren Eltern mitzuteilen. Noch bevor sie sprechen können, entwickeln sie die Fähigkeit, Gesprochenes zu interpretieren und die Absicht einer Person einzuschätzen. Im Laufe des Heranwachsens hören sie ihren Eltern zu und übernehmen deren Vokabular und Redeweise. Sie verwenden diese dann in Verbindung mit ihrer angeborenen Fähigkeit, eine eigene Sprache zu bilden. Sprechen hilft ihnen, ihre Umwelt zu erfassen; sie lernen, Dinge zu bezeichnen und in Worte zu fassen, was sie fühlen, aber nicht berühren können. Eltern, die ihre Kinder durch Fragen zum Sprechen ermutigen, unterstützen deren Denkfähigkeit und den Aufbau eines persönlichen Lebensplans.

Sprache befähigt Kinder nicht nur, sich zu verständigen, sondern auch, sich mit anderen auseinanderzusetzen. Ein Kind, dem ausschließlich beigebracht wurde, seine eigenen Gedanken und Gefühle auszudrücken, kann sich zu einem egozentrischen und dominanten Rabauken entwickeln. Entscheidend ist es, das Kind auf die Menschen seiner Umgebung aufmerksam zu machen und ihm beizubringen, wie man sich mit diesen austauscht.

2. Stumme Kommunikation

Kinder drücken sich nicht nur in Worten aus, sondern überwiegend durch Bilder oder die Art, wie sie spielen. Sie schmücken ihre Gedanken und Gefühle aus und setzen sie in Bewegung um. Sie kauern sich zusammen oder übertragen ihre Gedanken in Sandgebilde.

Es hat wenig Sinn, ein Kind zu zwingen, mit anderen zu sprechen oder seine Gedanken und Gefühle aufzuschreiben. Gefühle lassen sich besser durch Zeichnen, Basteln oder

Schauspielern ausdrücken. Jedes Klassenzimmer sollte entsprechend ausgestattet sein, denn diese Art von Aktivität ist lebenswichtig und altersunabhängig und versetzt ein Kind in die Lage, mit sich selbst und später auch mit anderen in Kontakt zu kommen.

Ein Kind, das gelernt hat, sich durch Taten auszudrücken, kann allmählich an verbale Interaktionen herangeführt werden. Während es aktiv ist, gleich ob es sich um ein fünfjähriges Kind handelt, das Ton modelliert, oder ob es ein Teenager ist, der am Computer sitzt, kann man beginnen, über das, was es gerade macht, zu sprechen. Damit ist ein erster Schritt getan, und das Kind wird zunehmend in der Lage sein, seine Gefühle auszudrücken und in der Folge seine Emotionen zu beherrschen.

3. Vorbilder

Eltern und Lehrer sollten sich darüber klar sein, daß sich Kinder immer an Vorbildern orientieren. Ein Kind ist nachlässig und legt wenig Wert auf sein Äußeres, wenn seine Mutter oder sein Vater sich wenig um ihre äußere Erscheinung kümmern. Wer aggressiv mit seinen Mitmenschen umgeht, wird seinem Kind vermitteln, daß das so üblich ist. Jedes Kind orientiert sich an den Verhaltensweisen seiner Bezugspersonen.

Am besten ist es deshalb, das eigene Interesse an anderen und die damit zusammenhängenden Gedanken und Gefühle klar und deutlich auszudrücken. Ein Kind ahmt dies nach und wird selbst bald in der Lage sein, sich klar auszudrücken und das Wohlergehen anderer zu berücksichtigen.

Wer laut und dominant ist und anderen nicht zuhört, wird genauso von seinem Kind kopiert werden. Wer ruhig ist und seine Gedanken nur vor sich hin murmelt, stiftet Verwirrung und bietet seinem Kind keinerlei Orientierung.

Wer mit Kindern spricht, sollte sich auf ihr Niveau einstellen, aber gleichzeitig ihrem Bedürfnis entsprechen, sich an der erwachsenen Sprache zu orientieren. Wer sich mit seinem Kind bis zu dessen drittem Lebensjahr ausschließlich glucksend verständigt, bewirkt, daß es in seiner Sprachentwicklung um drei Jahre zurück ist. Eltern und Lehrer machen sich in den Augen älterer Kinder eher lächerlich, wenn sie versuchen, sich auf deren Ebene zu begeben. Heranwachsende haben oft eine eigene Gruppenterminologie, und sie werden eine ältere Person, die sich ihren Sprachgebrauch aneignet und sich damit anbiedert, nicht ernst nehmen.

4. Verschlüsselte Botschaften

Normalerweise sprechen Kinder ohne größere Umschweife. Ein besonders leicht verwundbares Kind aber kaschiert seine Meinung, wenn es spricht oder aktiv ist; es drückt sich indirekt aus und verschleiert seine Gefühle.

Wer mit einem besonders empfindlichen Kind redet, sollte immer darauf gefaßt sein, daß er mißverstanden wird. Also empfiehlt es sich, langsam zu sprechen und eine Aussage in unterschiedlichen Formen mehrmals zu wiederholen. Selbst wenn Aggressionen oder Passivität die Reaktion auf das Gesagte sind, sollte man beharrlich sein und nicht von seinem Kurs abweichen. Die Reaktion des Kindes bedeutet, daß es mit dem Gesagten nicht einverstanden ist. Viel Geduld und Konsequenz sind erforderlich, bis ein Kind schließlich doch nachgibt.

Bleiben Sie ruhig, und reagieren Sie niemals aggressiv (wir sind bereits darauf eingegangen, daß aggressives Verhalten das Problem nur verschlimmern kann). In dem Moment, in dem es zu einem emotionalen Schlagabtausch kommt, wird das Kind die Schlacht gewinnen. Also sollte man immer bestimmt und sachlich bleiben. Es ist besser, ein Kind behutsam dahinzubringen, daß es genau sagt, was es meint, als es dazu zu drängen. Es wird schon reden, wenn es soweit ist.

Konzentrieren Sie sich auf verschlüsselte Botschaften. Wer in der Lage ist, diese Aussagen zu entschlüsseln, wird auch begreifen, was ein Kind möchte. Achten Sie auf seine Körpersprache. Es hat wie alle anderen auch wenig Kontrolle über seinen Körper. Wenn es sich halb von Ihnen abwendet, während Sie mit ihm sprechen, dann ist das ein Zeichen dafür, daß ihm Ihre Worte zu nahe gehen; fährt es unruhig auf seinem Stuhl hin und her, während es mit Ihnen bedeutungsvoll und vernünftig spricht, dann können Sie darauf schließen, daß seine Gefühle seinen Worten gegenüber ambivalent sind.

5. Zuhören

Wer sorgfältig zuhört, wird auch die Untertöne des Gesagten wahrnehmen. Vielleicht setzt das Kind an zu erzählen, wie es ihm mit seinen Problemen geht. Lassen Sie ihm Zeit. Treiben Sie es nicht an, und bohren Sie nicht in seiner Vergangenheit, hüten Sie sich davor, ihm Worte in den Mund zu legen, und fangen Sie nicht an, ihm zu sagen, wie es sich besser verhalten sollte und warum die Dinge so schlecht liefen.

Ihre Aufgabe ist es einzig und allein, zuzuhören, nicht zu belehren, zu sprechen oder Ihre Neugier zu befriedigen.

Es kann negative Auswirkungen haben, wenn Erwachsene einem Kind ihre eigenen Interpretationen aufdrängen. Sie halten es für notwendig, daß ein Kind sich mit seiner Vergangenheit auseinandersetzt, glauben, es ihm leichter zu machen, wenn sie an den Grundmauern seiner Persönlichkeit rütteln, bevor es überhaupt stark genug ist, standhaft zu bleiben. Erwachsene durchblicken Gefühle und Triebkräfte, Kinder nicht; es nützt nichts, sie mit psychologischen Deutungen und Verhaltensmodellen zu konfrontieren, da sie diese weder intellektuell noch emotional einordnen können.

5.1.3 Konsequentes Verhalten

Kinder brauchen ein verläßliches Weltbild. Bezugspersonen, deren Status aus ihrem inneren Gleichgewicht heraus stimmig ist, können dies vermitteln. In den Augen eines Kindes repräsentieren sie etwas Bestimmtes.

Zum Beispiel spielt die Art, wie die Eltern sich körperlich pflegen oder anziehen für das Kind eine entscheidende Rolle. Es speichert den einzigartigen Tonfall seiner Mutter oder seines Vaters oder einen Satz, der regelmäßig gebraucht wird. Es bringt seine Eltern mit deren Hobbys und ihrer Arbeit in Verbindung. Alle diese Dinge bleiben konstant in seiner Erinnerung, und es übernimmt ihren Stil und ihre Wertvorstellungen.

Wie bereits erwähnt, ist es ganz wichtig herauszufinden, wie ein Kind seine Bezugsperson wahrnimmt. Wer unbeständig ist, sich in einem Moment durchsetzt, im anderen nachgibt, ist in den Augen eines Kindes schwach und unglaubwürdig und wird nicht respektiert.

Genausowenig wird das Kind jemanden achten, der niemals etwas einhält und nie etwas von ihm fordert. Ein aggressiv veranlagtes Kind wird in der Folge immer streitlustig sein und sich mit jedem anlegen, nur um wenigstens einen Hauch von Identität zu spüren. Ein passiv veranlagtes Kind wird aufgeben, denn es hat gemerkt, daß sich niemand wirklich um es kümmert.

Wer versucht, konsequent zu sein, sollte wissen, daß zuviel Dominanz genauso schädlich sein kann. Ein aggressives Kind, das in irgendeiner Form Zwang spürt, wird abwehrend reagieren, und schon eskaliert die Situation. Ein passives Kind wird sich nur noch mehr in sich selbst zurückziehen. Beide, sowohl das aggresive als auch das passive Kind, setzen sofort ihre Abwehrmechanismen ein, wenn sie sich bedrängt fühlen und wenn sie in die Defensive geraten. Vermeiden Sie solche Reaktionen, indem Sie sich vorher klarmachen, was Sie von Ihrem Kind wollen.

Wer Ansprüche an sein Kind stellt, sollte genau wissen, warum, und er sollte darauf achten, daß sie sich im Bereich des Möglichen bewegen. Wichtig ist, immer fair zu bleiben, sich zu bemühen, gerecht zu sein und immer klar und ruhig zu handeln.

Eltern treten gewöhnlich als Paar auf und sollten ihr Vorgehen natürlich zuvor aufeinander abstimmen. Sowohl der Vater als auch die Mutter sind individuelle Persönlichkeiten, und jeder für sich hat eine ganz eigene Beziehung zu seinem Kind. Um Problemen vorzubeugen, müssen sich auch die Eltern verständigen und auseinandersetzen, denn nur dann können sie dem Kind verläßliche Grenzen setzen.

5.1.4 Vorwürfe und Strafen

Eltern und Lehrer, die mit schwierigen Kindern zu tun haben, warten geradezu darauf, daß sich ein Kind danebenbenimmt, und wenden sich ihm erst dann zu. Statt dessen wäre es angebracht, diese Kinder in ihrem positiven Verhalten zu bestärken. Spielt ein Kind entspannt am Computer oder zeichnet es, dann sollte man es nicht sich selbst überlassen, vielmehr gelegentlich einige positive Worte an das Kind richten, hin und wieder eine interessierte Frage stellen oder ihm etwas zu trinken oder zu essen bringen.

Es ist überflüssig zu erläutern, warum man sich ihm zuwendet: Jedes Kind freut sich über Anerkennung und wird diese von sich aus mit seinem positiven Verhalten in Verbindung bringen. Sollte es allerdings eine Absicht hinter diesem Verhalten erahnen, dann wird das Ganze zu einem Spiel werden, und eine Veränderung in seinem Verhalten wird ausbleiben.

Jede Gelegenheit, ein Kind zu belohnen, sollte genutzt werden. Dabei bieten sich gemeinsame Unternehmungen an: Gehen Sie zusammen schwimmen, oder sehen Sie sich gemeinsam ein Video an. Langfristig entsteht so eine Beziehung, in der sich Ihr Einfluß positiv auf das Verhalten des Kindes auswirken wird.

Mit manchen Kindern kann man direkt reden, mit anderen muß man reden und ihnen gleichzeitig vormachen, was man meint. Bei besonders ängstlichen Kindern reicht es nicht aus, sich zu unterhalten und zu demonstrieren, worauf es ankommt, sie müssen zusätzlich auf die Konsequenzen ihres Verhaltens aufmerksam gemacht werden.

Ziel ist es, das gute Benehmen des Kindes zu belohnen. Dabei kann man seinen Worten mit möglichen Sanktionen Nachdruck verleihen, aber dabei kommt es darauf an, wie man vorgeht.

Stellen Sie eine Liste mit Sanktionen zusammen, die sich an den Interessen und Beweggründen Ihres Kindes orientieren und die unterschiedlich hart sind. Beliebt und erfolgreich sind zusätzliche Aufgaben rund ums Haus und im Haushalt, frühere Schlafenszeiten, das Streichen von Privilegien oder das Einschränken von Freizeitaktivitäten. Welche Sanktionen hingegen nicht in Frage kommen, steht in Anhang A.

5.1.5 Kontrollen

Kinder brauchen jemanden, der ihr Leben überwacht. Spüren sie, daß sich niemand um sie kümmert, dann fühlen sie sich verloren, und ihr Benehmen verschlechtert sich.

Eltern nehmen manchmal irrtümlicherweise an, daß ihr Kind nur kreativ und spontan reagiert, wenn es von allen Regeln und Einschränkungen befreit wird. Doch das Gegenteil ist der Fall: Einem Kind, das sich selbst überlassen ist, fehlt die Motivation und die Selbstdisziplin, seine womöglich vorhandenen Talente einzusetzen. Eltern schließen sich häufig der irrigen Annahme an, daß kreative Genies weder Selbstdisziplin noch Kontrolle brauchen.

Jedes Kind braucht Kontrolle von außen, die ihm hilft, Regeln anzuerkennen, und nur wenn es diese verinnerlicht hat, ist es in der Lage, seine Veranlagungen umzusetzen. Dann erst kann sich seine Schaffenskraft auf andere auswirken.

Auf der anderen Seite gibt es Kinder, die zu sehr behütet werden und sich daraufhin in sich selbst zurückziehen; normalerweise geschieht das, wenn sie es aufgegeben haben, den unrealistischen Erwartungen ihrer Eltern gerecht zu werden. Sie entwickeln eine negative Identität, und sowohl die Eltern als auch ihre Umgebung wenden sich von ihnen ab.

Das richtige Maß an Kontrolle zu finden ist nur möglich, wenn man sich selbst gut vorbereitet hat, bevor man sich auf diese Gratwanderung einläßt.

5.1.6 Disziplin

Eltern verhalten sich in bestimmten Situationen genau so, wie es bereits ihre eigenen Eltern taten. Mit zunehmendem Alter ähneln sie ihnen immer mehr, ohne sich dessen unbedingt bewußt zu sein. Sie bestrafen ihre Kinder normalerweise so, wie es ihre Eltern mit ihnen getan haben.

So kommt es, daß Väter oder Mütter, die in ihrer Kindheit wenig gelenkt wurden, selbst ihrem Kind freien Lauf lassen, und daß die, welche zu autoritär erzogen wurden oder gar Opfer eines Mißbrauchs waren, dazu neigen, selbst zu autoritär zu sein oder ihr Kind zu mißbrauchen. Deshalb ist es unerläßlich, genau zu überprüfen, wie Sie Ihre Kinder erziehen und bestrafen. Dazu gehört die Fähigkeit, sich zu distanzieren und sachlich das eigene Vorgehen zu analysieren und sich nicht nur vorzumachen, daß man sich anders verhält. Hören Sie sich selbst zu, wenn Sie mit Ihrem Kind sprechen – erinnert Sie da etwas an Ihren Vater oder Ihre Mutter? Reagieren Sie genauso wie diese, und erteilen Sie dieselben Strafen, oder ist es Ihnen tatsächlich gelungen, aus diesem Kreislauf auszubrechen?

Wer ein unproblematisches Kind hat, muß sich um diese Dinge wenig kümmern; wer ein verhaltensauffälliges Kind hat, das andere belästigt oder anfällig für Belästigungen ist, sollte jede Anstrengung machen, um aus den gewohnten Verhaltensmustern auszubrechen, die von Generation zu Generation weitergegeben werden: Wer so mutig ist, sich selbst in Frage zu stellen und sich bewußt zu ändern, wird das Leben seines Sohnes oder seiner Tochter und das ihrer Kinder beeinflussen.

Nachfolgend einige Anmerkungen, die helfen, sich kritisch mit dem eigenen Verhalten auseinanderzusetzen:

1. Hängt die Art der Bestrafung, die Sie anwenden, von Ihrer Stimmung oder vom Verhalten Ihres Kindes ab?

Wer sein Kind nur bestraft, wenn er selbst schlecht gelaunt ist, benutzt es wie einen Prügelknaben, an dem er seine eigenen Frustrationen ausläßt. Konsequenz ist ein wesentlicher Bestandteil von Disziplin – ohne Konsequenz führt Disziplin zum Mißbrauch.

2. Sind Sie fähig, Ihrem Kind klare Entscheidungen zu vermitteln?

Viele Eltern vermitteln ihren Kindern mehrdeutige Botschaften. Wer sein Kind erfolgreich maßregeln möchte, sollte konsequent und beständig sein. Alle Maßregelungen, sowohl die härteren, die aber nie in Gewalt ausarten dürfen, als auch die leichteren, situationsbedingten sollten mit dem Partner besprochen werden. Dadurch läßt sich effektiv in besonderen, unerwarteten und seltenen Vorkommnissen vorgehen.

3. Beteiligen Sie sich an den Aktivitäten Ihres Kindes?

Ein Kind akzeptiert Maßregelungen nur, wenn Sie mit ihm auch vergnügliche Erfahrungen geteilt haben. Unternehmen Sie mit ihm etwas Gemeinsames. Wer unsportlich ist, kann mit ihm Schach spielen, wer kein Schach mag, sieht sich mit ihm gemeinsam ein Video an.

Manche mögen einwenden, daß das Kind keinen Wert darauf legt, etwas gemeinsam mit den Eltern zu machen, und auf einen Vorschlag abweisend und aggressiv reagiert. Der Schlüssel zum Erfolg ist wieder, die Situation sachlich und mit Abstand zu betrachten. Sagen Sie Ihrem Kind nicht einfach, daß Sie sich mit ihm ein Video anschauen wollen und daß Sie hoffen, daß ihm das Spaß machen wird, denn dann wird es sich womöglich entziehen. Gehen Sie noch behutsamer vor. Leihen Sie sich ein Video aus, von dem Sie annehmen, daß es Ihrem Kind gefallen wird, und wenn es sich das Video anschaut, dann setzen Sie sich einfach dazu. In der darauffolgenden Woche leihen Sie wieder eines aus und setzen sich dazu, bis das Ganze zur Gewohnheit wird. Allmählich wird Ihr Kind in der Lage sein, sich mit Ihnen über etwas zu unterhalten, was Sie gemeinsam mit ihm erlebt haben. Nach einer Weile wird es viel kooperativer reagieren, wenn Sie es auffordern, seine Socken unter dem Bett hervorzuholen.

Erwarten Sie niemals, daß sich sofort etwas ändert, geben Sie jedem Versuch eine gute Chance, bevor Sie sich etwas anderem zuwenden. Vor allem aber – lassen Sie Ihre Phantasie spielen, und gehen Sie bedächtig vor.

5.1.7 Freiheit

Ein Menge wurde über Kontrolle gesagt, aber jetzt geht es um das Freiheitsbedürfnis eines Kindes. Ein kleines Mädchen zum Beispiel braucht ausgiebig Zeit, um zu spielen und eigene Erfahrungen zu sammeln. Diese Zeit muß ihm gegeben werden, und man sollte sich nur einschalten, wenn andere Kinder ihm womöglich Schwierigkeiten machen.

Mit zunehmendem Alter wird es Ihrer Tochter zugute kommen, wenn sie ein eigenes Zimmer hat, in das sie sich, wann immer sie möchte, zurückziehen kann. Wenn sie sich allerdings einschließt und sich zu häufig zurückzieht, dann sollten Sie diese Zeiten festlegen. Schränken Sie die Zeit, die sie allein in ihrem Zimmer verbringt, nach und nach immer mehr ein, aber streichen Sie diese Rückzugsmöglichkeit nicht auf einmal, und verbieten Sie ihr niemals den Zugang zu ihrem Zimmer. Lassen Sie ihr immer einen Ausweg. Wenn sie sich Ihrem Druck nicht entziehen kann, wird sie Ihnen eine Szene machen.

Ein aggressives Kind kann sich in seinem Zimmer abreagieren. Ermutigen Sie es, dies den eigenen Vorstellungen gemäß zu tun. Hat es Dinge in seinem Zimmer, an denen ihm liegt und die es nicht einfach kaputtschlagen möchte, wird es lernen, sich zusammenzureißen, obwohl es kurz davor ist zu explodieren. Wer für sein Kind ein Zimmer einrichtet, sollte wiederum behutsam vorgehen: Sagen Sie nicht, daß Sie große Ausgaben für die Einrichtung auf sich nehmen und sich opfern, um Ihrem Kind eine Freude zu machen. Wer so vorgeht, muß im Moment einer Auseinandersetzung damit rechnen, daß das Kind seine Wut an der Einrichtung des Zimmers ausläßt.

Stellen Sie nur zur Verfügung, was Sie sich leisten können. Lassen Sie das Kind die Einrichtung mitbestimmen, damit es spürt, daß es wirklich sein Zimmer ist. Bleiben Sie konsequent! Wenn Sie Zugang haben wollen, dann klären Sie das von vornherein. Stört Sie Musik vor acht Uhr morgens, dann machen Sie das Ihrem Kind von Anfang an klar.

Je älter ein Kind wird, desto mehr möchte es auch einmal allein sein, und irgendwann einmal soll es schließlich Eigenverantwortung übernehmen. Dabei ist Gedankenfreiheit unerläßlich. Das Kind möchte nicht weiter die Wertvorstellungen anderer akzeptieren, am wenigsten die der Eltern. Es braucht die Freiheit zu bestimmen, ob es beten möchte oder nicht, wann es spielen und wann es arbeiten möchte. Unabhängigkeit wird zunehmend wichtig für Heranwachsende. Aber es wird mit seinen Freiheiten nicht zurechtkommen, wenn Sie ihm während seiner Entwicklung keine Grenzen gesetzt haben, auf die es sich noch lange, nachdem Sie bereits getrennter Wege gehen, beziehen kann.

5.2 Die Bedürfnisse der Eltern und Erzieher

Eltern haben ebenso Bedürfnisse wie Kinder. Wer von Geburt an besonders sensibel und zartbesaitet oder aber aggressiv ist, wird vielen Schwierigkeiten in seinem Leben ausgesetzt gewesen sein. Jeder möchte vor allem so, wie er ist, verstanden und angenommen werden.

Leider ist oft das Gegenteil der Fall. Eltern werden häufig vollkommen verantwortlich gemacht für das Verhalten ihrer Kinder. Lehrer zitieren sie in die Schule, damit sie das Benehmen ihres Kindes erklären und insgesamt die Verantwortung dafür übernehmen. Niemand möchte, daß sich sein Kind schlecht benimmt oder womöglich zum Schläger- oder Opfertyp entwickelt. Dennoch werden die Eltern gerügt, wenn Gewalttätigkeiten oder Schikanen oder irgendwelche anderen unerwünschten Verhaltensweisen vorkommen. Im Grunde aber zeugt es von Hilflosigkeit, wenn Erzieher oder Lehrer andere für das Verhalten ihrer Schützlinge zur Verantwortung ziehen.

Eltern haben zweifellos einen enormen Einfluß auf das Betragen ihrer Kinder. In den vorhergehenden Kapiteln sind wir darauf eingegangen, wie Eltern den Umgang mit ihren Kindern überprüfen können. Wir haben versucht, die Elternrolle zu verstehen, damit wir die Bedürfnisse der Eltern einschätzen können. Lehrer oder Mitarbeiter der Fürsorge werden diese Kapitel unter diesem Aspekt gelesen haben. Wer nicht aufhört, die Eltern zu rügen, und sich nicht bemüht, die Vielschichtigkeit ihrer Verantwortung zu begreifen, wird niemals in der Lage sein, den erforderlichen Beistand zu leisten. Eltern schwieriger Kinder brauchen

1. ein offenes Ohr,
2. Ratschläge, wenn sie darum bitten,
3. Unterstützung bei dem Versuch, dem betroffenen Kind näherzukommen.

Erzieher, die zuhören können, ohne sich sogleich ein Urteil zu bilden, werden feststellen, daß sich das Verhalten des betroffenen Kindes dramatisch ändert. Ratschläge sind in dem Moment, da nach Unterstützung gefragt wird, nützlicher als Forderungen an Eltern, die bereits von ihren Kindern unter Druck gesetzt werden. Gemeinsam läßt sich dann herausfinden, wie man am besten und in Abstimmung untereinander mit dem Problem umgehen kann.

5.3 Weitere Bedürfnisse

5.3.1 Rabauken

Mittlerweile sind Sie sicherlich in der Lage, die Bedürfnisse eines gewalttätigen Kindes ernst zu nehmen! Die am weitesten verbreitete, weil instinktive Reaktion auf Gewalt ist, den Täter am besten mit seinen eigenen Methoden zu konfrontieren. Wer das für richtig hält, zäumt das Pferd von hinten auf. Bevor wir uns mit dem Täter auseinandersetzen, müssen wir uns über unsere Ziele klarwerden:

1. Gewalttätige Kinder müssen lernen, weniger impulsiv zu handeln; ihr Verhalten muß gezügelt werden.
2. Ihr Bedürfnis nach Macht und Überlegenheit über andere muß verringert werden.
3. Sie sollten ihrer Umgebung weniger feindselig gegenüberstehen.
4. Sie müssen lernen, warum es falsch ist, Gewalt anzuwenden.
5. Sie müssen lernen, mit ihrem Opfer mitzufühlen.
6. Sie müssen lernen, Verantwortung für ihr Verhalten zu übernehmen.

5.3.2 Passive Opfer

Vielleicht ist es Ihnen aber auch wichtiger, dem Opfer zu helfen:

1. Diese Kinder müssen lernen, weniger ängstlich zu sein und sich sicherer zu fühlen.
2. Sie sollten lernen, weniger vorsichtig und nicht so still und empfindlich zu sein.
3. Ihr Selbstbewußtsein muß gefestigt werden.

4. Sie sollten lernen, mehr Freundschaften einzugehen.
5. Sie sollten lernen, sich aggressiver mit den Anforderungen des Lebens auseinanderzusetzen.

5.3.3 Opfer, die provozieren

Opfer, die Schikanen herausfordern, müssen Ähnliches lernen wie wehrlose Opfer. Zusätzlich sollten sie
1. intensiver beobachtet werden – ruhig und bewußt,
2. sich ein reiferes Verhalten zulegen,
3. aufhören, andere zu reizen und Spannung zu schaffen.

5.3.4 Besondere Zuwendung

Kinder, die besondere Zuwendung brauchen, werden häufiger in Raufereien verwickelt als andere. Ihre charakteristischen Eigenschaften schieben Rabauken oft als Entschuldigung für ihre Belästigungen vor. Ein Kind mit Lernschwierigkeiten oder körperlichem Handikap ist allgemein isolierter als andere und hat weniger Freunde: Dafür ist es der Aufmerksamkeit von Raufbolden stärker ausgesetzt als die meisten anderen. Seine eigene Gebrechlichkeit läßt auf eine überhöhte Empfindlichkeit schließen und darauf, daß es überreagieren wird, wenn es sich belästigt fühlt.

Im allgemeinen finden Gewalttätigkeiten unter zuwendungsbedürftigen Kindern in weiterführenden Schulen eher statt als unter normalen Kindern. Innerhalb dieser Gruppe raufen in Grund- und Mittelschulen genauso viele Mädchen wie Jungen. Sie sollten also hinsichtlich ihrer relativ hohen Beteiligung an Schlägereien besonders beobachtet werden.

5.4 Zusammenfassung

Jeder Mensch hat bestimmte Bedürfnisse, und sicherlich wird jeder zustimmen, daß manche Menschen weiterreichende Bedürfnisse haben als andere. Wer sich mit einem Gewaltproblem auseinandersetzt, muß aufrichtig mit den eigenen Bedürfnissen umgehen und seine Beziehung und Einstellung zu Täter und Opfer kritisch beobachten.

Für Lehrer ist es entscheidend, mit den Eltern wirksam zusammenzuarbeiten und immer den Druck zu berücksichtigen, dem diese durch ihre auffälligen Kinder ausgesetzt sind. Während Eltern Tag für Tag mit ihren Kindern auskommen müssen, bereiten die Kinder ihren Lehrern nur zu den Arbeitszeiten Probleme. Auch sollte den Lehrern klar sein, daß sie eine andere Art von Verantwortung für sie tragen.

Eltern sollte niemals die alleinige Schuld am Verhalten ihrer Kinder zugewiesen werden, denn jeder kommt unter einzigartigen Umständen mit seinen individuellen Stärken und Schwächen auf die Welt. Lehrer sollten sich fragen, wie sie selbst es verkraften könnten, wenn das eigene Kind verhaltensauffällig wäre. Wenn sie es nicht können, sollten sie sich vorzustellen versuchen, wieviel schwerer es einer Person fallen muß, die weniger geschult ist als sie selbst.

Die Handikaps gewalttätiger Kinder und Jugendlicher zu berücksichtigen bedeutet nicht, ihr Verhalten zu verzeihen. Die Bedürfnisse der Opfer zu beschreiben bedeutet nicht, sie zu verachten und zu verurteilen.

Nach Bewältigung der vorbereitenden Phase sollten Sie sich nun die Zeit nehmen, noch einmal darüber nachzudenken, was Sie gelesen haben.

Es gibt sicher noch viele Probleme zu lösen. In Teil 2 werden wir prüfen, wie man mit Tätern und Opfern umgehen kann und wie man mit ihrem Verhalten, sowohl im Elternhaus als auch in der Schule, zurechtkommt. Ungeachtet dessen, was jemand vorschlägt, liegt es an den Eltern, sich eingehend mit dem Problem ihrer Tochter oder ihres Sohnes zu befassen.

Es ist sinnvoll, eine kurze Pause einzulegen und die Gedanken zu ordnen. Eine Möglichkeit besteht für Sie darin, sich zwei oder drei Fragen, die bei der Lektüre des Kapitels entstanden sind, zu notieren und mit einer Vertrauensperson zu besprechen.

Falls Ihnen keine Fragen einfallen, nehmen Sie sich nochmals die Fragen in Kapitel 3 vor, und prüfen Sie, ob die Inhalte inzwischen deutlicher geworden sind.

TEIL 2:
DAS PROBLEM
IN ANGRIFF NEHMEN

6 Vom Umgang mit gewalttätigen Kindern

In Kapitel 1 ging es zunächst darum, sich einige Fragen im Zusammenhang mit dem eigenen auffälligen Kind zu stellen: Ziel der Übungen war nicht, herauszufinden, ob ein Kind gewalttätig ist oder nicht, sondern allein, die Verhaltensmuster zu definieren, die Anlaß zur Sorge geben.

Das aktuelle Verhalten eines Kindes verliert an Bedrohung, wenn es erst einmal klar durchleuchtet wurde. Einer Mutter wird zum Beispiel plötzlich bewußt, daß sie sich eigentlich nicht traut, ihren Sohn dazu zu bringen, seine schmutzige Wäsche wegzuräumen. Oder Lehrer kommen auf einmal dahinter, daß sie alles beschönigen und der Grund dafür eigentlich der Verdruß über die Art und Weise ist, in der ein Schüler oder eine Schülerin zu ihnen spricht. Sowohl Eltern als auch Lehrer fordern durch ihre grundsätzliche Angst vor der Konfrontation häufig unangemessenes Verhalten heraus, was erst an solchen Beispielen deutlich wird. Ein kleines Problem fördert allmählich die negative Erwartungshaltung gegenüber dem Benehmen eines Kindes. Denn eigentlich wird mit nichts anderem als mit Ärger gerechnet. Und ist ein Kind tatsächlich in Raufereien verwickelt, dann ist der Grund der ursprünglichen Angst vergessen.

Oftmals sind Lehrer besser beraten, wenn sie sich einzelne Kinder herausgreifen, anstatt sie in der Gruppe anzusprechen - wenigstens am Anfang. Aber sie fürchten sich oft davor, den einzelnen direkt zur Rede zu stellen, und bevorzugen es deshalb, alles im Vagen zu belassen. Das ist natürlich viel bequemer und erspart mögliche Verlegenheiten. Natürlich muß grundsätzlich geregelt sein, wie in der Klasse oder in der Schule allgemein mit gewalttätigem Verhalten umgegangen wird (siehe Kapitel 10), dennoch ist es unbedingt erforderlich, daß sich ein Erwachsener direkt und unmittelbar mit Gewaltvorfällen oder den verdächtigten Beteiligten auseinandersetzt. Nur dann läßt sich das Problem an der Wurzel packen. Eine goldene Regel im

Umgang mit Kindern ist: Wer sich über kleine Dinge aufregt, wird großen vorbeugen. (Dazu gehört aber auch die Regel: Wer aus geringfügigem Anlaß zu sehr schreit, wird nicht gehört werden!).

In Teil 1 ging es im wesentlichen darum, sich vorzubereiten, sich mit sich selbst kritisch auseinanderzusetzen und einen Weg für eine Annäherung an das Problem im weiteren Sinne zu entwickeln. Jetzt folgt die Praxis:

Sicherlich lesen die meisten dieses Buch, weil sie wissen wollen, wie man mit einem bestimmten Kind, das Probleme verursacht, umgehen kann. Ohne die Probleme des betroffenen Kindes im Detail oder sein Alter zu kennen, muß ich mich auf allgemeingültige Kommentare beschränken, und mich darauf verlassen, daß die betroffenen Eltern oder Erzieher selbst entscheiden, welche Methoden für ihr Kind erfolgversprechend sind oder diese entsprechend abändern. In Kapitel 8 geht es darum, wie man mit einem konkreten Fall von Gewalt umgeht. In diesem und im nächsten Kapitel wird gezeigt, wie man den Bedürfnissen sowohl der Täter als auch der Opfer zu Hause und in der Schule gerecht werden kann.

6.1 Impulsives und unbeherrschtes Verhalten

Es kommt immer darauf an, ein Kind gewissermaßen unter Kontrolle zu bekommen. Jedes Kind braucht Verhaltensregeln, dann wird es nicht einfach das machen, was ihm gerade in den Sinn kommt. Es zögert kurz, um zu überprüfen, ob sein Verhalten angemessen ist. Es läßt es womöglich darauf ankommen, ob es erwischt wird oder nicht. Bricht ein Kind die Regeln, ohne daß dies Konsequenzen hat, wird es aufhören, sich nach diesen zu richten. Bleibt es den Regeln treu und erntet kein Lob für sein Verhalten, dann verlieren sie an Bedeutung. Hält es die Regeln ein und wird dafür gelobt, dann wird es diese verinnerlichen und sich in Zukunft nach ihnen richten, selbst wenn das niemand überprüft. Es wird in der Lage sein, diese Regeln auf eine unendliche Vielzahl von Situationen zu übertragen.

ZU HAUSE

Man muß sehr behutsam vorgehen, um sich erfolgreich seinem Kind anzunähern. Wenig empfehlenswert ist es, einfach eine Liste mit Regeln aufzustellen und darauf zu bestehen, daß diese eingehalten werden – ich kann mir lebhaft vorstellen, was Kinder damit anstellen werden. Das eigentliche Ziel ist jedoch, allmählich Strukturen einzuführen, die irgendwie abhanden gekommen sind oder die bis zu diesem Zeitpunkt nie vorhanden waren, obwohl sie es hätten sein müssen. Die Anforderungen, die man an sein Kind stellt, sollten sich also auf bestimmte Schwerpunkte konzentrieren:

Zeitpunkte festlegen: aufstehen, zu Bett gehen, Mahlzeiten, Fernsehen, Hausarbeit
Hausarbeiten erledigen: abwaschen, Müll ausleeren, Auto waschen, den Hund spazierenführen
Persönliche Angelegenheiten regeln: Zähne putzen, Schuhe säubern, anziehen, schmutzige Wäsche in den Wäschekorb räumen
Ereignisse einplanen (wöchentlich): Freitag ist Kinotag, Montag Zeit für das Jugendzentrum

Jeder wird diese Liste selbst erfolgreich und viel interessanter fortsetzen können!

Prioritäten setzen

Eine persönliche Wunschliste:
1. Notieren Sie fünf Dinge, die Ihr Kind zu Hause zufriedenstellend erledigt.
2. Besinnen Sie sich auf drei Dinge, die verändert werden sollen, und schreiben Sie diese nach ihrer Priorität auf. (Alle sollten im Bereich des Möglichen liegen, sonst sind Sie unweigerlich der Verlierer.)
3. Halten Sie sechs Dinge fest, mit denen Sie Ihrem Kind eine Freude machen können.
4. Formulieren Sie sechs effektive Maßnahmen, mit denen Sie Ihr Kind einschränken und Ihren Erwartungen Nachdruck verleihen können.

Die Erwartungen festsetzen

Wählen Sie von Ihrer zweiten persönliche Wunschliste die einfachste Anforderung aus – es empfiehlt sich, mit etwas zu beginnen, das leicht zu erfüllen ist.

Das Kind persönlich ansprechen

1. Erklären Sie Ihrem Kind in aller Ruhe, aber bestimmt und präzise Ihre Wünsche.
2. Sagen Sie ihm, daß Sie es bestrafen werden, wenn es die aufgetragenen Aufgaben nicht erfüllt. Hierbei ist die Art der Strafe nebensächlich.
3. Sagen Sie ihm, daß Sie es mögen und daß Sie sich beide Mühe geben sollten, miteinander auszukommen, aber halten Sie an den gestellten Anforderungen fest.

Festigen

Wenn das Kind seine Aufgaben erfüllt hat:

1. Loben Sie es, und belohnen Sie es angemessen.
2. Wer das Gefühl hat, daß sich die neue Regel etabliert hat, kann auf seiner Liste fortfahren und die nächste Anforderung stellen.
3. Loben Sie Ihr Kind weiterhin für das Einhalten der ersten Regel.
4. Nehmen Sie sich den dritten Punkt auf Ihrer Liste wie gehabt vor.
5. Haben Sie alle drei Verhaltensregeln durchgesetzt, dann fertigen Sie eine neue Liste an und wiederholen Sie den Vorgang.
6. Loben Sie Ihr Kind immer wieder, wenn es die ursprünglichen Regeln einhält.

Bestrafung

Wenn Ihr Kind den Forderungen nicht nachkommt, dann erlegen Sie ihm die geringfügigste Strafe Ihrer Liste mit den Sanktionen auf. Folgt es dennoch nicht, dann gehen Sie weiter nach Ihrer Liste vor (wenn nötig bis zur härtesten Strafe). Weigert es sich mitzuarbeiten, dann sind Ihre Anforderungen vielleicht unrealistisch. Oder Ihr Kind nimmt Sie nicht ernst. Sie sollten die Situation sorgfältig abschätzen, Ihre Befangenheit einkalkulieren und dann das ungebührliche Verhalten neu beurteilen.

Es wäre unheilvoll, von dem neuen Kurs abzuweichen. Deshalb kommt es darauf an, von vornherein die eigenen Ansprüche und die Möglichkeiten des Kindes realistisch einzuschätzen. Vor allem der erste Wunsch sollte leicht umzusetzen sein. Prüfen Sie obendrein, ob alle notierten Strafmaßnahmen angemessen sind (siehe Anhang A).

Rückblick

Es kann viele Monate dauern, bis Sie Ihre Liste durchgearbeitet haben. Sie sollten sich allerdings nicht endlos Zeit lassen, um Ihr Ziel zu erreichen. Geben Sie sich vier Wochen Zeit, und beurteilen Sie gegen Ende Ihren Erfolg. Entscheiden Sie erst dann, ob und wie Sie Ihre Vorgehensweise ändern wollen.

Wer regelmäßig den Stand der Entwicklungen überprüft, kann sich einer neuen Situation anpassen, sie verändern und so unter Kontrolle behalten. Wem es nicht gelingt, das Verhalten seines Kindes zu beeinflussen, der bekommt womöglich das Gefühl, daß es vorher besser war, obwohl es in Wirklichkeit schlechter ging.

Halten Sie an dieser Methode fest, dann bekommt das Leben Ihres Kindes allmählich eine Struktur, die zuvor fehlte. Seine Impulsivität kann, kurz gesagt, nur durch kontrollierende Kräfte gezügelt werden. Je straffer die Zügel sind, desto weniger unbeherrscht wird es sich gehenlassen.

IN DER SCHULE

In Kapitel 10 geht es noch genauer um die Möglichkeiten von Schule und Klassenlehrer, ein kontrolliertes Umfeld zu schaffen. Vorab sollte eine allgemeingültige Regel jedem Lehrer bewußt sein: Je mehr Freiheiten ein streitsüchtiges Kind hat, desto aggressiver wird es werden.

Der tägliche normale Zeitplan muß eingehalten, aber bestimmte Aufgaben sollten dem Störenfried zusätzlich übertragen werden:

1. Pflichten und Verantwortlichkeiten während der Pausen,
2. Pflichten und Veranwortlichkeiten im Klassenzimmer.

Das sind Privilegien, die nicht nur der Kontrolle dienen, sondern auch als Strafmaßnahme eingesetzt werden können, indem man sie dem Betroffenen wieder entzieht. Je mehr Bonbons Sie verteilen, desto mehr können Sie wegnehmen.

Lehrer mögen sich bei dem Gedanken sträuben, einem aggressiven Kind auf diese Art geradezu die Gelegenheit zu verschaffen, Macht auszuüben. Aber wie bei allen anderen Verhaltensmaßregeln auch hängt der Erfolg vom Zeitpunkt ab. Lehrer wissen gewöhnlich, bevor sie eine Klasse übernehmen, welche Kinder Schwierigkeiten machen. Hingegen wissen die Kinder nicht, was die Lehrer wissen, die ihnen die Möglichkeit eines Neuanfangs bieten und scheinbar ahnungslos so viele Privilegien und Verantwortungen übergeben können, wie sie wollen.

Meine Empfehlung ist, vor allem auffällige Kinder mit besonderen Aufgaben zu betrauen. Es funktioniert, wenn man einem Kind ein sozial positives Ansehen verschafft und ihm seine Aufgabe so lange beläßt, bis es daran Geschmack gefunden hat und seine herausgehobene Position verteidigen wird. Sich von diesem Privileg wieder zu trennen, wird ihm schwerfallen. Und damit hat der Lehrer eine gewisse Kontrollmöglichkeit in der Hand ... Die Botschaft ist eindeutig: Ein Lehrer sollte, bevor er eine Klasse übernimmt, soviel wie nur möglich über sie herausbekommen.

Dieselbe Methode, die Eltern empfohlen wurde, um das Verhalten ihres Kindes zu verändern, kann auch in der Schule im Umgang mit aggressiven Kindern angewandt werden. Vielen Lehrern fällt es schwer, so ein Programm im Schulalltag durchzuführen. In den Grundschulen ist das noch eher möglich, da die Kinder viel Zeit mit ein- und demselben Lehrer zusammen sind, aber in weiterführenden Schulen ist das schwieriger, da die Lehrer von Fach zu Fach wechseln. Das bedeutet für die Praxis, daß besondere Maßnahmen vernünftigerweise auf die Tageszeiten begrenzt werden, zu denen eine Überwachung möglich ist, und daß man nicht an einem Erfolg, der auch über die Grenzen des Einflußbereiches hinausreicht, zweifeln sollte. Schülerakten, die von Lehrer zu Lehrer wandern, sind wenig hilfreich, da jeder eine andere Methode hat, seinen Stoff zu vermitteln, sich subjektiv ganz unterschiedlich äußert und sich aus den einzelnen Beurteilungen kein verläßlicher Ansatzpunkt ergibt. Solche Kurzberichte bringen mehr Schaden als Nutzen und dienen nur dazu, die Schuld des gewalttätigen Kindes zu verschleiern.

Ein Lehrer, der seine Schüler kontrolliert, muß genauso wie die Eltern aufpassen, daß er durch zu schwere Auflagen und zu harte Bestrafung nicht selbst gewalttätig wird. Tatsächlich schikanieren Lehrer ihre Schüler häufig, ohne sich dessen bewußt zu sein. Ihr Auftreten und ihr Stil schüchtern die Jüngeren ein, denn diese können sich gegen eine zynische Bemerkung oder einen spitzen Kommentar noch nicht zur Wehr setzen. Viele Lehrer sehen es nicht als ihre Aufgabe an, sich um das Verhalten der Kinder in ihren Klassen zu kümmern. Benimmt sich ein Kind schlecht, so wird es abgewiesen und als ein Ärgernis in einem ansonsten mehr oder minder harmlosen Tagesablauf empfunden. Lehrer haben oft die Vorstellung, daß sie nur dazu da sind, ihren Stoff zu vermitteln; selten sind sie wirklich Pädagogen, die sich selbst in Frage stellen und die Entwicklung sowie das Verhalten der Kinder berücksichtigen. Würden sie sich aber mehr auf die individuellen Bedürfnisse eines jeden Kindes einlassen und sich ihrer Einflußmöglichkeiten als Einzelpersonen auf die Kinder erinnern, könnten sie vielfach erfolgreicher sein.

6.2 Der Wunsch nach Macht und Herrschaft

Ziel sollte es sein, die Mitmenschen um einen Rabauken herum zu stärken. Auffälliges Verhalten ist die Folge von Unausgeglichenheit. Eine unerschütterliche Umgebung nimmt dem aggressiven Kind die Möglichkeit, gewalttätig zu werden. Wer Schwachstellen findet, wird diese für seine Schikanen nutzen.

113

ZU HAUSE

Wenn Sie sich normalerweise als selbstbewußt erleben und nur in bestimmten Situationen unsicher werden, können Ihnen vielleich die folgenden Fragen und Ratschläge helfen:

Machen Sie sich klar, welches Bild Sie Ihrem Kind und anderen von sich selbst vermitteln.
1. Was machen Sie in Ihrer Freizeit?
2. Welche politischen Ansichten vertreten Sie?
3. Was ist Ihr hauptsächliches Lebensziel?

Werden Sie aktiv

1. Interessieren Sie sich für etwas Außergewöhnliches! Besuchen Sie eine Abendschule, schließen Sie sich einem Verein an. Auch ohne größeren finanziellen Aufwand kann man einem Hobby nachgehen. Laufen tut gut und ist sehr verbreitet, im Garten arbeiten und Vögel beobachten sind beliebte Beschäftigungen. Nutzen Sie das kostenlose Angebot öffentlicher Bibliotheken. Und wenn Sie gerade dort sind, werfen Sie einen Blick auf das Schwarze Brett; sicher gibt es Gleichgesinnte in Ihrer Umgebung, mit denen Sie sich treffen könnten.

Nachdenklich vom Sessel aus in die Glotze zu starren, das reicht nicht aus. Kinder haben vor Stubenhockern keinen Respekt. Werden Sie aktiv! Gymnastik ist besonders gut, da sie nicht nur physisch, sondern auch psychisch stärkt.
2. Bilden Sie sich eine politische Meinung, und geben Sie ein Urteil ab, wenn sich etwas Positives oder Negatives in Ihrer Umgebung ereignet. Wer keine Ansichten hat, sollte anfangen, eine Tageszeitung zu lesen, und die laufenden Ereignisse verfolgen. Nutzen Sie Ihre Stadtbücherei, um aktuellen Themen nachzugehen. Behalten Sie Ihre Standpunkte nicht für sich, sondern üben Sie es, Ihre Meinung zu vertreten, und hören Sie anderen zu. Wer offen Stellung bezieht, wird gleichgesinnte Freunde finden.
3. Träume und Wünsche sind lebensnotwendig. Haben Sie jemals mit anderen über Ihre Träume gesprochen? Versuchen Sie, darüber zu reden und mit Bekannten Ihre Be-

fürchtungen und Vorstellungen auszutauschen. Nur so kommt man sich näher.

Es ist wichtig, anderen etwas zu bedeuten, in den Augen anderer etwas Bestimmtes zu verkörpern. Ein Kind schätzt seine Mutter oder seinen Vater anders ein, wenn es spürt, welche Rolle sie oder er gesellschaftlich und sozial spielt, und es wird anfangen, differenzierter über sie nachzudenken. Sie selbst werden eine eigenständige Persönlichkeit mit eigenen Interessen und Überzeugungen sein, unabhängig von Ihrem auffälligen Kind und nicht mehr alleiniges Ziel seines dominanten Verhaltens. Ihr Kind sollte nie den einzigen Mittelpunkt Ihres Lebens ausmachen, aber Sie sollten seiner sein. Es braucht Sie als jemanden, der ihm Kraft gibt, und darf Sie nicht als jemanden betrachten, an dem es seine Launen auslassen kann.

Das heißt natürlich nicht, daß Sie nur an sich selbst zu denken brauchen, und schon können Sie besser mit Ihrem Kind umgehen. Ein starkes Selbstbewußtsein ist aber unabdingbar, um in der Lage zu sein, streng durchzugreifen.

IN DER SCHULE

Lehrer können auf ähnliche Art und Weise das dominante Verhalten eines auffälligen Kindes zähmen, indem sie die Kinder in seinem Umfeld so stärken, daß sie seinen Belästigungen standhalten können.

Gruppenarbeit

Schulkinder sollten einzeln und zugleich als Teil einer Gruppe betrachtet werden. Experten vertraten einst die Ansicht, daß Gewalt von einer bestimmten Gruppendynamik abhängt und nicht das Problem eines einzelnen ist. Gruppenarbeit hat zwar an Popularität verloren, ist aber im wesentlichen nach wie vor anerkannt.

Gewalt kann man direkt oder indirekt entgegenwirken, wenn man eine Klasse in kleine Gruppen mit nicht mehr als sechs Schülern aufteilt. Den Schülern werden gemeinsame Aufgaben gestellt, und sie müssen später über ihre Ergebnisse sprechen oder einen Teil ihrer Arbeit der gesamten Klasse vorstellen. Dieses Konzept scheint banal, da unterschiedliche Themen oft auf diese Art bearbeitet werden und es weniger als Strategie zum Umgang mit auffälligen Kindern gedacht ist. Der entscheidende Punkt ist dabei aber, daß ein Lehrer die Zusammensetzung der Gruppe manipulieren kann, die Möglichkeit hat, Rabauken mit angepaßten und ausgleichenden Persönlichkeiten zu vereinen, und auf diese Art erreicht, daß Kontrolle irgendwann nicht mehr nötig ist.

Gruppenarbeit fördert das Miteinander, macht indirekt die Überwachung aggressiver Kindern möglich und unterstützt persönliche und soziale Bindungen. Wer anfangs noch nicht sicher ist, wie er die Gruppen am besten zusammenstellen soll, kann jedes Kind auf einem Zettel notieren lassen, welche zwei anderen Kinder es gern in seiner Gruppe haben möchte. Ein unbeliebtes Kind könnte zwei geschätzten Schülern zugeordnet werden, ein auffälliges zwei ausgeglichenen Persönlichkeiten und ein schwaches solchen, die es tragen und ihm helfen werden. Andere Kinder passen ihrer sozialen Beziehung entsprechend zueinander. Lehrer, die ihre Schüler in diesem Sinne Gruppen zuordnen, haben herausgefunden, daß die Kinder lernen, sich gegenseitig zu akzeptieren und zu unterstützen, hilfsbereiter sind und weniger rassistische Vorurteile haben.

Die Tatsache, daß einem Rabauken Pflichten und Verantwortung übertragen werden, bedeutet nicht, daß damit sein Bedürfnis nach uneingeschränkter Macht und Herrschaft gestillt ist – es sei denn, man erlaubt ihm, seine Stellung zu mißbrauchen. Der Sinn, einem auffälligen Kind Privilegien einzuräumen, besteht darin, ein Instrumentarium in die Hand zu bekommen, das im Fall nötiger Sanktionen wirkungsvoll eingesetzt werden kann. Herrschsucht kann man natürlich auch begegnen, indem man den Störenfried lobt, wenn er Ruhe gibt.

6.3 Feindliches Verhalten gegenüber der Umwelt

Ein Kind, das schlecht behandelt wird, betrachtet seine Umwelt als feindlich. Es reagiert mit Wut,

1. wenn es nicht seine eigenen Wege gehen kann,
2. wenn es sich angegriffen fühlt,
3. wenn es eine Situation als ungerecht oder unfair empfindet.

Eine sichere und mitfühlende Umgebung kann Abhilfe schaffen. Das bedeutet im wesentlichen, strikte Grenzen zu setzen und Kontrolle auszuüben, was nicht heißt, daß man sich hinsetzt und das betroffene Kind fragt, wie es sich fühlt. Es wurde besprochen, wie hilfreich Regeln und Stundenpläne sein können und wie man sich selbst anstrengen muß, um die distanzierte und kontrollierende Kraft zu sein, die gefordert ist. Es ist obendrein nötig zu lernen, einen Wutanfall des betroffenen Kindes zu verhindern: Je seltener ein Kind sich auf diese Weise gehenläßt, desto größer ist die Chance, daß sein positives Selbstbild gestärkt wird.

Um einen Wutausbruch zu unterbinden, müssen drei Auslöser besonders berücksichtigt werden.

6.3.1 Eigene Wege gehen

Jeder wird wütend, wenn er daran gehindert wird, seinen eigenen Weg zu verfolgen. Um einen Wutausbruch zu vermeiden, muß klar sein, was man will, und man muß wissen, ob das Ziel im Bereich des Möglichen liegt.

Zu Hause

Es empfiehlt sich, jeden Morgen den Tagesablauf mit seinem Kind zu besprechen. Der Tag wird durchgeplant, und wenn das Kind andere Vorschläge macht, dann einigt man sich am besten auf einen Kompromiß. Jedenfalls sollte bereits am Morgen entschieden werden, wie der Tag ablaufen soll. Wenn das Kind allein etwas unternehmen möchte, dann fragen Sie danach, was es vorhat und wohin es geht: Die meisten Gewalttätigkeiten finden statt, wenn Kinder ohne Aufsicht sind und die Eltern ihnen erlaubt haben, einfach herumzustreifen.

Abgesehen davon, daß auf diese Weise das Kind beaufsichtigt ist, werden ihm zugleich Frustrationen erspart. Hat sich ein Kind mit einer Freundin oder einem Freund verabredet, so fragen Sie, was es macht, wenn die Verabredung nicht klappt. Es kommt darauf an, so viele Details wie möglich herauszubekommen, denn nur so läßt sich kontrollieren, was ein Kind vorhat. Gleichzeitig wird sich das Kind über Ihr Interesse freuen. Lassen Sie sich nicht beirren, falls es Ihre Fragen als störend empfindet. Allmählich wird das Nachfragen zur Routine werden – egal, was es momentan davon hält – und zu seiner eigenen Selbstsicherheit beitragen. Ist das Kind wieder zu Hause, erkundigen Sie sich, wo es war und was es gemacht hat. Schüchtern Sie es nicht durch Kritik ein, sondern lassen Sie Ihr Kind freimütig erzählen.

Erst später, wenn die Vertrauensbasis gefestigt ist, können Sie auch einmal Zweifel und Sorgen anbringen. Und hat sich die Beziehung zu Ihrem Kind insgesamt verbessert, dann ist es auch an der Zeit, größere Anforderungen zu stellen.

Um Wutausbrüche zu verhindern, muß man mit seinem Kind im Gespräch bleiben, es über die eigenen Pläne für den Tag und die ganze Woche informieren. Ist eine Änderung angesagt, dann sollte man so bald wie möglich darüber reden. Ein Kind akzeptiert wesentliche Veränderungen, wenn sie konsequent durchgesetzt werden. Die goldene Regel in diesem Fall ist, ihm soviel Aufmerksamkeit wie nur möglich zu widmen und ihm Zeit zu geben, sich auf eine Veränderung einzustellen.

IN DER SCHULE

In der Schule ist es zwangsläufig leichter, einen Plan für den Tag festzulegen, denn das ist schließlich der Sinn des Stundenplans. Aber das erleichtert es nicht, individuelle, realistische und erreichbare Ziele durchzusetzen, die aber im Umgang mit auffälligen Kindern unerläßlich sind. Während andere anpassungsfähig sind und mit Mißerfolgen umgehen können, ist es einem aggressiven Kind fast unmöglich, irgend etwas, das es stört, zu tolerieren. Es braucht entsprechend seinen Fähigkeiten eine genaue Arbeitsanleitung, und selbst dann darf es nicht allein gelassen werden, es bleibt auf persönliche Unterstützung angewiesen. Manche verhaltensauffällige Kinder haben Lese-, Schreib- und Rechenschwächen, und sobald ein Lehrer sich auch nur anmaßt, diese Schwächen zu unterstellen, werden die Verhaltensschwierigkeiten eskalieren.

6.3.2 Persönliche Kritik

Hinter der Prahlerei eines gewalttätigen Kindes könnte ein geringes Selbstwertgefühl stecken. Allerdings wird das in Forschungsarbeiten in Frage gestellt, und es wird immer wieder darauf hingewiesen, daß – anders als bei einem normal aggressiven Kind – das Selbstwertgefühl eines gewalttätigen Kindes nicht zwangsläufig niedrig sein muß. Reagiert es auf Kritik, dann nur, weil seine Aufmerksamkeit damit auf ein mögliches Opfer gelenkt wurde. Seine Reaktion ist aber nicht zwangsläufig aggressiv, gleich, was die betroffene Person gesagt oder getan hat. Die Wirkung von Kritik ist auch von der persönlichen Entwicklung abhängig: Das Selbstbewußtsein eines Heranwachsenden ändert sich, und damit kann eine zunehmende Empfindlichkeit einhergehen (siehe Kapitel 3).

Zu Hause

Eltern sollten
1. keine Schimpfwörter benutzen,
2. sich nicht über die äußere Erscheinung ihres Kindes lustig machen,
3. sich nicht über seine Freunde beschweren.

1. Wer Schimpfwörter benutzt, legt eine spöttische und respektlose Haltung an den Tag. Unabhängig davon, wie ein Kind spricht oder handelt, ist es darauf angewiesen, daß Sie selbst wie ein zu respektierender Erwachsener reden. Verhalten Sie sich anders, so hat es das Gefühl, Sie mißbilligen sein Verhalten und behandeln es herabwürdigend. Es fühlt sich erniedrigt, wenn Sie sich selbst auf seine Ebene stellen und sich auf diese Weise über seine Art mokieren.

2. An der äußeren Erscheinung läßt sich wenig ändern. Wie sich zum Beispiel Ihr Sohn kleidet oder die Haare trägt, ist seine Sache. Die Probleme gewinnen an Eigendynamik, wenn die äußere Erscheinung zu stark thematisiert wird.

3. Jede Verspottung der Freunde wird als Kritik an der eigenen Person aufgefaßt. Es kann sein, daß sich Ihre Tochter mit einer ihrer Freundinnen besonders identifiziert. Die Freundinnen sind ihre Vorbilder; sie verkörpern alles, was sie sich wünscht. Wer die Freunde, die angehimmelten Popstars oder Sportidole kritisiert, stellt das Kind selbst in Frage.

Die Ansichten eines Teenagers wechseln ständig, und man sollte ihn nie wegen eines Mangels an Beständigkeit kritisieren. Teenager sind dabei, alles zu erforschen und herauszufinden, und hinterfragen das Verhältnis zu ihren Bezugspersonen (siehe Kapitel 3).

Sprechen Sie mit Ihrem Kind:
1. **Betonen Sie, daß Sie nicht seine Person ablehnen, sondern sein Verhalten.**
2. **Achten Sie darauf, was Ihr Kind zwischen den Zeilen sagt.**
3. **Akzeptieren Sie seine Gefühle, und beharren Sie nicht auf Logik und Sachlichkeit.**

1. Vertreten Sie immer standhaft, was Sie erwarten, und zögern Sie nicht, zum Beispiel Ihren Sohn darauf hinzuweisen, wenn er sich danebenbenommen hat. In einer Aussprache sollte er aber nie das Gefühl bekommen, daß seine Person insgesamt verurteilt wird. Es muß eindeutig sein, daß es ausschließlich um sein Benehmen geht.

Das ist nicht schwer. Wenn Sie mit ihm über sein Betragen reden wollen, dann schicken Sie voraus, daß Sie mit seinem Verhalten nicht zurechtkommen, und erklären Sie, worum es geht. Diskutieren Sie das Problem, als stünde auch er außerhalb und sähe es aus der Distanz. Entwickeln Sie gemeinsam eine Strategie, die entstandenen Schwierigkeiten zu bewältigen.

2. Man sollte immer versuchen, genau zu verstehen, was ein Kind sagen möchte. Begreifen Sie das Gefühl, das hinter seinen Worten steckt? Bei einem aggressiven Kind ist das nicht einfach, weil es scheinbar überhaupt keine Gefühle hat. Aber Sie werden in der Lage sein, aus seiner Aussage eine andere Botschaft herauszuhören. Ein Beispiel: Ihre Tochter wird wütend und sagt, daß sie nicht mit zur Tante kommen möchte, aber eigentlich meint sie das Gegenteil und ist nur verärgert, weil der Besuch nicht auf der Tagesordnung stand.

3. Ihr Sohn beispielsweise drückt seine Gefühle häufig sehr ungeschickt aus. Er tobt, und Sie verstehen nicht, warum. Sie

versuchen, ihn in ein Gespräch zu verwickeln, und er antwortet unzusammenhängend. Reden Sie nicht sofort mit ihm. Er überlegt nicht lange, sondern ist von seinen Gefühlen überwältigt und nicht in der Lage, rational zu denken, vor allem, wenn er sich von Ihnen unter Druck gesetzt fühlt.

Lassen Sie ihn zur Ruhe kommen, bevor Sie ihn ansprechen, und wenn seine Antwort keinen Sinn macht, dann akzeptieren Sie das einfach.

Geht es um eine besondere Forderung, dann sollten Sie allerdings beharrlich sein, aber nicht schreien oder sich selbst von Ihren Gefühlen überwältigen lassen. Bleiben Sie ruhig: Ihr Kind ist auf Ihre Gelassenheit und Sachlichkeit angewiesen.

IN DER SCHULE

Lehrer sollten einen auffälligen Schüler nie vor anderen kritisieren. Die öffentliche Demütigung ist verletzender als alles andere. Die Taktik des Täters zu benutzen und auf ihn selbst anzuwenden hat nur zur Folge, daß sich seine Beziehungsfähigkeit und sein Verhalten spiralförmig verschlechtern werden. Ein Lehrer, der einen Täter auf diese Art und Weise malträtiert, wird vielleicht momentane Befriedigung verspüren, aber auf Dauer die Kontrolle über diesen Schüler verlieren.

Ein Rabauke muß zur Rede gestellt werden, aber allein. Nur so kann man sachlich und ohne seine Persönlichkeit zu verletzen mit ihm umgehen, ihm einen Ausweg offenhalten und die Gelegenheit bieten, sein Verhalten wieder gutzumachen. Unter vier Augen können Sie mehr von ihm fordern, und keiner riskiert, sein Gesicht zu verlieren.

Der Vorteil dieser Vorgehensweise ist, daß das Kind an der Schule bleibt und noch einmal die Gelegenheit hat, die Dinge wieder in Ordnung zu bringen.

Solange der Lehrer das Problem als solches angeht und nicht die Person des Betroffenen in Frage stellt, wird er in der Lage sein, eine positive Beziehung zu ihm aufrechtzuerhalten.

6.3.3 Das Gefühl, daß eine Situation ungerecht oder unfair ist

Ob eine Situation unfair ist, hängt vom Wahrnehmungsvermögen der beurteilenden Person ab. Schwierige Kinder haben eine ganz andere Vorstellung von Fairneß als andere. Im allgemeinen sind sie überempfindlich und fühlen sich oft in Frage gestellt oder unfair behandelt, auch wenn dies nicht beabsichtigt war. Gewöhnen Sie sich an, sich behutsam mit einem solchen Kind auseinanderzusetzen, bleiben Sie ruhig und aufmerksam, wenn Sie Dinge erläutern.

ZU HAUSE

Alles sollte dem Kind erklärt werden. Lassen Sie es nie im unklaren über Familienangelegenheiten. Ermöglichen Sie ihm, sich ein eindeutiges Bild von dem, was um es herum geschieht, zu machen. Manche Eltern haben das Gefühl, ihr Kind zu stark ins eigene Leben einzubeziehen, und glauben, je weniger es mitbekäme, desto besser sei das für das Kind. Sie neigen dann dazu, es aus allem herauszuhalten. Ein Kind wird daraus schließen, daß es nicht geliebt wird und unerwünscht ist – und natürlich hat es damit in gewissem Maße recht. Wer seinem Kind wirklich helfen möchte, muß große Schritte machen, und dies ist einer davon!

Ein Kind, das in die innerfamiliären Angelegenheiten einbezogen wird, gibt sich mehr Mühe. Als Teil des Ganzen fühlt es sich weniger ungerecht von den Erwachsenen behandelt. Es nimmt automatisch an der Gesamtplanung teil und ist in der Folge eher bereit, eine Veränderung hinzunehmen als darüber zu klagen.

IN DER SCHULE

Was die Fairneß angeht, so sollten sich Lehrer mit ihren Forderungen an die Regeln der gesamten Schule halten. In der Klasse empfiehlt es sich, die Schüler in die Entwicklung von Vorgehensweisen und Regeln einzubeziehen. Wer sich unfair behandelt fühlt, sollte am besten die Gelegenheit bekommen, zu einer festgesetzten Zeit seinen Lehrer allein aufsuchen zu können. Auf diese Art lassen sich Übergriffe regelmäßig überwachen, und jedes Kind hat die Möglichkeit, Probleme jeder Art vertraulich zu besprechen.

Gruppenarbeit ist enorm hilfreich, wenn es darum geht, einem Gefühl von Ungerechtigkeit vorzubeugen: Der einzelne kann leichter einen ungerechten Vorfall im Schutze der Gruppe an die Öffentlichkeit bringen als allein. Darüber hinaus lernen die Kinder bei der Gruppenarbeit, die Meinung anderer zu tolerieren.

Intensiver Gedankenaustausch beugt dem Gefühl vor, ungerecht behandelt zu werden. Kinder, die dazu neigen, Handlungen oder Absichten mißzuverstehen, haben ein besonderes Bedürfnis nach eindeutigen Regeln und Vorschriften und müssen vor allem lernen, auf die Meinungen anderer Rücksicht zu nehmen.

6.4 Gewalt ist unrecht – die Gefühle der Opfer

Damit ein Kind begreift, was richtig und was falsch ist, muß es die Auswirkungen spüren, die seine Aktivitäten auf die Mitmenschen in seiner Umgebung haben. Ein Kind, dessen Interesse sich nur um die eigene Person dreht, lebt nur für die Befriedigung seiner Gefühle. Jeder muß sich in Beziehung zu anderen setzen, und wenn ein Kind dazu nicht bereit ist und gleichzeitig zu extremen aggressiven Reaktionen neigt, wird es bis zum Äußersten gehen und aus reinem Lustgewinn andere drangsalieren. Aus diesem Grund sollte man sich auf zwei Faktoren konzentrieren:

1. Ein aggressives Kind braucht Nachhilfe in Gefühlsdingen.
2. Es muß in sozialem Verhalten trainiert werden.

Welchen der beiden Punkte Sie bevorzugen, hängt davon ab, ob Sie sich vorstellen können, daß ein Raubtier seine Instinkte verändert.

Wer glaubt, daß ein gewalttätiges Kind sich nie in die Gefühle anderer hineinversetzt, sollte es anhalten, soziales Verhalten nachzuahmen oder sich anzueignen. Nur so wird es

ihm möglich sein, in Ruhe mit anderen zu leben. Es wird lernen, mit sozialen Verhaltensformen umzugehen, wie ein körperlich Behinderter mit Krücken. Wer glaubt, daß sein Kind zu Gefühlen fähig ist, wird es darauf anlegen, diese zu wecken, und Gelegenheiten schaffen, in denen es seine Gefühlswelt entfalten kann. Wer feinfühlig genug ist, dem wird es gelingen, beides umzusetzen.

ZU HAUSE

1. In jedem Gespräch mit dem Partner sollte man versuchen auszudrücken, was man fühlt. Tauschen Sie sich nicht nur über Fakten und Zahlen aus, sondern teilen Sie mit, was Sie bei allen möglichen Tagesereignissen empfunden haben. Sprechen Sie ruhig und in angemessenem Ton über Ihre Gefühle. Fordern Sie Ihren Partner auf, sich genauso zu verhalten. So werden Sie Ihrem Kind ein gutes Beispiel geben.

Lassen Sie nie Ihren negativen Gefühlen gegenüber dem betroffenen Kind freien Lauf. Verhalten Sie sich konstant ruhig und beherrscht, und sollte es nötig sein, das Kind zu bestrafen, dann machen Sie ihm klar, daß das eine Sache ist, die nur Sie beide angeht. Erlauben Sie ihm, in einer Umgebung zu leben, in der die Menschen ihre Gefühle zeigen und zum Ausdruck bringen, sich aber mit Problemen sachlich auseinandersetzen. Nur so kann ein Kind lernen, auf die Gefühle anderer Rücksicht zu nehmen.

Beim gemeinsamen Fernsehen kann man die Schauspieler kommentieren oder ergänzen, wie man sich selbst in einer ähnlichen Situation fühlen würde. Nach einer Weile werden Sie zum Beispiel Ihren Sohn fragen können, was er von anderen Personen, Orten oder Themen hält. Wer irgendwelche Aktivitäten mit seinem Kind geteilt hat, kann sie wieder in Erinnerung rufen und ihm die guten Gefühle mitteilen, die er dabei hatte. Formulieren Sie Ihre Begeisterung beim Gedanken an bevorstehende gemeinsame Ferien. Wer Geschenke bekommt, sollte seine Freude darüber mitteilen. Bei schlechten Nachrichten ist es wichtig, zum Ausdruck zu bringen, wie traurig sie einen machen.

Vielleicht bekommen Sie nur allgemeine Antworten. Dieser Prozeß ist freilich lang, und Sie müssen viele Monate durchhalten, bevor Sie auch nur die kleinste Reaktion erkennen. Ein direkter Annäherungsversuch, der weniger mit Ihnen selbst zusammenhängt, ist die Aufforderung, sich ein Hobby zu suchen. Vor allem Sport kann eine ablehnende Lebenshaltung auflösen. Beim Sport lernt man, sich Ziele zu setzen, sich zu verwirklichen und auf andere Rücksicht zu nehmen. Als Teil eines Teams aktiv zu sein fördert das Zugehörigkeitsgefühl, und das ist der erste Schritt weg vom Egoismus. Suchen Sie nach Aktivitäten in Ihrer Umgebung. Sollten Sie etwas finden, das Ihr Kind interessieren könnte, dann setzen Sie sich mit der betreffenden Organisation in Verbindung und bitten Sie eines der Mitglieder, auf Ihr Kind zuzugehen mit der Begründung, man hätte von seiner Schule gehört, daß es Lust hätte mitzumachen. Nicht jeder Sport ist ein Mannschaftssport; aber in allen Sportarten lernt man durch das gemeinsame Interesse, mit anderen umzugehen, und damit indirekt Verständnis und Rücksicht auf die Bedürfnisse anderer Menschen.

2. Im Gespräch mit anderen lernt und übt ein Kind soziale Verhaltensregeln. Praktisch heißt das, daß Ihr Kind im Gespräch mit Ihnen oder anderen Menschen lernen soll, was und wann es etwas sagen und wie es sich benehmen soll.

Es kommt darauf an, dem Kind einen Begriff von »falsch« und »richtig« zu vermitteln. Aber einem Kind richtiges oder falsches Verhalten beizubringen, bedeutet nicht, daß es in Zukunft jede Situation und Streitfrage genau abwägen soll, denn übermäßige Kritik gegenüber seinen Mitmenschen hilft ihm auch nicht weiter. Die nächsten Schritte sind:

1. **Notieren Sie sich, welche alltäglichen Verhaltensformen Ihres Kindes Sie vorrangig beeinflussen wollen.**
2. **Wählen Sie die nebensächlichste aus.**
3. **Bestimmen Sie diese näher.**

Die beste Methode:

Erklären

In einem Moment, da das Kind zur Ruhe gekommen und mit Ihnen allein ist, kann man ihm genau erklären, in welcher Hinsicht es sich ändern sollte. Beschreiben Sie sein bisheriges Verhalten sachlich, und zwar so, als ob Sie das erste Mal darüber reden würden, selbst wenn Sie bereits des öfteren darauf eingegangen sind. Versichern Sie Ihrem Kind, daß es Ihnen ausschließlich um sein Benehmen geht und daß Sie es deshalb keineswegs ablehnen. Gehen Sie so vor, als ob Sie ihm Tischmanieren beibringen wollten, und formulieren Sie exakt, was es machen und sagen soll.

Vormachen

Machen Sie Ihrem Kind vor, wie es sich verhalten sollte, allerdings nur, wenn Sie mit ihm allein sind. Beziehen Sie sich auf einen Fernsehfilm, in dem sich der Hauptdarsteller so verhielt, wie Sie es auch von Ihrem Kind erwarten.

Einüben

Üben Sie die neue Verhaltensweise mit ihm allein ein. Vermeiden Sie es, ihm zu sagen, was es unterlassen soll. Konzentrieren Sie sich lieber darauf, was es tun soll. Während des Einübens erläutern Sie genau den Ablauf der Handlung und Ihre Worte.

Begleitende Maßnahmen

Teilen Sie zum Beispiel Ihrem Sohn mit, in welchen Situationen Sie ein bestimmtes Verhalten von ihm erwarten. Anstatt ihm zu zeigen, was er machen soll, und ihn dann mit einer vagen Anweisung sich selbst zu überlassen, ist es ratsam, das neue Betragen auf eine bestimmte Mahlzeit, wie etwa das Frühstück, zu begrenzen. Sie müssen sich entscheiden, ob Sie sein Verhalten überwachen wollen oder nicht. Das kommt auf Ihre Beziehung zueinander an; reagiert er negativ auf Ihre Kontrolle, dann lassen Sie sich von einem anderen Erwachsenen berichten, wie er sich benommen hat. Vielleicht braucht Ihr Sohn Sie aber auch, um das Gelernte zu demonstrieren, dann jedenfalls bestärken Sie ihn mit einem zustimmenden Lächeln.

Reagieren Sie nicht zu heftig: Sie wollen ihm Benehmen beibringen, keine Technik, mit der er Sie in der Hand hat.

Rückblick

Konzentrieren Sie sich nicht länger als eine Woche auf das neue Benehmen, und pausieren Sie dann. Oft verhalten sich Kinder dann wie gewünscht, wenn sie sich in Ruhe gelassen fühlen. Nach der Ruhepause nehmen Sie sich den nächsten Punkt auf Ihrer Liste vor und verfahren wie beim ersten Mal. Auf diese Art und Weise können Sie vielleicht die ganze Liste abhaken und im Anschluß die einzelnen Punkte nochmals überfliegen und wenn nötig überarbeiten.

Seien Sie nicht enttäuscht, wenn Ihr Bemühen keinen Effekt zu haben scheint – Sie können sicher sein, daß Ihr Kind viel mehr speichert, als Sie annehmen. Es wird plötzlich eine ähnliche Kritik an Ihnen üben, und dabei haben Sie gedacht, es hätte alles wieder vergessen. Oder es benutzt Ihre eigenen Argumente, um sich bei einer Diskussion durchzusetzen. Kinder lernen von Erwachsenen, was falsch und was richtig ist, wenn diese konstant daran festhalten, es ihnen vorzumachen, und wenn sie die Geduld haben, sich regelmäßig zu wiederholen. Ob sich Ihr Sohn tatsächlich so benimmt, wie er es gelernt hat, hängt davon ab, wie stabil er ist und in welchem Umfeld er sich befindet.

IN DER SCHULE

Im wesentlichen sollte die Schulordnung unmißverständlich vermitteln, daß Gewalt negativ ist und keinesfalls toleriert wird. Diese Aussage muß so offenkundig und verbreitet sein, daß sie jeder Schulangehörige verinnerlicht hat (siehe Kapitel 10). Der Lehrplan muß entsprechend ausgerichtet sein, und die Ablehnung jeglicher Form von Gewalt gehört als eindeutiges Prinzip zum Schulalltag.

Die Erwartungshaltung einer Schule muß so sehr auf einem streitsüchtigen Kind lasten, daß es genau abwägt, ob es sich richtig oder falsch verhalten will. Auf Klassenebene empfiehlt es sich, schwerpunktmäßig in Gruppen zu arbeiten, damit der Lehrer oder die Lehrerin den Betroffenen lenken und kontrollieren kann und damit ethische wie auch moralische Standpunkte indirekt diskutiert werden können.

Einer gewalttätigen Schülerin zum Beispiel sollte die Gelegenheit geboten werden, sich von einem Spezialisten beraten zu lassen, der nicht zuletzt detailliert auf ihre offensichtlich fehlende Einsicht eingeht. Spezielle Methoden könnten ihr helfen, die eigenen Gefühle genauso wie die ihrer Mitschüler und Mitschülerinnen und das Verhalten anderer wahrzunehmen. Man kann sie zum Beispiel auf die Körpersprache hinweisen, die bestimmte menschliche Gedanken und Gefühle verrät. Denn vielen Kindern fällt es schwer, Grimassen zu deuten, andere begreifen nicht, warum jemand mit den Händen ringt oder auf und ab geht, wenn er erregt oder bedrückt ist.

Beratungsstellen sollte es an allen Schulen und für alle Kinder geben: Die besonders anfälligen Kinder – und davon gibt es mehr als genug – könnten zusätzlich im Umgang mit persönlichen Problemen geschult werden. Gewalt ist nur eine von vielen Verhaltensauffälligkeiten, die Kinder zeigen, und sie ist neben anderen unwillkommenen Verhaltensschwierigkeiten oft die Folge mangelnder Entfaltungsmöglichkeiten und nachlässigen Umgangs mit der kindlichen Psyche innerhalb unserer Schulen.

6.5 Die Unfähigkeit, Verantwortung für das eigene Verhalten zu übernehmen

Kein Rabauke wird die Verantwortung für sein auffälliges Verhalten übernehmen. Er wird behaupten, daß es sein Opfer nicht anders verdient oder ihn herausgefordert habe. Achten Sie genau auf diese Phrasen, denn sie verdeutlichen, wie falsch diese Kinder ihr Verhalten einschätzen. Sie glauben offensichtlich, daß andere auf sie aufpassen und daß sie selbst keine Verantwortung übernehmen müssen, oder ihre Aussage ist nichts weiter als eine Ausrede und sollte dann als solche betrachtet werden. Es ist unerläßlich, ein gewalttätiges Kind zur Verantwortung zu ziehen.

ZU HAUSE
Sich verantwortlich fühlen
Jedesmal, wenn Sie sich mit Ihrem Partner austauschen, sollten Sie versuchen – wenn Sie es nicht bereits tun –, immer nur von »Ich« zu sprechen und nicht von »Du«. Anstatt zum Beispiel zu sagen »Du bist so schlecht gelaunt, wenn Du früh aufstehen mußt«, sagen Sie »Ich bin so schlecht gelaunt, wenn ich so früh aufstehen muß«. Das klingt banal, aber achten Sie dennoch einmal auf Ihre Redegewohnheiten, und Sie werden überrascht feststellen, daß Sie sich wiederholt auf diese Weise von bestimmten Verhaltensweisen distanzieren.

Wenn etwas schiefläuft und Sie enttäuscht sind, dann probieren Sie einmal nicht, jemand anderem die Schuld dafür zu geben. Das scheint sehr schwierig zu sein, aber ein Versuch lohnt sich. Es ist leichter, wenn Sie in solchen Momenten sich selbst fragen »Kann ich allein eine Lösung des Problems finden?«, als andere zu beschuldigen. Nehmen Sie die Dinge in die Hand: Konzentrieren Sie sich auf Ihre eigenen Probleme, und ergreifen Sie selbst die Initiative. Vor allem aber lassen Sie sich nicht unterkriegen, differenzieren Sie, und behalten Sie den Überblick (siehe Kapitel 8).

Wer diese Lebenseinstellung hat, wird sie auf sein Kind übertragen. Wer Verantwortung für sein eigenes Leben übernimmt, wird seinem Kind beibringen, ebenso zu handeln.

Zur Verantwortung ziehen
Einem Kind, das bestimmte Pflichten übernommen hat, zum Beispiel mit dem Hund spazierenzugehen, sich mit ihm zu beschäftigen und ihn zu füttern, wird es schwerfallen, sich anderen Aufgaben zu entziehen. Wer zum Beispiel seinem Sohn einige solcher Aufgaben überträgt, wird ihm beibringen, grundsätzlich Verantwortung zu übernehmen. (Übrigens kümmern sich Kinder im allgemeinen gern um ein Haustier und gehen mit diesem oftmals eine engere Beziehung ein als mit einem Menschen.)

Reden Sie mit Ihrem Kind allein ganz generell über inakzeptables Verhalten und darüber, daß jeder grundsätzlich für sein Benehmen und seine Taten selbst verantwortlich ist.

Wenn Sie Glück haben, übernimmt es die Verantwortung für seine Fehler. Versuchen Sie nicht, beharrlich unstrittige Beweise breitzutreten oder Ihrem Kind mit Ihrer weiter fortgeschrittenen Logik beizukommen. Bleiben Sie ruhig, und halten Sie ihm immer einen Ausweg offen. Hört es scheinbar nicht zu, dann stellen Sie einfach Ihre Vorwürfe in den Raum und erklären, daß »jeder von uns« die Verantwortung für sein Verhalten und seine Taten selbst tragen muß. Bei nächster Gelegenheit, wenn Sie nicht dabei sind, wird es tun, was Sie ihm geraten haben.

In der Schule

Wir sind bereits darauf eingegangen, wie wichtig es ist, einem schwierigen Kind Pflichten und Aufgaben zu übertragen. Damit ein Kind lernt, was es bedeutet, Verantwortung zu übernehmen, muß es gerügt werden, wenn es seine Pflicht vernachlässigt hat, und gleichermaßen gelobt werden, wenn es seine Aufgabe gut erledigt hat.

In einer kleinen Gruppe sollten zum Beispiel einer problematischen Schülerin Aufgaben mit zwei Lösungsmöglichkeiten übertragen werden, und jede Lösung sollte mit Konsequenzen für sie selbst oder andere verbunden sein. Auf diese Weise begreift sie, daß sie ihr Schicksal mehr oder weniger in der Hand hat, und wird zunehmend ein Gefühl dafür bekommen, was es heißt, für etwas verantwortlich zu sein.

Übungen im Freien und körperliche Betätigungen geben dem Gewalttätigen die Gelegenheit zu glänzen. Mit seiner Kraft und körperlichen Tüchtigkeit übernimmt er womöglich eine Führungsposition und damit gewisse Pflichten. Ein Kind, das im Sport erfolgreich ist, merkt rasch, wie entscheidend es ist, mit den Teamkameraden zusammenzuspielen. Der Erfolg hängt von seinem Einsatz ab, und es lernt, daß es auch auf andere angewiesen ist, um Erfolg zu haben. Körperliche Betätigung stärkt das Selbstwertgefühl und unterstützt die Fähigkeit, sich selbst zu beherrschen.

Lehrer sollten die Auseinandersetzung mit einem auffälligen Kind nicht anderen zuschieben. Wenn sie es hingegen als Herausforderung betrachten, sich mit ihrem geübten Blick und ein wenig Vorstellungskraft auf ein schwieriges Kind einzulassen, dann werden sie durch die positive Entwicklung seines Verhaltens und sein wachsendes Gefühl für Verantwortung belohnt. Selbst wenn sie dazu neigen, das Kind und seine Eltern wegen eines Vorfalls zu beschuldigen und zu rügen, sollten sie sich beherrschen und auf diese Weise nicht einfach jede Verantwortung ablehnen. Sonst liefern sie den Betroffenen auf Gedeih und Verderb seiner Umgebung aus und nehmen ihm jede Möglichkeit, sich positiv und aktiv dem Leben zu nähern.

6.6 Zusammenfassung

Die oben beschriebenen Bedürfnisse eines auffälligen Kindes unterscheiden es von denen eines normalen Kindes. Seinem Temperament entsprechend sind auch die normalen Bedürfnisse extrem ausgeprägt und müssen ganz besonders berücksichtigt werden (siehe Kapitel 5). Der Umgang mit einem aggressiven Kind ist vielfältig und bedarf spezieller Aufmerksamkeit, wenn tatsächlich die Wurzeln seines Verhaltens erreicht werden sollen. Um jeden Ansatz zu nutzen, müssen Eltern und Schulen eine kontrollierte und fürsorgliche Umgebung schaffen.

Auf die Bedürfnisse eines auffälligen Kindes zu reagieren, erfordert Vorstellungskraft und ein großes Maß an Geduld.

7 Das Opfer

Wer an Gewalt denkt, hat sofort ein schwaches und bemitleidenswertes Opfer vor Augen und schiebt ihm automatisch genauso viel Schuld zu wie dem Täter. Aber diese Haltung dient der Selbstbeschwichtigung und ist der Auseinandersetzung mit dem Opfer nicht gerade zuträglich. Sie beruht auf der Einstellung, daß aggressive Persönlichkeiten das Recht haben, die Welt zu beherrschen.

Zu gering wird der Beitrag geachtet, den weniger aggressive, dafür besonnenere Persönlichkeiten für unsere Entfaltung und Lebensqualität erbringen.

Genauso wie es nötig ist, auf die Bedürfnisse des Täters bei der Klärung eines Vorfalls Rücksicht zu nehmen (siehe Kapitel 6), ist es wesentlich, dem Opfer zu zeigen, daß etwas unternommen wird (siehe Kapitel 8).

Eltern von Opfern sollten hartnäckig sein und alles daransetzen, daß über das Verhalten des Täters nicht hinweggegangen wird. Die Augen zu verschließen bedeutet, dem Täter zu verzeihen und dem Opfer zu vermitteln, daß es selbst Schuld hat.

Opfer haben besondere Bedürfnisse, und auf die wollen wir nun eingehen. Unser Ziel ist es, den Vorsatz des Täters zu bekämpfen und niemals das Opfer zu verurteilen.

7.1 Das wehrlose Opfer

7.1.1 Weniger Angst – mehr Sicherheit

Ein Kind mit einer niedrigen Empfindlichkeitsschwelle ist womöglich von Geburt an sehr sensibel gewesen (siehe Kapitel 4). Es reagiert feinfühliger auf seine Umwelt als andere Kinder, und seine Ängstlichkeit nimmt wahrscheinlich ständig zu, da es mit den Lebensumständen nur schwer zurechtkommt.

Eltern und Lehrer sollten sich darauf konzentrieren, diesem Kind eine sichere Umgebung zu geben.

ZU HAUSE

In einer behüteten Umgebung wird das Kind so akzeptiert, wie es ist. Es werden keine hohen Anforderungen gestellt, und jeder bemüht sich, besonders die positiven Eigenschaften des Kindes hervorzuheben. Das Kind wird wahrgenommen, und seine Mitmenschen sprechen zu ihm, machen ihm wohlwollende Komplimente, bringen ihm vielfaches Lob entgegen und ermutigen es.

In seiner engsten Umgebung herrscht Ordnung und Routine. Die Essenszeiten stehen fest, und bestimmte Ereignisse finden regelmäßig am selben Tag statt. Das Kind hat sich gewissen Anforderungen zu stellen, aber diese sind alle im Bereich des Möglichen, und es geht ihm gut, wenn es sie erfüllt.

Vor allem aber sind seine Bezugspersonen in der Nähe, denn sie verkörpern einen Teil seiner Vorstellung, sie sind seine Rollenvorbilder, die ihm einen Sinn für Ziele vermitteln.

Wer seinem Kind die Angst nehmen möchte, kann vor allem hinsichtlich seiner Furcht vor Attacken etwas tun – darauf gehen wir im Kapitel 8 ein. Bis dahin wollen wir uns erst einmal wieder auf Ihre Person und die Ihres Kindes konzentrieren.

7. Übung

A Die eigene Persönlichkeit
   1. Notieren Sie drei Dinge, die Sie an sich selbst nicht mögen.
   2. Notieren Sie drei Dinge, die Sie an sich selbst besonders schätzen.

Wenn Sie fertig sind, dann beantworten Sie die Fragen hinsichtlich Ihres Kindes:

B Die Persönlichkeit des Kindes
   1. Notieren Sie drei Dinge, die Sie an ihm nicht mögen.
   2. Notieren Sie drei Dinge, die Sie an ihm besonders schätzen.

Die Fragen sind scheinbar rasch zu beantworten, aber Sie werden sich wundern, wieviel Zeit Sie brauchen, die Listen zu vervollständigen! Und die Ergebnisse werden Ihnen zu denken geben:

A1

Wer sich selbst nicht leiden kann, sollte sich einmal sein ideales Vorbild ins Gedächtnis rufen – die Persönlichkeit, die Sie gern wären (siehe Kapitel 4). Die meisten Menschen sind frustriert, weil sie eine unrealistische Vorstellung von dem haben, was sie anstreben. Werfen Sie einen Blick auf Ihre Liste, und überlegen Sie sich, ob Sie wirklich einige der Dinge verändern können. Wenn Sie es für möglich halten, dann strengen Sie sich tatsächlich an – reden Sie nicht nur darüber. Wenn Sie nicht dazu in der Lage sind, dann akzeptieren Sie sich so, wie Sie sind, und überlegen Sie sich, wie Sie am besten mit Ihrer Persönlichkeit zurechtkommen. Womöglich wenden sich Ihre Fehler zu Ihrem Vorteil.

A2

Konzentrieren Sie sich auf Ihre positiven Eigenschaften, und es wird Ihnen viel gelingen. Glauben Sie an sich selbst, und haben Sie Vertrauen in Ihre Fähigkeiten. Betonen Sie Ihre Stärken und nicht die Schwachstellen. Vergleichen Sie sich nicht dauernd mit anderen. Jeder von uns hat ganz individuelle Fähigkeiten und geht mit ihnen auf seine Weise um.

B1

Überprüfen Sie, ob die negativen Eigenschaften Ihres Kindes mit den Ihren übereinstimmen. Das ist oft der Fall. Decken sich die Angaben nicht, dann gehen Sie die Listen nochmals durch, und überlegen Sie sich, ob Sie befürchten, diese Anlagen in sich zu haben.
Häufig werden die eigenen Probleme auf das Kind übertragen, und das führt zu Schwierigkeiten. Es ist ganz natürlich, daß sich Mütter oder Väter mit ihrem Kind identifizieren, aber Sie sollten versuchen, das Kind als ei-

genständige Person mit einzigartigen Fähigkeiten, Hoffnungen und Bestrebungen zu sehen.

B2

Konzentrieren Sie sich auf die Dinge, die Sie an Ihrem Kind schätzen, und stützen Sie seine Stärken. Sich wie manche Eltern (und die Schule) vor allem mit den Schwächen eines Kinder auseinanderzusetzen ist falsch, denn Unsicherheiten lassen sich nur mit einem soliden Selbstbewußtsein überwinden, und das festigt sich nur, wenn die Begabungen betont werden.

Wer seinem Kind helfen möchte, weniger ängstlich zu sein, muß selbst stark sein, denn ein Kind lernt Sicherheit nur, wenn es von starken Persönlichkeiten umgeben ist, die nicht Macht ausüben oder dominant sein sollen, sondern einfach selbstsicher sind. Wer sich selbst mag und genügend Selbstvertrauen hat, überträgt sein Gefühl der Sicherheit auf andere (siehe Kapitel 4).

IN DER SCHULE

Jede Schule sollte eine so effektive Infrastruktur schaffen, daß empfindliche Kinder Rabauken nicht völlig auf Gedeih und Verderb ausgeliefert sind (siehe Kapitel 10). Klare Regeln, Vorschriften und ein strukturierter Stundenplan tragen entscheidend dazu bei, daß sich ein Kind sicher fühlt. Eine eindeutig gewaltfeindliche Schulordnung ist besonders zum Schutz von verletzbaren Kindern unerläßlich.

Vielfältige Strategien stehen Lehrern zur Verfügung, um das allgemeine Angstniveau dieser Kinder zu mindern.

Tutoren

Besonders scheuen Kindern sollten Tutoren zugeteilt werden, die sie zu Hilfe ziehen können und die sich regelmäßig mit ihrem Schützling treffen.

Die Verabredungen dienen aber nicht nur der Anzeige von Belästigungen, sondern haben eine vorbeugende Funktion. Ihr Zweck ist es, das Kind mit den allgemein gültigen Regeln der Schule vertraut zu machen und dadurch seine Selbstsicherheit zu stärken und es so zu festigen, daß es Druck von seinen Mitschülern oder Mitschülerinnen aushalten kann. Bei einem Schulwechsel plagen sich die Kinder zum Beispiel mit dem neuen Stundenplan, den Hausaufgaben und den ungewohnten Anforderungen. Das ängstliche Kind wird verzweifelt zu gefallen versuchen und sich vor einem Versagen fürchten. Hier kann die Unterstützung eines Tutors sehr hilfreich sein.

Lehrer sollten sich, bevor ein neues Kind in die Klasse kommt, mit seinen Schwierigkeiten vertraut gemacht haben und sich für Einzelgespräche zur Verfügung stellen. Um zu vermeiden, daß dem neuen Kind dadurch ein Stigma angeheftet wird, sollten sie auch dem einen oder anderen robusten Schüler Zeit für Einzelgespräche einräumen.

Klassenlehrer eignen sich am besten als Tutoren, aber jede Schule muß nach ihren eigenen Gegebenheiten vorgehen (siehe Kapitel 10). Hilfreich ist es, wenn der Tutor das Kind auf seinem Weg durch die Schule begleiten kann, um ihm Rückenstärkung zu geben. Idealerweise sollte jeder Schülerin und jedem Schüler ein Tutor zur Seite gestellt werden, aber die Effektivität dieser Einrichtung muß natürlich gegen die Herausforderungen abgewogen werden, die ein anfälligeres Kinder an das System stellt. Im übrigen sollten streitsüchtige Kinder genauso betreut werden wie schüchterne.

Kleingruppen
Kleingruppen erleichtern nicht nur die Zusammenarbeit, sondern bieten auch ängstlichen Kindern die Möglichkeit, mehr Selbstvertrauen zu gewinnen (siehe Kapitel 6).

Pflichten und Verantwortung zu zweit nachkommen
Ein ängstliches Kind sollte mit einem selbstsicheren zusammengebracht werden, mit dem es gemeinsam Pflichten und Verantwortung übernimmt. Nach einer Weile kann das ängstliche Kind ermutigt werden, manche Aufgabe allein zu erledigen. Durch seinen Mitstreiter wird es nicht nur an Selbstvertrauen gewinnen, sondern womöglich eine dauerhafte Freundschaft schließen.

Der geeignete Sitzplatz
Ängstliche Kinder werden am besten in die Nähe des Lehrers gesetzt und auf einen Platz, von dem aus wenig oder idealerweise kein Augenkontakt mit einem Rabauken möglich ist.

Nonverbale Ausdrucksformen
Die erfolgreiche Arbeit mit alternativen Ausdrucksformen kann nicht genug betont werden. Kinder trauen sich häufig nicht, ihre Ängste und ihre Bedürfnisse zu formulieren. In der Malerei, im Schauspiel, in der Musik und beim Spiel hingegen kommen aktuelle Probleme und die Gefühle der Betroffenen zum Ausdruck und offenbaren sich denen, die bereits unterschwellige Probleme vermuteten.

Das Kind fühlt sich allerdings dann am sichersten und am besten behütet, wenn der Lehrer sich streng mit dem Täter auseinandersetzt. Aber es reicht nicht aus, Übergriffe zu bestrafen, viel mehr müssen die Gelegenheiten dazu aktiv beseitigt werden (siehe Kapitel 8).

7.1.2 Weniger verhalten, weniger ruhig und sensibel sein

Ein Kind ist vorsichtig, wenn es um seine Sicherheit fürchtet. In einer geschützten und behüteten Umgebung wird es Selbstvertrauen gewinnen und Risiken eingehen.

Denn allein aus Angst, vielleicht zu versagen, ist es nicht in der Lage, sich etwas zuzutrauen: Eine ihm wohlgesonnene Umgebung aber wird es ihm – im Unterschied zu einer besonders strengen – erleichtern, auch einmal Fehler zu machen.

Ein ruhiges und sensibles Kind möchte nicht im Rampenlicht stehen. Aufgrund seines geringen Selbstbewußtseins zieht es sich lieber in den Hintergrund zurück.

Konzentrieren Sie sich auf seine Bedürfnisse, um sein Selbstvertrauen zu stärken; dann wird es seine Zurückgezogenheit bald ablegen.

ZU HAUSE

In einer gefühlvollen häuslichen Umgebung ist es einem Kind möglich, ein gutes Stück Selbstvertrauen aufzubauen, und dieses Selbstvertrauen wird gefestigt, wenn man das Kind mit hinausnimmt und es ermutigt, mit anderen Menschen zusammenzusein. Dann wird es allmählich beginnen, eine eigene unabhängige Identität zu entwickeln, sein Selbstwertgefühl nimmt zu.

Wer die Bedürfnisse seines Kindes verstehen möchte, sollte sich erst einmal über seine Interessen klar werden (aber drängen Sie ihm nicht Ihre eigenen versteckten Bestrebungen auf). Nehmen Sie Kontakt mit den Eltern eines anderen Kindes auf, das dieselben Interessen hat. Sie könnten Fahrgemeinschaften bilden, und sowohl Sie selbst als auch Ihr Kind werden vielleicht auf diese Weise neue Freundschaften schließen.

Wie schon erwähnt, sind körperliche Betätigungen physisch als auch psychisch förderlich. Tatsächlich behaupten viele, daß sie für ein ausgeprägtes Selbstwertgefühl unabdingbar sind. Jede Anstrengung sollte in Kauf genommen werden, um das Kind an eine Sportart oder eine andere körperliche Betätigung heranzuführen. Nicht nur die physische Anstrengung stärkt einen Menschen, sondern die damit einhergehende Selbstdisziplin unterstützt auch ganzheitliches Empfinden. Asiatische Kampfsportarten fördern die Selbstachtung durch disziplinierte Übungen, und alle Kunstfertigkeiten dieser Art schulen die Fähigkeit, sich zielorientiert, in gewissem Maße auch aggressiv, aber dennoch kontrolliert zu verhalten.

Vielleicht hat Ihr Kind aber ganz andere Interessen; jedenfalls wird es auch als Mitglied des ortsansässigen Modelleisenbahnvereins oder des Karateklubs ein Zugehörigkeitsgefühl entwickeln, und darauf kommt es an.

Unabhängig von Ihrer Person sollten Sie seine Hobbys unterstützen, statt Ihre eigenen auf Ihr Kind zu übertragen. Einem übertrieben ruhigen und empfindsamen Kind mangelt es an Selbstvertrauen. Vielleicht verhält es sich auch so, um Ihnen zu gefallen. Womöglich fordern Sie unbewußt, daß es ruhig und sensibel ist, und wären eigentlich selbst gern so.

In der Schule

In der Schule bewegt sich ein Kind zuversichtlich in der strengen und durch sittliche Grundsätze geprägten schützenden Umgebung. Persönliche Unterstützung, Lob und Anerkennung helfen ihm, Vertrauen zu fassen.

Ein Lehrer, der das Selbstvertrauen eines empfindsamen Schülers stärken möchte, sollte ihn in den unterschiedlichsten Bereichen

1. **mit einem selbstbewußteren Klassenkameraden zusammenbringen,**
2. **drei besondere Vorzüge des betroffenen Schülers notieren,**
3. **dem Schüler Gelegenheiten bieten, seine Vorzüge zunächst zusammen mit seinem Klassenkameraden und schließlich allein zur Geltung zu bringen.**

Ein Mädchen beispielsweise, das gut zeichnen kann, könnte die kurze Ansprache eines Gleichaltrigen bei einer Schulveranstaltung illustrieren; vielleicht ist sie selbst später in der Lage, die Rede vor der Klasse zu wiederholen. Solch einfache Übungen zur Festigung des Selbstvertrauens und zum Abbau von Schutzbedürfnissen lassen sich beliebig weiterführen.

Es kommt darauf an, ein Kind nach und nach mit Situationen zu konfrontieren, in denen es sich nicht fürchtet und in denen es stark genug ist, auch einmal einen Mißerfolg hinzunehmen. Es ist völlig unangebracht, ein sehr scheues Kind zu zwingen, an einer Schulaufführung teilzunehmen oder Fußball zu spielen. Sie können es auffordern mitzumachen, aber rechnen Sie damit, daß es sich nur noch mehr zurückzieht. Aufgedrängte und ein gewisses Maß an Aggression fordernde körperliche Betätigungen können bei einem zartbesaiteten Kind lebenslängliche Spuren hinterlassen. Sport kann zwar auf ideale Weise das Selbstvertrauen eines Kindes stärken, aber Lehrer sollten auf die Empfindsamkeit ihrer Schüler Rücksicht nehmen, wenn besondere Tapferkeit vorausgesetzt wird (siehe Kapitel 3).

Man kann niemals davon ausgehen, daß alle Kinder gleichermaßen von bestimmten Sportarten profitieren, und es sollte immer eine Vielfalt an Möglichkeiten angeboten werden. Vor allem aber ist klar, daß ein scheues Kind nicht abgehärtet wird, wenn man es zur Teilnahme an einem aggressiven Mannschaftssport zwingt.

Ein schüchternes Kind mag die Figur eines Rugbyspielers haben, zittert aber innerlich bei der Vorstellung, daß seine Schwerfälligkeit bloßgestellt wird. Ein guter Lehrer wird feinfühlig mit seinen Bedürfnissen umgehen und es nicht zur Teilnahme zwingen.

7.1.3 Selbstachtung beweisen

Opfertypen haben ein geringes Selbstwertgefühl. Manche glauben, es sei angeboren, andere machen die Lebensumstände des Kindes für sein Gefühl der Wertlosigkeit verantwortlich. Ein unsicheres Kind vergleicht sich mit anderen und kommt sich bedeutungslos vor.

Dabei kommt es darauf an, zu lernen, die Fähigkeiten anderer zu schätzen und sich zu freuen, wenn sie etwas sehr gut können, und sich gleichzeitig die eigenen Stärken bewußt zu machen.

Zu Hause

Ein behütetes Zuhause bestimmt das Selbstwertgefühl: Ein Kind erfährt, daß die Familienmitglieder es um seiner selbst willen schätzen und nicht nur, wenn es ihren Erwartungen entspricht. Einem verletzlichen Kind muß besonders viel Anerkennung und Respekt entgegengebracht werden.

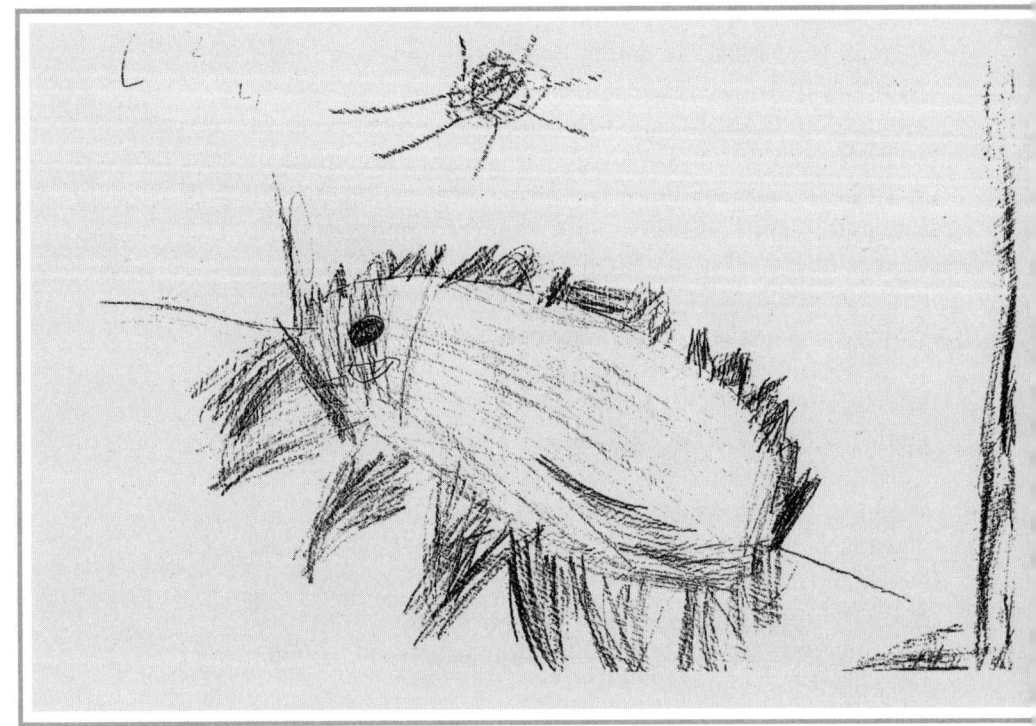

Wenn Sie mit Ihrem Kind reden:
1. Vermeiden Sie es, kritisch zu sein.
2. Loben Sie es, wann immer Sie können.
3. Nutzen Sie jede Gelegenheit, die positiven Aspekte
   seiner Persönlichkeit hervorzuheben.

Wenn Sie über andere reden:
1. Kritisieren Sie keine anderen Personen, und beklagen
   Sie sich nicht über sie.
2. Loben Sie Ihre Mitmenschen, und betonen Sie ihre
   positiven Eigenschaften.
3. Fragen Sie Ihr Kind, was ihm an anderen Personen
   gefällt.

Gestatten Sie Ihrem Sohn beispielsweise, sich stets frei zu
äußern. Lassen Sie sich nicht von einer entgegengesetzten

Ansicht abschrecken – im Gegenteil, bestärken Sie ihn darin, seine eigene Meinung zu vertreten. Vermitteln Sie ihm, daß es möglich ist, andere Leute aufrichtig zu bewundern, ohne sich mit ihnen zu vergleichen. Oder anders ausgedrückt, machen Sie ihm klar, daß er kein schlechtes Gewissen haben muß, wenn er sich wohl fühlt.

Im Gespräch sollten Sie Ihrem Kind erklären, daß jeder Mensch einzigartige Eigenschaften und jeder eine Aufgabe hat. Sprechen Sie über einen seiner Helden und weisen Sie ihn vorsichtig darauf hin, daß auch dieser Makel hat und ein Vorbild ist, obwohl er gute und schlechte Eigenschaften hat – wie alle anderen auch.

In der Schule

Wer einem Kind allmählich Pflichten und Verantwortung überträgt, fördert sein Selbstwertgefühl. Durch die Arbeit in Kleingruppen oder die Zuordnung einer einzigen Person, mit der es eine Aufgabe lösen muß, hat es die Gelegenheit, eine persönliche Beziehung zu entwickeln, und auch das wird sein Selbstvertrauen stärken.

Jedes besonders scheue Kind braucht eine Extraportion an Lob und Anerkennung, wenige allerdings wollen dies in einem öffentlichen Rahmen erfahren.

Hat ein Kind aus eigener Anstrengung heraus etwas Großartiges geschaffen, was absolut anerkennenswert ist, kann es auch ins Rampenlicht gerückt werden, ohne dabei persönlich aufzutreten und in Verlegenheit zu geraten. Bilder und Zeichnungen ebenso wie geschriebene Texte eignen sich für Ausstellungen. In praktischen Fächern, in denen es auf gewisse Fertigkeiten ankommt, gelingen Kindern manchmal dreidimensionale Kunstwerke, und werden diese der Öffentlichkeit präsentiert, dann können sie zu Recht stolz sein und insgeheim das tolle Gefühl genießen, etwas Besonderes geleistet zu haben.

Vor allem ein sehr schüchternes Kind wird durch die Ausstellung seiner Arbeit nachhaltig beeindruckt sein.

Um einem schüchternen Kind das Gefühl der Bedeutungslosigkeit zu nehmen, sollten Lehrer

1. betonen, daß jedes Kind in der Schule ist, um selbst etwas zu lernen und anderen dabei zu helfen,
2. es strikt verurteilen, wenn ein Kind ein anderes schlagen möchte.

Darauf kommt es besonders im Mannschaftssport und bei Spielen an, bei denen es darum geht, die Gegenpartei zu besiegen. Sinn jeder Gruppensportart ist es – und das gilt im Einzelsport genauso –, sowohl den einzelnen als auch die Mannschaft zu fördern. Es geht nicht darum, den Gegner niederzumachen.

Es kommt darauf an, Pluspunkte zu sammeln, und das kommt dem Wunschdenken des Opfers entgegen. Den Gegner schlechtzumachen, um sich selbst gut zu fühlen, ist ein Charakterzug, den Opfer- mit Täterpersönlichkeiten gemeinsam haben. Kommt es zu einer Niederlage, dann sind beide frustriert statt begeistert. Eine streitlustige Person wird instinktiv aggressiv und eine schüchterne zieht den Kopf ein und gibt auf. Schulen sollten alles darauf verwenden, dem entgegenzuwirken.

7.1.4 Freundschaften schließen
Freundschaft entsteht normalerweise aus gleichen Interessen. Ein Kind ohne Steckenpferd wird schwer Freunde finden. Hobbys gehören genauso zu einer Person wie der Beruf. Auch Ihr Kind braucht eines, damit es sich einer Gemeinschaft anschließen kann.

ZU HAUSE
Führen Sie Ihr Kind an in Frage kommende Hobbys heran, und wenn es bereits welche hat, dann unterstützen Sie diese. Um Freundschaften zu stiften, reicht es nicht einfach aus, andere Kinder nach Hause einzuladen. Ein schüchternes Kind wird sich dagegen normalerweise wehren und sich bedrängt fühlen, wenn Fremde in sein Zuhause, sein Territorium, seinen sicheren Hafen eindringen.

A Ein passives Kind läßt sich für nichts begeistern:
1. Welche Interessen haben Sie selbst?
2. Sorgen Sie dafür, daß Sie selbst eine Leidenschaft entwickeln, die auch für Ihr Kind in Frage kommt.
3. Bestehen Sie darauf, daß Ihr Kind Sie begleitet, selbst wenn es nur widerstrebend mitkommt.

Hat Ihr Sohn beispielsweise keine Lust mitzukommen, und beharren Sie dennoch darauf, wird er vielleicht im Gegenzug einen anderen Vorschlag machen. Gut so! Denn dann hat Ihr Trick funktioniert, schließlich wollen Sie, daß er sich sein Hobby selbst aussucht. In dieser Phase sollten Sie hartnäckig darauf bestehen zu erfahren, was er genau unternehmen möchte. Sorgen Sie dafür, daß er dem neuen Hobby regelmäßig nachgeht, und halten Sie sich dann an Punkt B (siehe unten).

Begleitet er Sie allerdings und hat er Ihr Hobby übernommen, dann zeigen Sie ihm auch andere altersgemäße Freizeitbeschäftigungen. Auf diese Weise können Sie ihn nach und nach mit neuen Freunden zusammenbringen.

B Die Hobbys Ihres Kindes:
1. Akzeptieren Sie die Hobbys Ihres Kindes, gleich, wie ungeeignet sie Ihnen auch scheinen.
2. Zeigen Sie Interesse, und erkundigen Sie sich nach dem Spezialgebiet Ihres Kindes.
3. Sollte es eine Zeitschrift zu seinem Hobby geben, dann zeigen Sie ihm diese am Zeitungskiosk.
4. Suchen Sie nach Kontaktmöglichkeiten. Zu jedem Hobby gibt es einen Verein.
5. Reden Sie mit dem Sprecher des Vereins, und erläutern Sie mit wenigen Worten die Situation Ihres Kindes. Besuchen Sie das nächste Treffen. Suchen Sie im Verein eine Person, der es sich anschließen könnte.

Sollte Ihr Kind nach allen Bemühungen keine Freunde gefunden haben, dann trösten Sie sich mit dem Gedanken, daß nicht jeder so gesellig sein muß wie andere. Wir befinden uns alle, entsprechend unserer persönlichen Eigenschaften, auf einer Skala: An einem Ende dieser Skala stehen die ausgeprägt geselligen Menschen und am anderen die Einzelgänger. Die meisten sind gern mit anderen zusammen und hin und wieder auch gern allein. Wie steht es mit Ihren eigenen Bedürfnisse in diesem Zusammenhang? Doch denken Sie daran, daß Sie Ihre Ideale nicht auf Ihr Kind übertragen wollten.

In der Schule
Freundschaften und der Mangel daran sind in einer Klasse offensichtlich: Isolierte Kinder fallen auf.

Kleingruppen
Lehrer sollten vorrangig mit Kleingruppen arbeiten. Sowohl in der theoretischen als auch in der praktischen Zusammenarbeit können Kinder, die wenig Freunde haben, durch die Eingliederung in eine geeignete Gruppe sehr gut aufgefangen werden.

Freizeit
Die Freizeit stellt oft ein großes Problem für passive Kinder dar, und deshalb sollten bei der Organisation von freien Zeiten (Pausen und Mittagsruhe) insbesondere die Opfertypen (genauso wie die Tätertypen) bedacht werden. Eine klare Strukturierung der Pausen ist genauso unerläßlich wie ihre Überwachung.

Brieffreunde
Das schüchterne, passive Kind kann Freundschaften auch über Briefkontakte schließen. Wenn der Rest der Klasse diese auch pflegt, dann gibt es ein gemeinsames Thema, über das sich alle gern austauschen.

Hobbys
Lehrer, die wirklich eine Beziehung zu ihren Schülern knüpfen wollen, sollten sich auch für Einzelheiten ihres persönlichen Lebens interessieren. Wer kleinste Details wissen möchte, zeigt Anteilnahme und behält zugleich den Über-

blick. Wer die Hobbys eines schüchternen Kindes kennt, kann es mit anderen in der Schule zusammenbringen, die ähnliche pflegen. Sogar ein Klub könnte gegründet werden.

Mentoren

Kommt ein schüchternes Kind in eine neue Klasse, so sollte ihm ein anderes Kind zur Seite gestellt werden, das sich verantwortlich fühlt und ihm Schutz und Unterstützung anbietet. Die Aufgabe eines solchen Mentors kann nach einer Woche einem anderen Kind übertragen werden, und setzt sich diese Art von Betreuung eine Zeit fort, so hat das neue Kind alsbald eine Reihe von Klassenkameraden kennengelernt und darunter vielleicht eine Freundin oder einen Freund gefunden.

7.1.5 Aggressiver sein

Jedes Kind hat ein bestimmtes Aggressionspotential; bei dem einen ist es größer als bei anderen. Die Aggressionsbereitschaft eines schüchternen Kindes kann verstärkt werden, wenn man es im Moment, da es sich aggressiv verhält, belohnt. Erntet es keine Anerkennung, so wird es passiv bleiben. Und wer passiv ist, hat sein Leben eigentlich nicht in der Hand und erwartet, daß sich seine Umwelt von allein wandelt. Das Gefühl, nichts tun zu können, damit sich etwas ändert, nimmt zu.

Zeigen Sie Ihrem Kind anhand bestimmter Übungen, daß es sehr wohl etwas verändern kann.

ZU HAUSE
Die engere Umgebung

1. Besprechen Sie sich mit Ihrem Kind, wenn Sie vorhaben, die Wohnzimmermöbel umzustellen. Fragen Sie es nach seiner Meinung. Wer das Wohnzimmer nicht verändern möchte, kann sein Kind anregen, sein eigenes Zimmer umzudekorieren.
2. Diskutieren Sie mit Ihrem Kind die Neugestaltung des Gartens, und berücksichtigen Sie seine Vorschläge. Sollten sie nicht ins Gesamtkonzept hineinpassen,

dann teilen Sie ihm einen Bereich des Gartens zu, den
es gestalten kann, wie es will.

3. Bitten Sie Ihr Kind, die Hecke zu schneiden oder den
Rasen zu mähen.

4. Schlagen Sie ihm vor, das Auto zu waschen. Erledigt es
die Arbeit zufriedenstellend, dann belohnen Sie es. Bestehen Sie darauf, daß Ihr Auto wie neu aussehen soll,
so daß die Nachbarn es nicht wiedererkennen.

5. Fordern Sie es auf, die Fenster zu putzen, und zwar
perfekt, so daß die Scheiben wieder durchsichtig und
glasklar sind.

Alle diese praktischen Arbeiten können Sie mit einem ange-
messenen Geldbetrag belohnen und dem Kind erlauben, das
Geld für etwas auszugeben, was sein oder Ihr Wohlbefinden
nicht beeinträchtigt, sondern fördert. Sofern es keine größeren Ersparnisse hat, wird es schwerlich etwas dagegen einzu-
wenden haben, tätig zu werden.

Das eigene Image

1. Sehen Sie sich gemeinsam Versandkataloge an, und
sprechen Sie darüber, wie sich Menschen anziehen.
Fragen Sie Ihre Tochter, wie sie gern aussehen würde.
Erlauben Sie ihr auszuwählen, was sie möchte, und
dann beglückwüschen Sie sie zu ihrem Einfallsreich-
tum. Äußern Sie sich dazu, inwieweit es ihr gelungen
ist, ihren Typ zu verändern.

2. Kommentieren Sie die verschiedenen Frisuren, fragen
Sie Ihr Kind, wie es seine Haare gern tragen würde.
Nehmen Sie es zum Friseur mit, und ermuntern Sie
es, einen neuen Haarschnitt auszuprobieren.

3. Beim Kleidereinkauf sollten Sie Ihr Kind, im Rahmen
Ihres Budgets, selbst auswählen lassen. Stellt sich im
nachhinein heraus, daß die ausgesuchten Kleider ungeeignet sind, dann raten Sie ihm, die Sachen umzu-
tauschen und neu zu entscheiden.

4. Kaufen Sie Ihrem Sohn ein preiswertes Rasierwasser
oder Ihrer Tochter ein Parfüm, und fragen Sie, wie es

ihm oder ihr gefällt. Wenn das Kind sich weigert, es zu benutzen, dann freuen Sie sich über seine selbstgetroffene Entscheidung.

5. Kaufen Sie die unterschiedlichsten Nahrungsmittel ein, und so bieten Sie damit eine weitere Gelegenheit zur Auswahl. Gehen Sie auf die Wahl Ihres Kindes ein, und vermitteln Sie ihm, daß Sie seine Entscheidung beeindruckt.

Falls möglich, dann stellen Sie Ihrem Kind so viel Taschengeld zur Verfügung, daß es seine Kleidung und anderes selbst kaufen kann – noch besser ist es, wenn es sich eigenständig etwas Geld dazuverdient.

Partnerschaft

1. Überlassen Sie Ihrem Kind die Entscheidung, was es an einem bestimmten Tag unternehmen möchte, bestimmen Sie einen Tag zu »seinem« Tag. Halten Sie daran fest, und richten Sie sich nach seinen Vorschlägen, außer, Sie bringen Ihre Sicherheit oder Ihr Bankkonto in Gefahr.

2. Erlauben Sie Ihrem Kind, die endgültige Entscheidung hinsichtlich der Ferien zu treffen – natürlich nur im Bereich Ihrer finanziellen Möglichkeiten.

3. Gestatten Sie Ihrem Kind, an bestimmten Abenden das Fernsehprogramm auszuwählen.

4. Freitags darf Ihr Kind so lange aufbleiben, wie es will.

5. Sonntags morgens kann es lange ausschlafen.

Veranstaltungen

Das passive Kind wird von der Zugehörigkeit zu Vereinen oder Klubs, besonders Sportklubs, profitieren. Durch die Teilnahme an Veranstaltungen, die Selbstdisziplin und Kontrolle erfordern, wird es selbstbewußter, und es wird lernen, sich aktiver und tatkräftiger durchzusetzen.

In der Schule

Es nützt nichts, ein passives Kind einfach Situationen auszusetzen, in denen aggressives Verhalten von ihm gefordert wird. Sein bereits reduziertes Selbstbewußtsein würde nur unnötig zusätzlich belastet. Schüchterne Kinder müssen nach und nach mit vermeintlich bedrohlichen Situationen vertraut gemacht werden.

Abgesehen von den bereits in diesem Kapitel erwähnten Anregungen können Fachleute dem passiven Kind Fertigkeiten beibringen, die sein Selbstbewußtsein fördern. Auch Klassenlehrer sollten die Methoden dieser Fachleute beherrschen, um das Durchsetzungsvermögen aller Schüler, vor allem aber der besonders schüchternen, zu festigen. So läßt sich soziales Verhalten auf ideale Weise lernen, und der Umgang mit anderen wie auch das Verhandlungsgeschick werden systematisch trainiert.

Ein Kind sollte in der Schule – genauso wie zu Hause – immer wieder vor Entscheidungen gestellt werden. Anstatt entsprechende Situationen einfach auf sich zukommen zu lassen, könnte der Lehrer einen bestimmten Zeitpunkt festlegen, zu dem Ausflüge und Übungen zur Wahl stehen. Das heißt, daß ein Kind eine Tätigkeit oder die Lösungsmöglichkeit einer Aufgabe auswählen darf, den eingeschlagenen Weg dann aber konsequent verfolgen muß. Deshalb sollten speziell solche Ausflüge und Aufgaben sorgfältig geplant werden, die unabhängig von der Entscheidung einen positiven Effekt haben. Ein Kind, das mit seiner Wahl nicht zurechtkommt, wird passiv bleiben. Darf es eine Entscheidung treffen und ist damit erfolgreich, dann gewinnt es das Gefühl, seine Umwelt kontrollieren zu können: Es wird sich dem Leben aggressiver stellen.

7.2 Das herausfordernde Opfer

7.2.1 Mehr im Mittelpunkt stehen, reifer sein und weniger stören

Kindern gelingt es immer auf eine bestimmte Art und Weise, Aufmerksamkeit auf sich zu ziehen, manchen mehr und manchen weniger. Unterschwellig ängstlichen Kindern fällt es schwer. Ein Kind, dem es nicht gelingt, sich vorzudrängen, bekommt weniger Information und damit weniger Bausteine, die zum Lernen nötig sind. Ein Kind, das nicht lernen kann, reift nicht und wird vor lauter Frustration stören und Spannung schaffen.

Entscheidend ist eine sichere und geschützte Umgebung: Das provokative Opfer hat dieselben Bedürfnisse wie das wehrlose Opfer, nur sind seine noch größer.

ZU HAUSE

Schaffen Sie eine Umgebung, in der konzentriertes Denken möglich ist, aber zwingen Sie Ihr Kind nicht zu übertriebenen intellektuellen Anstrengungen, es wird sonst nur noch passiver.

1. Schalten Sie den Fernsehapparat aus, und gestehen Sie Ihrem Kind nur bestimmte Fernsehzeiten zu. Fernsehen ist meist eine passive Betätigung, die es Ihrem Kind erlaubt, gedanklich abzuschweifen und sich berieseln zu lassen.

2. Stellen Sie andere Dinge zur Verfügung, aber ohne zu verlangen oder zu drängen, daß es sie benutzt.

3. Irgendwann kommt der Zeitpunkt, an dem Ihr Kind von selbst anfangen wird, Scrabble zu spielen, Puzzle zusammenzusetzen, sich auf strategische Brettspiele und Ähnliches einzulassen.

4. Schaffen Sie sich einen Computer und entsprechende Spiele an, aber beschränken Sie die Benutzung streng auf zwei Abende in der Woche.

5. Machen Sie, wenn es Ihnen möglich ist, bei allen diesen Spielen mit, aber mischen Sie sich nur ein, wenn es erwünscht ist. Seien Sie darauf gefaßt, daß Sie abgelehnt werden, und akzeptieren Sie dann das Bedürfnis des Kindes, allein zu sein.

Sie werden feststellen, daß sich Ihr Kind selbst in den Vordergrund drängen kann; alles ist eine Frage der Motivation. Computerspiele fordern ein Kind gewöhnlich heraus. Sie lassen sich wie ein Werkzeug zum eigenen Zweck benutzen oder ergänzend zu anderen Spielen einsetzen.

Suchen Sie immer wieder nach neuen Möglichkeiten, Ihr Kind anzuspornen: Sie könnten sich zum Beispiel wieder die

Liste mit den besonderen Fähigkeiten Ihres Kindes hervorholen und es ermuntern, neue Dinge zu versuchen.

IN DER SCHULE

Auch in der Schule erleichtert eine sichere und behütete Umgebung dem schüchternen Kind, sich zu entwickeln. Lehrer sollten auf die Lernschwierigkeiten besonders ängstlicher und sensibler Kinder Rücksicht nehmen. (Wie schon erwähnt, haben manche nicht einmal die Grundlagen des Rechnens und Schreibens mitbekommen.) Deshalb müssen sie mit Aufgaben versorgt werden, denen sie gewachsen sind und die sie weiterbringen. Der Unterricht sollte den individuellen Bedürfnissen angepaßt sein, sonst werden sich einige Kinder langweilen und unruhig sein.

Die zeitlich begrenzte Konzentrationsfähigkeit auf ein Objekt kann durch das Angebot von unterschiedlichen Aktivitäten und Aufgaben aufgefangen werden. Nicht jedes Kind ist in der Lage, 30 Minuten lang auf seinem Stuhl sitzen zu bleiben und sich ausschließlich mit einer Sache zu beschäftigen. Klassenzimmer sollten vielfältig für unterschiedlichste Tätigkeiten ausgestattet sein. Ein Kind, das sich fünf Minuten auf eine bestimmte Arbeit konzentriert hat, sollte sich zum Beispiel Kopfhörer anlegen dürfen, um etwas Musik zu hören, oder am Computer spielen können. Eine Woche später wird es seine Kapazität auf zehn Minuten ausdehnen.

Jedes Kind braucht diese Abwechslungsmöglichkeiten, aber für ein Kind, das sich nur begrenzt konzentrieren kann, sind sie unerläßlich. Werden die besonderen Bedürfnisse eines provozierenden Opfers ignoriert und bekommt es keine Aufmerksamkeit geschenkt, dann wird es rückfällig, es wird die anderen stören und Spannung in der Klasse erzeugen.

Dem herausfordernden Opfer, genauso wie einem gewalttätigen Kind oder einem wehrlosen Opfer, können Fachleute helfen und zeigen, wie es sich entspannen und Beachtung fordern kann. Der Klassenlehrer kann solche Methoden tagtäglich in seinen Unterricht einbauen, und diese werden nicht nur dem provozierenden Opfer, sondern auch der ganzen Klasse nutzen. Wie so viele andere Strategien, die darauf abzielen, problematischen Kindern zu helfen, sind auch diese Entspannungstechniken bei allen Kindern sinnvoll, vor allem wenn sie täglich zu Hause praktiziert werden.

7.3 Zusammenfassung

Ein Opfer, das nicht beachtet wird, hat dennoch unsere Sympathie. Womöglich neigen wir dazu, seine mißliche Lage zu ignorieren, weil wir es nicht ertragen können, sein Leid oder seinen Haß auf den Täter zu spüren. Eltern lassen sich vor allem leicht in die Emotionen ihres Kindes verwickeln, wenn es besonders empfindlich ist.

Es ist ein Dilemma, wenn Eltern ihre eigene Ängstlichkeit auf ihre Kinder übertragen: Die Sorge der Eltern um das Kind macht alles nur noch schlimmer. Mütter und Väter müssen das eigene Kind loslassen, es objektiver betrachten, seine Bedürfnisse herausbekommen und versuchen, auf diese einzugehen. Wer helfen möchte, muß streng sein und zugleich sensibel mit den Wünschen seines Kindes umgehen.

Eines gilt es aber bei allen Überlegungen zu bedenken: Eltern sollten niemals die Hinweise einer Person akzeptieren, die nicht alle Anlagen eines Kindes sorgfältig bedacht hat.

8 Gewalt im Klassenzimmer

Wir haben diskutiert, wie man mit Tätern und Opfern umgeht. Wie können nun Lehrer und Lehrerinnen bei einem konkreten Vorfall eingreifen?

Verändern kann man Verhaltensweisen nur langfristig. Kommt es aber zu einem Zwischenfall, dann muß sofort gehandelt werden, damit Täter und Opfer nicht den Eindruck gewinnen, ihr Benehmen sei in Ordnung.

Grundsätzlich müssen von vornherein zwei Dinge unmißverständlich klar sein: zum einen, daß Gewalt niemals akzeptiert werden darf, und zum anderen, daß jede Maßnahme darauf abzielen muß, das Verhalten sowohl von Täter als auch Opfer zu verändern. Bevor Sie eingreifen, ist es angebracht, sich mit den Strategien vertraut zu machen, die das Gruppenverhalten steuern können.

8.1 Gruppenverhalten

8.1.1 Der »große Auftritt«

Vergegenwärtigen Sie sich, wie effektiv eine öffentliche Zurschaustellung ist, wenn die große Masse Abscheu und Ekel gegenüber dem Täter empfindet. Der sogenannte »große Auftritt« sollte nur selten stattfinden und allein zum Ziel haben, der ganzen Gemeinschaft einzuprägen, daß Gewalt niemals toleriert werden kann. Ihr Ziel ist es, einen Unschuldigen zu schützen, und Sie brauchen Ihre ganze Entschlußkraft, um das auf diese Weise zu tun.

Der »große Auftritt« ist besonders wirkungsvoll, wenn noch nichts Konkretes vorgefallen ist, Sie aber das unbestimmte Gefühl haben, daß etwas im Gange ist. Sie wollen Ihrer Klasse die Berechtigung Ihres Verdachtes klarmachen und dem Täter vermitteln, daß Sie kurz davor sind, die Sache direkt anzugehen. Damit soll er gewarnt werden, und die, die am Rande beteiligt sind, haben die Möglichkeit, sich zurückzuziehen, bevor es zu spät ist. Allen anderen soll bewußt werden, daß sie verpflichtet sind, jeden Gewaltvorfall zu melden, daß es die Möglichkeit gibt, darüber einzeln zu reden, und daß alles, was sie erzählen, absolut vertraulich behandelt wird.

Zweifeln Sie nicht an der moralischenRechtfertigung für Ihr Vorgehen. Sie sind nicht gewalttätig – Sie schützen ein potentielles Opfer. Und Sie versuchen, den Täter davon abzuhalten, sich gehenzulassen.

Aber diese Methode hat nur Erfolg, wenn Sie vollkommen entschlossen sind, so zu handeln – so sehr, als ob Sie Ihre Position rechtfertigen wollten und bereit wären, notfalls Ihre Peitsche knallen zu lassen. Wagen Sie es nicht, solange Sie unentschlossen sind.

8.1.2 Sozialer Druck

Kinder reagieren, wenn sie die Wahl haben, eher auf Gleichaltrige als auf Erwachsene, und das können Sie sich zunutze machen.

Wer sein Gruppenprogramm interessant gestaltet, beugt auf der ganzen Linie vielfältigen Quälereien und Mißhandlungen vor. Ein spannendes Programm ist für das Gemeinschaftsgefühl genauso wichtig wie die Vergabe bestimmter Pflichten und Verantwortlichkeiten innerhalb des Klassenverbandes. Wer sich Mühe gibt, dem werden viele attraktive Tätigkeiten und Gestaltungsmöglichkeiten des Klassenzimmers einfallen.

Der Vorteil Ihres Engagements ist, daß Sie im Moment eines Verdachts diese Privilegien zurückziehen können und damit ein gewisses Machtinstrument in der Hand haben. Sie wenden sich an »bestimmte Personen« (ohne Namen zu nennen), die sich gehenlassen. Sie sprechen über Ihre Enttäuschung und darüber, daß Sie nicht bereit sind, weitere Aktivitäten zu organisieren, wenn sich »die Betroffenen« nicht fügen. Sie haben keine Lust, noch mehr Kraft zu investieren, wenn einige glauben, ihre Aufgabe sei es, das Leben anderer zu beeinträchtigen. In einer Gemeinschaft sollte jeder zu einem fröhlichen Miteinander seinen Teil beitragen.

Besonders wirkungsvoll ist es, erst am Tag eines geplanten Ausflugs alles platzen zu lassen. Erklären Sie, daß Sie unglücklich über das Verhalten »bestimmter Schüler« seien, und wenn sich dieses Verhalten nicht dramatisch ändere, dann werde die für nächste Woche geplante Exkursion auch nicht stattfinden. Ein kurzer Vortrag über Solidarität könnte folgen. Lassen Sie sich auf keine Diskussion ein, und fahren Sie mit der normalen Arbeit fort.

Das mag auf einen Außenstehenden sehr hart wirken, aber vorausgesetzt, die nachfolgenden Bedingungen wurden erfüllt, brauchen Sie nur einmal zu solchen Maßnahmen zu greifen:

1. **Der Anreiz muß der Mehrheit sehr viel bedeuten.**
2. **Ein Gemeinschaftsgefühl ist bereits vorhanden.**
3. **Die Mehrheit der Gruppe schätzt und respektiert Sie.**

Wer sich entschließt, so durchzugreifen, sollte die Eltern zu Beginn einer Zusammenarbeit grundsätzlich auf diese Vorgehensweise vorbereiten. Moralische Bedenken der Art, daß alle Kinder wegen des Verhaltens von einem oder zweien bestraft werden, sollten Sie nicht beirren, denn im Prinzip geht es um den Schutz und die Interessen des einzelnen. Wer sich engagiert für die ihm anvertraute Gruppe einsetzt, wird akzeptiert.

Sowohl der »große Auftritt« als auch das Ausüben von Gruppendruck sollte nur selten stattfinden, um wirklich Eindruck auf den Betroffenen zu machen. Selbst wenn Sie sich nicht zu sehr mit dem Verhalten des Täters befaßt haben, wird die Gemeinschaft viel mehr darüber wissen, als Sie sich vorstellen können. Sie werden ihn quasi zwingen, sein Verhalten zu ändern, und in der Illusion, daß Sie es nicht merken, wird er sich fügen.

Aber zögern Sie nicht, mit Macht durchzugreifen, wenn Sie auch nur den geringsten Verdacht haben, daß weiterhin Unfrieden in der Klasse herrscht. Passen Sie auf, daß Sie nicht der Neigung, einen Vorfall zu ignorieren, nachgeben oder ihn im Bereich der normalen Aggressionen ansiedeln.

Es kann verhängnisvoll werden, wenn Sie die oben genannte Methode aufs Geratewohl einsetzen, in der Hoffnung, den Täter abzuschrecken.

Überwachen Sie kontinuierlich das Verhalten der Kinder. Packen Sie den Stier wenn nötig bei den Hörnern. Zu Ihrer Verantwortung gehört, daß Sie den Unterschied zwischen normalem aggressivem Verhalten und Gewalt erkennen.

8.2 Die Auseinandersetzung mit dem einzelnen

8.2.1 Nachforschen

Belästigungen finden bezeichnenderweise überwiegend im geheimen statt. Die Täter schreiten zur Tat, wenn es höchst unwahrscheinlich ist, entdeckt zu werden, und an Plätzen, die von Erwachsenen wenig einsehbar sind. Die Opfer haben in der Regel Angst vor Repressalien, wenn sie den Täter verraten, und wenn sie dennoch allen Mut zusammennehmen und ihn melden, dann wird der oder die Betroffene alles daransetzen, seine oder ihre Unschuld zu beteuern. Deshalb ist es so entscheidend, gründlich zu ermitteln.

Es ist leicht, ein Kind einfach zu beschuldigen und ihm eine Strafe anzudrohen. Aber das reicht nicht aus. Wer immer in einer Sache ermittelt, muß sich darüber klar sein, daß die Gründlichkeit, mit der eine Lehrerin oder ein Lehrer dem Vorfall nachgeht, einen entscheidenden Eindruck auf alle Beteiligten macht: Es geht nicht allein darum, was Sie unternehmen, sondern wie Sie handeln. Alle, sowohl diejenigen, die nur am Rande mit dem Vorfall zu tun haben, als auch die, die mittendrin stecken, müssen verstehen, daß Sie mit der Situation als solcher unglücklich sind und daß irgend etwas geschehen wird.

Nachfolgend ein paar Prinzipien für die Ermittlungsphase:

1. Vertraulich bleiben

Ein Kind sollte nie vor anderen nach persönlichen Umständen befragt werden, denn dann wird es unvermeidlich zu einem aggressiven Ausbruch verleitet, um sich selbst zu verteidigen. Ein älterer Schüler zum Beispiel wird gewöhnlich noch tiefere Ressentiments gegenüber dem Opfer entwickeln oder sogar Sie selbst verbal oder körperlich angreifen, wenn Sie ihn zu persönlichen Themen befragen.

Das Opfer gerät heftig in Verlegenheit und wird zutiefst eingeschüchtert, wenn Sie öffentlich über den Vorfall sprechen, in den es verwickelt war. Überflüssig zu sagen, daß das auch dem Täter peinlich sein wird, und daß damit die Verlegenheit für beide Seiten doppelt so groß ist.

Sie werden behaupten, daß das in Ordnung ist, solange es den Belästigungen ein Ende setzt, und daß die kurzfristig erlittene Qual der Betroffenen wenig Konsequenzen hat. Ich behaupte hingegen, daß Sie bei öffentlicher Zurschaustellung drei Dinge erreichen:

Der Täter wird sich nur noch mehr von seinem Opfer distanzieren und umgekehrt genauso. Sowohl das Opfer als auch der Täter werden sich von Ihnen innerlich abwenden, und sollte es zu weiteren Vorfällen kommen, dann können Sie sicher sein, daß Ihnen keiner davon berichten wird.

Wer über einen Vorfall Nachforschungen anstellt, sollte absolute Diskretion und Vertraulichkeit bewahren. Nur dann kommt man zu einer gerechten Lösung. Schüler reden viel offener in Einzelgesprächen, und Sie können sich in Ruhe ein genaues Bild von den Geschehnissen machen. Wer sich auf diese Weise den Dingen nähert, kann im Umgang mit dem Täter sehr streng sein und dem Opfer Mitgefühl entgegenbringen. Das Selbstwertgefühl der beiden wird nicht leiden, wenn Sie sachlich und zugleich konstruktiv sind.

Oberste Priorität im Umgang mit Gewalt an Schulen hat immer die Wahrung der Intimsphäre und der vertrauliche Umgang mit den Betroffenen (siehe Kapitel 10).

2. Trennen und gewinnen
Kinder sollten niemals in Gruppen befragt werden, das ist aus allen bereits besprochenen Gründen unvorteilhaft. Man muß sich darüber im klaren sein, daß sich ein Täter innerhalb einer Gruppe verstecken kann und seine unausgesprochene Macht auf andere nutzen wird und dadurch die Verurteilung seines Verhaltens unmöglich machen kann.

Individuen verhalten sich in Gruppen anders als allein, und es ist oft so, daß das Gruppengefühl es verhindert, die Wahrheit ausfindig zu machen. Haben Sie den Verdacht, daß es zu Gewalt gekommen sein könnte, dann grenzen Sie in Gedanken die in Frage kommende Gruppe so eng wie möglich ein und rufen Sie diese augenblicklich zusammen. Zögern Sie nicht, und machen Sie sich nicht vor, Sie könnten der Sache nach und nach beikommen, denn im Nu werden sich einzelne verbünden, und Ihr Vorhaben kompliziert sich unnötig.

Ist die Gruppe versammelt, dann überreichen Sie jedem einzelnen einen Stift und ein Blatt Papier und fordern alle auf, genau zu notieren, wie sich der Vorfall ereignete. Holen Sie sich einen Kollegen zu Hilfe, denn es sollte absolute Stille herrschen; zugleich können Sie dann einzelne Schüler im Raum nebenan befragen. Gelingt es Ihrem Kollegen nicht, für Ruhe zu sorgen, dann schadet er Ihrem Unterfangen erheblich, denn dadurch werden Sie unglaubwürdig, und die Gruppe rückt enger zusammen. Deshalb sollten Sie einen Mitarbeiter auswählen, bei dem Sie sicher sind, daß er keinen Unsinn zulassen wird.

Aufgrund der persönlichen Gespräche und der Berichte wird es Ihnen gelingen, sich ein realistisches Bild des Hergangs zu machen.

Bei einer besonders kleinen Gruppe kann man die einzelnen voneinander trennen und so sicherstellen, daß sie die ganze Zeit über bewacht sind und nicht miteinander sprechen, bis alle Gespräche abgeschlossen sind.

3. Einzelne Ermittlungsgespräche

Wer jedes einzelne Kind im Zuge der Nachforschungen befragt, sollte eine entspannte und vertrauliche Atmosphäre schaffen.

Fragen Sie zunächst nach Dingen, die nichts mit dem Ereignis zu tun haben, zum Beispiel, wie das letzte Fußballspiel ausging. Oder erzählen Sie Ihrem Gegenüber, daß Sie kürzlich seinen Namen im Zusammenhang mit dem letzten Segelwettbewerb in der Zeitung gelesen haben. Verzichten Sie darauf, persönliche Eigenarten anzusprechen oder sich auf seine Familie zu beziehen. Ein verängstigtes Kind wird sich sonst nur noch mehr verschließen und weniger bereit sein, die Wahrheit zu sagen. Sie wollen aber, daß es sich löst und Sie sein Vertrauen gewinnen.

Betonen Sie den persönlichen Charakter Ihrer Unterredung, indem Sie erwähnen, wie schwierig es ist, vor allen anderen ein Problem zu diskutieren, und daß es Ihnen hoffentlich gelingt, in der Zurückgezogenheit Ihres Zimmers den Vorfall zu klären. Betonen Sie, daß Sie selbst bei dem Ereignis oder anderen Geschehnissen nicht dabei waren und nicht davon ausgehen, daß er oder sie maßgeblich involviert war. Alles, was Sie zu sagen haben, hat womöglich gar nichts direkt mit dem Vorfall zu tun, aber Sie wollen ihm oder ihr grundsätzlich klarmachen, daß jeder einmal einen Fehler macht, den er im nachhinein bereut. Gewalt aber ist sehr ernst zu nehmen, und sollten die Eltern davon erfahren oder ruft jemand die Polizei, dann wird der oder die Verantwortliche mit einer Strafanzeige rechnen müssen.

Sie wollen nicht, daß es soweit kommt, und alle anderen auch nicht. Der oder die Betroffene hat viele gute Eigenschaften, und es wäre im Interesse aller, den Fehltritt rasch in Ordnung zu bringen, bevor eine größere Autorität hinzugezogen werden muß. Fragen Sie, ob Sie sich verständlich genug ausgedrückt haben. Fragen Sie als nächstes, was das Kind im Zusammenhang mit dem Vorfall weiß, und fordern Sie es auf, genau zu überlegen, was es sagt, da auch alle anderen ihre Meinung sowohl mündlich als auch schriftlich äußern werden. Dann bitten Sie den Schüler oder die Schülerin, sich auf folgende Fragen zu konzentrieren:

1. **Wann und wo hat sich der Vorfall ereignet?**
2. **Wer war daran beteiligt?**
3. **Welche Rolle spielte er oder sie?**
4. **Wie oft kam es zu ähnlichen Vorfällen?**
5. **Wer waren das oder die Opfer?**
6. **Was passierte ihm, ihr oder ihnen?**
   Auf welche Weise wurden sie schikaniert?
7. **Was hat er oder sie dazu beigetragen?**

8. Wer weiß noch davon?
9. Wissen seine oder ihre Eltern Bescheid?
10. Hat er oder sie schon einmal andere auf diese Weise belästigt?

Nach dem Gespräch wird die mündliche Aussage mit der schriftlichen verglichen. Haben Sie die Aussagen aller Kinder überprüft, dann werden Sie in der Lage sein, ziemlich genau zu rekonstruieren, was geschehen ist. Den Täter und das Opfer entlassen Sie wie alle anderen Kinder auch zu ihren normalen Beschäftigungen.

4. Effektive Strafen

Vor dem Gespräch mit einem Täter empfiehlt es sich, eine Maßnahmenliste zusammenzustellen. Unter Berücksichtigung des Gewaltausmaßes sollte jede Strafe so beschaffen sein, daß sie einen starken Eindruck auf den Täter macht und ein Element der Wiedergutmachung in sich trägt.

Mit anderen Worten, wie auch immer die Bestrafung ausfällt, sie sollte hart genug sein, um nachhaltig zu wirken: Gewalt muß mit etwas Unerfreulichem in Verbindung gebracht werden, das den Täter abschreckt. Sinn einer Bestrafung ist,

1. reinen Tisch zu machen und dem Kind die Gelegenheit zu geben, neu anzufangen,
2. dem Übeltäter zu ermöglichen, die Dinge wieder in Ordnung zu bringen. Wenn zum Beispiel eine Schülerin einem anderen Geld gestohlen hat, dann muß sie es zurückzahlen und bekommt zugleich eine Strafe. Wer ein anderes Kind verbal beleidigt hat, wird gerügt und obendrein beauftragt, einen Entschuldigungsbrief zu schreiben. Das Strafmaß hängt von den Begabungen und Interessen des Täters ab. Kann zum Beispiel ein Mädchen die Strafe nicht erfüllen oder macht sie ihr sogar Spaß, dann war sie unangemessen.

5. Die positiven Eigenschaften von Täter und Opfer

Bevor man einen Täter zu einem Vorfall befragt, sollte man erst einmal auf seine guten Seiten und auch auf die des Opfers eingehen. Und zwar jedesmal, denn damit schafft man eine gute Ausgangsbasis, um mit der Befragung zu beginnen. Wer sich zunächst die positiven Eigenschaften eines Kindes bewußt macht, wird seinen spontanen Wunsch, sich an ihm zu rächen, rasch fallenlassen und spüren, daß man ihm eigentlich helfen sollte. In diesem Sinne wird auch die Strafe, die man wählt, nicht zu hart ausfallen, da man sie eher im Interesse des Kindes bestimmen wird. Wem es einfach nur darauf ankommt, Mißachtung und Abscheu auszudrücken, der wird selbst gewalttätig.

Am besten ist es, fünf positive Eigenschaften des Betroffenen aufzulisten, über seine vage Absicht und persönlichen Interessen nachzudenken und sich bestimmte Vorzüge, die der Klassengemeinschaft zugute kommen, bewußt zu machen (siehe Kapitel 5). Damit wird es möglich, einen Täter wohlwollend zu beurteilen und eine angemessene Form der Bestrafung zu finden.

Es empfiehlt sich, mit dem Opfer ebenso vorzugehen. Das Selbstwertgefühl des Opfers steht im Mittelpunkt, also sollte man sich genau überlegen, welche positiven Eigenschaften es für andere und einen selbst hat.

8.2.2 Das Gespräch mit dem Täter

1. Die Situation beherrschen

Mittlerweile ist Ihnen die Persönlichkeit des Betroffenen oder der Betroffenen einigermaßen vertraut. Die vorbereitenden Ermittlungen haben Sie sorgfältig abgeschlossen und können nun davon ausgehen, daß sich das Ihnen gegenübersitzende Kind bei allem, was es sagt, drehen und winden wird, um in irgendeiner Form seine Glaubwürdigkeit aufrechtzuerhalten. Am besten ist es, wie bei den Ermittlungen zuvor, auf das Kind zuzugehen und ihm zu helfen, sich zu entspannen. Es sollte wissen, daß dieses Treffen nur zwischen Ihnen beiden stattfindet und daß es wichtig ist, den Vorfall zu lösen. Sie wollen nur im Notfall jemanden von außerhalb der Schule einschalten. Gewalt ist gegen die Regeln, und es ist niemandem daran gelegen, das gewalttätige Verhalten des Kindes zu dulden. Wenn es weiterhin andere einschüchtert und belästigt, dann ist es auch möglich, daß seine Eltern informiert werden, daß es von der Schule fliegt und mit einer Strafanzeige rechnen muß.

Ihre Aufgabe ist es, ihm zu helfen. Es hat einen Fehler begangen, und die Angelegenheit sollte zwischen Ihnen beiden so geregelt werden, daß eine Wiederholung ausgeschlossen ist.

2. Die Fakten festhalten

Schildern Sie den Vorfall so, wie Sie ihn selbst und alle anderen, die sich mit dem Fall befaßt haben, beurteilen. Was auch immer wirklich geschah, das Ergebnis der Untersuchungen ist eindeutig: Das Kind drangsaliert jemanden.

1. **Nennen Sie nicht die Namen der Zeugen.**
2. **Erlauben Sie ihm nicht, Sie zu unterbrechen, wenn Sie auf die Einzelheiten seines Verhaltens eingehen.**
3. **Erst wenn Sie mit Ihren Äußerungen fertig sind, darf es etwas sagen. Fordern Sie es auf, Stellung zu nehmen.**

Dann fassen Sie die wesentlichen Punkte des Geschehens zusammen und weichen nicht von Ihren ursprünglichen Folgerungen ab, es sei denn, Sie haben ernsthafte Zweifel.

3. Die Strafe festsetzen

Welche Sanktionen in Frage kommen, haben Sie bereits notiert. Sagen Sie dem oder der Betroffenen, daß Sie – um den Vorfall wiedergutzumachen – sich für eine Strafe entschieden haben, die er oder sie akzeptieren sollte. Machen Sie dem Kind auch klar, daß es einen Eintrag ins Klassenbuch bekommt und das Ereignis damit festgehalten wird. Und wenn es nochmals jemandem zu nahe treten sollte, würden Sie auf diesen Eintrag verweisen und entsprechend härter durchgreifen.

8.2.3 Gezielt auf die Eigenart des Täters eingehen

Mittlerweile haben Sie genau rekonstruiert, was geschah, und sich für eine angemessene Bestrafung des Täters entschieden.

Der unangenehmste Teil ist abgeschlossen! Fassen Sie nochmals zusammen, was Sie sagten, aber konzentrieren Sie sich dieses Mal auf die Eigenart des Täters. Es kommt darauf an, daß das Kind nicht nur seine Strafe verbüßt und dann so weitermacht wie bisher, sondern daß Sie seinem Verhalten auf den Grund gehen und versuchen, bestimmte, für das Kind neue Verhaltensweisen zu wecken.

In Kapitel 6 sind wir darauf näher eingegangen. Kurz zusammengefaßt waren das: die Notwendigkeit, Verantwortung für die eigenen Handlungen zu übernehmen, anzuerkennen, daß Gewalt falsch ist, sich in die Lage des Opfers zu versetzen, Selbstwertgefühl zu entwickeln und zu lernen, impulsives und unkontrolliertes Verhalten zu zügeln.

1. Verantwortung übernehmen

Fordern Sie das Kind auf zu schildern, was geschah. Es wird unweigerlich die Rolle der anderen bei diesem Vorfall betonen. Unterbrechen Sie es nicht. Wenn es fertig ist, dann bedanken Sie sich für seinen Bericht und bitten es, nun ausschließlich zu erzählen, was es selbst getan hat, dabei aber ganz aufrichtig zu sein und von vorne anzufangen: »Wie ging es los? Was hast Du genau gesagt oder getan?«

Fahren Sie in dieser Weise fort, und unterbrechen Sie auf der Stelle, wenn das Kind wieder darauf eingeht, was die anderen taten. Es kommt einzig und allein darauf an, welche Rolle es selbst spielte. Wenn es nicht zugeben will, daß es überhaupt eine Rolle innehatte, dann sagen Sie ihm, daß seine Beteiligung feststeht. Was auch immer das Kind zu sagen hat, die Fakten lassen sich nicht ändern.

Es ist wichtig, daß es zu dem, was es getan hat, steht, damit es nicht wieder in dieselben Schwierigkeiten gerät. Aus allen Situationen läßt sich etwas lernen. Sogar ein Zuschauer kann befragt werden, warum er nicht eingegriffen hat oder Hilfe holte, und begreift erst dann, was er hätte tun müssen. Fordern Sie das Kind nochmals auf, sich genau zu überlegen, welche Rolle es gespielt und was es falsch gemacht hat.

Versuchen Sie nicht, ein Geständnis zu erzwingen, in dem das Kind die gesamte Verantwortung übernimmt, denn dann fühlt es sich unentrinnbar in die Ecke gedrängt und wird nichts weiter zugeben. Das Ziel kann natürlich ein komplettes Geständnis sein, aber wenn gar nichts vorwärtsgeht, dann sollten Sie auch zufrieden sein, wenn das Kind wenigstens bereit ist, einen Teil der Verantwortung zu übernehmen.

Erklären Sie ihm dann nochmals, wie sehr es darauf ankommt, für seine Fehler einzustehen, und daß jeder das Kind dafür achten wird und daß es ein Zeichen von Charakterstärke ist, wenn es sein Verschulden zugibt.

2. Das Verhalten ist untragbar

Hat das Kind einmal die Verantwortung für sein Verhalten übernommen, dann kommt es darauf an, daß es begreift, daß es einen Fehler gemacht hat.

War das Kind allerdings nicht bereit, irgend etwas zuzugeben, dann schildern Sie ihm die Situation anhand von Zeugenaussagen erneut, und konzentrieren Sie sich weiterhin auf das Untragbare an seinem Benehmen.

Das Kind wird kaum in der Lage sein, sein Benehmen moralisch und ethisch in Frage zu stellen, vielmehr das Geschehen eher pragmatisch nachvollziehen. Nachfolgende Strategie ist angebracht:

1. Halten Sie sich genau an das Verhalten der Täterin oder des Täters, und verallgemeinern Sie nicht.
2. Stellen Sie dem Kind eine moralisch-ethische Frage: Glaubst du, daß es richtig ist zuzulassen, wenn sich jemand einem anderen gegenüber so verhält? (Halten Sie sich genau an die Tat.)
3. Stellen Sie eine pragmatische Frage: Was soll man tun, wenn jemand so etwas macht?

Wenn das Kind geantwortet hat, dann wiederholen Sie seine Antwort, sofern sie korrekt war, oder formulieren Sie selbst die Antwort, die es hätte geben sollen. Erläutern Sie unmißverständlich, was Sie an seinem Benehmen so untragbar finden, was daran unhaltbar ist und was mit einer Person geschehen wird, die sich auch zukünftig so verhält.

3. Die Gefühle

Gewalttätern fällt es schwer, sich in die Gefühle ihrer Opfer hineinzuversetzen, ja, sie leiden grundsätzlich an Gefühlsarmut. Deshalb sollten Sie der Täterin oder dem Täter helfen, sich in das Opfer einzufühlen und die eigenen Emotionen auszudrücken. Fordern Sie das Kind auf, sich vorzustellen, es würde selbst tätlich angegriffen. Was würde es in dieser Situation empfinden? Gelingt es ihm nicht, sich in die Lage des Opfers zu versetzen, dann soll es an dessen Stelle folgende Fragen beantworten:

1. Wie kam es zu dem Vorfall, wie fing es an?
2. Wie hast du dich gefühlt?
3. Hast du daran gedacht, etwas dagegen zu unternehmen?
4. Was hat dich so gelähmt?
5. Wie, glaubst du, sollte man die Täterin/den Täter bestrafen?

Wenn es ihm noch immer schwerfällt, sich in das Opfer hineinzuversetzen, dann tauschen Sie die Rollen; spielen Sie das Opfer, und das Kind soll Ihnen Fragen stellen. Antworten Sie gefühlsmäßig und weniger rational. Sie bezwecken ja, der Täterin bzw. dem Täter die Gefühle des Opfers zu vermitteln und nicht die Logik ihres bzw. seines Verhaltens.

Nachdem Sie die Gefühle des Opfers wiedergegeben haben, fragen Sie das Kind:

1. Was hast du dem Opfer gegenüber empfunden, bevor es zu dem Vorfall kam?
2. Was hast du gefühlt, während du es belästigt hast?
3. Was hast du gefühlt, als dir klar wurde, daß der Vorfall untersucht werden würde?
4. Was hast du gefühlt, als du daran dachtest, daß man deine Eltern oder sogar die Polizei einschalten würde?
5. Was fühlst du jetzt, da der Vorfall untersucht wird?

Kann es wieder nicht antworten, dann tauschen Sie erneut die Rollen, übernehmen Sie seinen Part, und beantworten Sie seine Fragen. Konzentrieren Sie sich wieder auf die Empfindungen, die Sie in seiner Lage hätten, und lassen Sie alle rationalen Gedanken beiseite.

4. Selbstachtung

Ein Schläger scheint keine Zweifel an seinem Selbstbewußtsein zu haben; er ist von sich selbst absolut überzeugt. Aber wie es auch um das Selbstbewußtsein bestellt sein mag, die Selbstwahrnehmung des Täters ist zweifellos gestört. Nach den bisherigen Gesprächen wird unser Täter immerhin etwas ernüchtert und aufnahmefähiger sein als zuvor. Lassen Sie die Frage nach der Selbstsicherheit einmal beiseite, und nutzen Sie die Gelegenheit, um festzuhalten, was Sie an ihm mögen; reden Sie mit ihm über seine Ziele und in welchem Verhältnis bestimmte Menschen zu ihm stehen.

Vergegenwärtigen Sie ihm und sich seine Begabungen, und besprechen Sie, wie man diese nutzen kann. Versuchen Sie, ein positives, liebenswertes Selbstbildnis auf das Kind zu übertragen.

5. Das Verhalten war untragbar und erfordert eine Strafe

Abschließend betonen Sie nochmals, daß Sie so enttäuscht von dem Verhalten des Kindes sind, weil Sie wissen, daß es sich vorbildlich benehmen kann. Sie und viele andere haben es gern. Sie sind bestürzt und betrübt, wenn Sie mitansehen, wie es sich selbst derart gehenläßt.

Sie hoffen, daß es ihm, nachdem es seine Strafe verbüßt hat, möglich ist, neu anzufangen und gemäß seinen Anlagen zu leben.

Bevor Sie das Kind gehen lassen:

1. Fordern Sie es auf, sich zu der Strafe zu äußern.
2. Fordern Sie es auf, selbst zu erklären, warum es bestraft wird.
3. Versichern Sie ihm nochmals, daß alles, was Sie besprochen haben, vertraulich bleibt, daß Sie mit niemandem darüber reden werden und daß es auch nicht mit seinen Klassenkameraden darüber zu sprechen brauche.

Im übrigen werden Sie, wenn Sie den Eindruck haben, daß das Kind die ganze Angelegenheit nicht ernst nimmt, Ihre eigene Vorgehensweise überdenken und die Sache womöglich doch dem Schuldirektor melden.

8.2.4 Der Umgang mit dem Opfer

Nach gewalttätigen Auseinandersetzungen knöpft man sich meist nur den Täter vor und meint, mit dem Opfer sei alles in Ordnung.

Das ist falsch. Das Opfer leidet vermutlich bereits eine ganze Zeit unter Belästigungen, und der Vorfall, mit dem Sie jetzt zu tun haben, ist einfach nur die Spitze des Eisberges. Es kann sogar sein, daß das Opfer lange schon dem Druck eines Mitschülers ausgeliefert war und das Geschehen provoziert hat, damit endlich von den vorausgegangenen Ereignissen Notiz genommen wird.

Was auch immer passiert ist, auch die Anforderungen des Opfers müssen berücksichtigt werden, und sobald der Täter oder die Täterin zur Rede gestellt wurde, sollte man sich um das Opfer kümmern. Es sollte allerdings gesondert befragt werden, denn seine Rolle hat nichts mit den anderen zu tun. Kümmern Sie sich nach den Ermittlungen und nach der Befragung des Täters um das Kind, das schikaniert wurde.

1. Beruhigen

Dem belästigten Kind muß bestätigt werden, daß es sich nun in Sicherheit befindet und nicht länger unter den Belästigungen des Täters leiden muß. Zur Beruhigung erzählen Sie am besten, was mittlerweile geschah, wie Sie mit dem Täter und – ohne Namen zu nennen – mit den Zeugen verfahren sind, was Sie beschlossen und wie Sie den Widersacher bestraft haben.

2. Verantwortung

Das Kind sollte sich genau in Erinnerung rufen, was vor, während und nach dem Vorfall passiert ist. Sichern Sie ihm zu, daß Ihnen in keiner Weise daran gelegen ist, es zu verurteilen oder ihm die Schuld an dem Ereignis zu geben. Sagen

Sie ihm ganz deutlich, daß es Ihnen nur darauf ankommt herauszufinden, wie man in Zukunft solche Vorkommnisse vermeiden kann.

A VOR DEM ZWISCHENFALL:
Wo war das Kind?
Mit wem war es zusammen?
Was haben die Kinder gerade gemacht?

B WÄHREND DES ZWISCHENFALLS:
Wie fing es an?
Wer war daran beteiligt?
Was hat das Kind selbst getan?

C NACH DEM ZWISCHENFALL:
Was hat es unternommen?
Wohin ist es gegangen?
Wem hat es davon erzählt?

D GRUNDSÄTZLICHE FRAGEN:
Gab es andere Vorfälle?
Wer war daran beteiligt?
Hat das Kind irgend jemandem davon erzählt?

Aus seinen Antworten heraus können Sie sich bereits ein genaueres Bild von der Rolle des drangsalierten Kindes machen und entsprechende Verhaltensempfehlungen geben. Die nachfolgenden Fragen zielen auf eine noch detailliertere Auseinandersetzung mit dem Geschehen ab:

A VOR DEM ZWISCHENFALL:
Glaubt das Kind, daß es klug war, sich an diesem Ort zu dieser Zeit aufzuhalten?
Wird es weiterhin dorthin gehen?
Wäre es besser gewesen, es hätte sich einer anderen Person angeschlossen?
Hat sein eigenes Verhalten den Angriff irgendwie herausgefordert?

B WÄHREND DES ZWISCHENFALLS:

Hat es irgend etwas getan, das den Täter anstachelte?
Als es die anderen Beteiligten sah, ahnte es da bereits, daß etwas in der Luft lag?
Hat es etwas unternommen, um die Ereignisse aufzuhalten? Was hätte es tun können? Hatte es überhaupt die Möglichkeit, etwas zu tun?
Was hat es getan, als es losging? Hätte es auf sich aufmerksam machen oder Hilfe holen können?

C NACH DEM VORFALL:

Wohin ist es nach dem Vorfall gegangen? Wohin hätte es besser sofort gehen sollen?
Glaubt es, daß es jedesmal, wenn etwas Ähnliches passiert, jemandem davon erzählen sollte? Wer ist wohl die geeignete Person, an die es sich wenden kann?

3. Die Probe aufs Exempel

Am Ende dieser Fragen fordern Sie das Kind auf, alle Eindrücke nochmals zusammenzufassen. Ist es dazu nicht in der Lage, dann wiederholen Sie alles, und üben Sie im Anschluß mit ihm verschiedene Verhaltensformen ein, mit denen es einen ähnlichen Vorfall vermeiden könnte. Dann fordern Sie das Kind nochmals auf zusammenzufassen:

1. Was kann ich machen, um weitere Belästigungen zu verhindern?
2. Wie kann ich Aufmerksamkeit erregen, wenn ich erneut belästigt werde?
3. Was soll ich unternehmen, wenn ich belästigt wurde?

Von der Art und Weise des Vorfalls hängt es ab, welche weiteren Ratschläge dem Kind helfen könnten.

Körperliche Belästigung

Schlägt ein Kind zurück, wenn es angegriffen wird, dann hat der Täter zwar erreicht, was er wollte. Doch ist es in jedem Fall besser, sich selbst, so gut es geht, zu schützen und dann den Vorfall sofort zu melden. Fühlt sich jemand also derart

in die Ecke gedrängt, daß er sich zur Wehr setzen muß, dann sollte er
1. versuchen, so laut zu schreien, daß andere aufmerksam werden,
2. aufs Ganze gehen und so stark wie nur möglich zurückschlagen,
3. wegrennen,
4. den Vorfall dem nächsten Erwachsenen melden,
5. den Vorfall den Eltern und dem Aufsichtslehrer melden.

Verbale Belästigungen

Ein Kind, das auf Hänseleien und Spott reagiert und wütend wird, sollte wissen, daß der Angreifer genau darauf abzielt.
1. Wird jemand beleidigt oder beschimpft, dann könnte er sich folgendes vorsagen »Du Armer, an dem, was du sagst, merke ich, wie schwach du selbst eigentlich bist«.
2. Ein so verspottetes Kind könnte über die Belästigungen lachen und es auf die leichte Schulter nehmen, wenn sein Name verspottet wird.
3. Fragen Sie genau nach, wie das Kind verspottet wird. Versuchen Sie, deutlich zu machen, daß jeder Eigenheiten hat, die andere herausfordern, und daß es ein Zeichen von Stärke ist, wenn man darüber lachen kann.
4. Jede Art von Schikane soll gemeldet werden.
5. Vor allem jede Form von rassistischer und sexueller Belästigung soll sofort gemeldet werden.

Erpressen

Ein Kind sollte möglichst selten Spielsachen oder andere Dinge als die, die es für den Unterricht braucht, mit in die Schule nehmen, und hat es dennoch etwas dabei, nichts herumzeigen. Sollte jemand versuchen, es zu bedrohen, um Vorteile zu erpressen, dann ist es ratsam, nicht darauf einzugehen, es sei denn, die eigene Sicherheit ist gefährdet. Auf alle Fälle muß der Vorfall sofort gemeldet werden.

Ausschließen

Das Kind sollte sich mit anderen anfreunden und sich Gruppen anschließen. Erklären Sie ihm, daß es ganz normal ist, wenn sich Gruppen nur vorübergehend zusammenfinden und sich von Zeit zu Zeit verändern. Je mehr es sich selbst ausschließen läßt, desto mehr wird sich sein Widersacher darüber freuen.

Versichern Sie ihm, daß Sie sich darum kümmern werden, wenn es isoliert wird. Sie könnten beschreiben, wie Sie vorgehen wollen: nämlich die Gruppe zusammenrufen und – ohne Namen zu nennen – deutlich machen, wie gemein es ist, jemanden zu isolieren. Sie werden ganz klar sagen – wieder ohne jemanden direkt anzusprechen –, daß Sie von einem Kind in der Gruppe wissen, das versucht, andere auszuschließen, und daß Sie, wenn Sie merken, daß derjenige es weiterhin darauf anlegt, dieses Kind einzeln und persönlich darauf ansprechen werden.

Das Opfer sollte immer wieder darauf hingewiesen werden, daß jede Art von Gewalt gemeldet werden muß und daß es im Falle einer Untersuchung selbst anonym bleiben wird.

4. Gefühle

Ein Kind, das sich seiner eigenen Gefühle sicher ist, wird automatisch selbstbewußt und in sich gefestigt auftreten. Wird es von einem Mitschüler angegriffen, dann wird es diesen eher bedauern als fürchten. Nachfolgende Fragen können ihm helfen, bei Übergriffen noch mehr auf seine Empfindungen zu achten:

1. **Wie hast du dich gefühlt, als du angegriffen wurdest?**
2. **Wie ging es dir anschließend?**
3. **Was empfindest du dem Täter oder der Täterin gegenüber?**
4. **Wie fühlst du dich jetzt?**
5. **Kannst du mit mir oder jemand anderem über deine Probleme sprechen?**

Auch ein Rollenspiel hilft weiter. Das Opfer kann sich in die Lage des Täters versetzen und folgende Fragen beantworten:

1. Warum belästigst du andere?
2. Was empfindest du dabei?
3. Hast du enge Freunde?
4. Bist du einsam?
5. Kannst du dir vorstellen, was dein Opfer fühlt?

Ist das Kind nicht in der Lage, sich in die Rolle des Angreifers zu versetzen, dann übernehmen Sie diesen Teil und beantworten selbst die Fragen.

5. Selbstvertrauen
Ein Opfer hat im allgemeinen wenig Selbstvertrauen. Im Falle einer Belästigung wird es sich womöglich noch wertloser vorkommen. Also ist es ganz wichtig, sein Selbstvertrauen zu festigen.

Betonen Sie dem Opfer gegenüber, daß es keine Schuld an den Ereignissen trägt, aber trotzdem bestimmte Verhaltensregeln einüben muß, um solche Zusammenstöße in Zukunft zu vermeiden. Der Missetäter hat sich falsch verhalten, und das Opfer mußte das ausbaden. Sie machen sich nun Sorgen, wie jeder andere in dieser Situation auch, und wollen mit dem Kind darüber reden, wie es künftig ähnlichen Vorfällen aus dem Weg gehen kann. Denn Sie wollen, daß es sich sicher fühlt und glücklich ist.

Sie können ihm auch sagen, warum Sie es mögen und welche Eigenschaften Sie an ihm besonders schätzen. Teilen Sie ihm auch mit, wie froh Sie sind, daß es in Sicherheit ist. Wiederholen Sie nochmals, was in dieser Angelegenheit alles unternommen wurde und daß alles, was es gesagt hat, vollkommen vertraulich behandelt wird.

Das Kind soll niemals zögern, erneute Vorfälle zu melden, selbst wenn sie ihm noch so unwichtig vorkommen. Sie sind immer für das Kind da, um ihm zuzuhören und ihm zu helfen. Und abschließend erläutern Sie ihm, daß auch die Schule massiv gegen Gewaltvorkommnisse dieser Art vorgeht.

8.3 Zusammenfassung

Gewaltvorfälle können sich hinsichtlich Intensität und Dauer enorm unterscheiden. Bei der Diskussion um Gewalt geht es nicht um harmlose Formen von Aggression, wie sie die meisten Kinder im Umgang mit anderen einsetzen, um ihre Beziehung auszuloten und ihre Emotionen in den Griff zu bekommen. Solchen Verhaltensformen kann man mit einfachem Schimpfen begegnen. Aber die Beteiligten sind weder Täter noch Opfer, sondern schlichtweg normale, heranwachsende Kinder, die klare Verhaltensregeln erst noch lernen müssen.

Schon weil die beschriebenen Methoden zeitlich sehr aufwendig sind, können sie nicht bei jedem Übergriff angewendet werden. Obendrein würden sie an Wirksamkeit verlieren.

Bei anhaltend aggressivem Verhalten und in dem Moment, in dem der Leidensdruck bestimmter Kinder auffällt und schon lange währt, ist aber nicht mehr auszuschließen, daß diese Kinder irgendeiner Form von Gewalt ausgesetzt sind. Dann ist es an der Zeit, gründlich, aber immer noch persönlich nachzuforschen.

Zwar scheint die oben beschriebene detaillierte Vorgehensweise beschwerlich, in Wirklichkeit aber braucht man für die Einzelgespräche höchstens 15 Minuten. Längere Gespräche, ob mit dem Täter oder mit dem Opfer, sind in der Regel wenig ergiebig. Allerdings wäre es wünschenswert, beiden weiterführende Beratungsgespräche anzubieten.

Kinder, die einen Vorfall provoziert haben, sollten entsprechend ihren besonderen Eigenarten behandelt werden, aber in Abstimmung mit dem, was wir für den Umgang mit Tätern und passiven Opfern vorgeschlagen haben. Eine intensive Therapie ist sicherlich angebracht.

Neben diesen Methoden sollten Lehrer Übungen einsetzen, die auf eine Veränderung des Täterverhaltens abzielen. Wer darüber hinaus Rat sucht und nicht weiß, wie er mit den unterschwelligen Problemen einer Täter- oder Opferpersönlichkeit umgehen soll, sollte den Schulpsychologen zu Rate ziehen.

Obendrein können Lehrer auf die Schulordnung zurückgreifen, in der auch der Umgang mit aggressiven Kindern und den Leidtragenden geregelt sein sollte. Ein Teil dieser Ordnung sollte idealerweise auch den Aufgaben der Eltern gewidmet sein.

Lehrer und Schüler, die nicht mit allen Hilfsmitteln vertraut sind, werden wenig Aussicht haben, mit schwierigeren Fällen zurechtzukommen.

9 Die Aufgabe der Eltern

Eltern, die wissen, daß ihr Kind an Gewaltvorfällen beteiligt ist, sind häufig nicht in der Lage, etwas zu unternehmen, und verunsichert durch die Angst, alles falsch zu machen, womöglich die Situation ihres Kindes zu verschlimmern oder Freundschaften aufs Spiel zu setzen. Melden sie den Vorfall der Schule, dann sind sie vielleicht die Dummen, die überreagieren und womöglich für neurotisch gehalten werden. Deshalb entschließen sie sich erst im letzten Moment dazu, etwas zu tun.

Das ist verständlich, aber keinesfalls zweckdienlich. Wer über seine Betroffenheit spricht, hilft allen Beteiligten: Den Leidtragenden bleiben weitere Belästigungen erspart, und die Täter haben keine Gelegenheit, sich ihr unangemessenes Benehmen anzugewöhnen. Schulen müssen in diesen Fällen die Initiative ergreifen – in Kapitel 10 werden wir uns näher anschauen, was sie machen können. Gleichzeitig können Eltern von sich aus eingreifen.

9.1 Das eigene Kind einschätzen

Es wurde bereits beschrieben, wie man herausfindet, ob das eigene Kind außergewöhnlich aggressiv ist oder eine Opferpersönlichkeit hat (siehe Kapitel 1). Bevor man aktiv wird, muß man sich seinem Kind zuwenden, um herauszufinden, ob es tatsächlich gewalttätig ist oder nicht.

9.1.1 Ist mein Kind gewalttätig?

Schikaniert Ihr Sohn andere Kinder, dann erfährt man davon vermutlich aus seiner nächsten Umgebung. Leiden Schwestern oder Brüder unter seinen Übergriffen, so hört man sie schreien oder merkt, daß sie sich zurückziehen. Man spürt instinktiv, daß etwas im Gange ist.

Ihr Sohn ist mürrisch und offensichtlich unglücklich, hin und wieder jähzornig. Er besitzt plötzlich Dinge, die Ihnen unbekannt sind oder die er sich unmöglich von seinem eigenen Geld gekauft haben kann. Er hat andauernd Süßigkeiten oder neue Füller und Stifte dabei, und er trägt häufig Ihnen unbekannte Jacken.

Folgende Anzeichen weisen darauf hin, daß Ihr Kind andere unter Druck setzt: Es benimmt sich anders als sonst, tritt großspurig auf und scheint immer mehr Geld zur Verfügung zu haben, als es sollte. Es wird zunehmend unnahbar und läßt sich nichts sagen. Zudem merken Sie, daß hinter seinem Rücken getuschelt wird und vielsagende Blicke gewechselt werden. Oder Menschen verstummen, wenn Sie mit Ihrem Kind in ihre Nähe kommen. Vielleicht wollen sie Ihnen etwas zu dem Benehmen Ihres Kindes sagen, trauen sich aber nicht. Keiner wird sich darum reißen, Sie einzuweihen, Sie müssen selbst die Initiative ergreifen. Ignorieren Sie die Anzeichen nicht, handeln Sie!

9.1.2 Wurde mein Kind belästigt?

Ein Kind, das unter den Schikanen anderer leidet, sträubt sich vielleicht plötzlich, in die Schule zu gehen.

Es hat Bauchschmerzen oder Kopfweh oder fühlt sich schlecht und wird alle möglichen Ausreden benutzen, um nur nicht in die Schule zu müssen. Es kann nicht erklären, warum irgendwelche Sachen verschwinden, es versucht wenig glaubhaft, den Zustand seiner Kleider zu erklären oder zu begründen, warum es zum Beispiel einen Schuh verloren hat. Es macht neuerdings ins Bett und fängt an zu stottern, es ißt nicht mehr und hat Alpträume.

Es braucht immer wieder Geld für die Schule und stiehlt es Ihnen womöglich. Es scheint in sich versunken und still oder beginnt plötzlich, um sich zu schlagen, und gibt wenig überzeugende Entschuldigungen für sein Verhalten. All dies weist darauf hin, daß Ihr Kind drangsaliert wird.

Sprechen Sie es direkt an, dann wird es nur widerwillig etwas zugestehen; deshalb empfiehlt es sich, die Angelegenheit auf andere Weise zu klären.

9.2 Die Situation einschätzen

Bevor Sie etwas direkt unternehmen, sollten Sie sich noch einmal vergewissern, ob es nicht eine einfache Erklärung für das Verhalten Ihres Kindes gibt. In Kapitel 1 haben wir gezeigt, daß eine Reihe von allgemeinen Gründen die Ursache für auffälliges Verhalten sein kann.

Familiäre Probleme

Kinder reagieren gegenüber Veränderungen und spannungsreichen Beziehungen empfindlich. Überprüfen Sie Ihre familiäre Situation, und sehen Sie zu, ob Sie irgendwelche Anzeichen ausmachen, die mit dem Einsetzen seiner Verhaltensschwierigkeiten zusammenhängen könnten. Nachfolgend ein paar hilfreiche Fragen:

Veränderungen

1. Hat kürzlich ein Familienmitglied die Familie verlassen?
2. Kam ein neues Familienmitglied dazu?
3. Ist es in letzter Zeit zu einem Trauerfall innerhalb der Familie gekommen?
4. Ist die Familie vor kurzem umgezogen?
5. Gab es andere einschneidende Veränderungen?

Beziehungen

6. Streiten Sie sich neuerdings häufig mit Ihrem Partner?
7. Hat sich Ihre Beziehung verändert?
8. Haben Sie weitere schwierige Kinder?
9. Beachten Sie Ihr Kind zuwenig?
10. Erwarten Sie zuviel von ihm?

Die Umgebung

11. Hatten Sie Streit mit den Nachbarn?
12. Haben Sie Verwandte oder sonst eine Person, mit der Sie reden können?
13. Sind Sie in finanziellen Schwierigkeiten?
14. Haben Sie gesundheitliche Probleme?
15. Belastet Sie etwas?

Mit diesen Fragen konnten Sie womöglich bereits Ursachen und Gefühle aufdecken, die Ihr Kind durcheinandergebracht haben.

9.3 Die eigenen Gefühle einschätzen

9.3.1 Verantwortung übernehmen

Sie sind nicht schuld am Verhalten Ihres Kindes. Jeder Mensch wurde mit einer individuellen Persönlichkeit geboren und reagiert auf Lebensumstände unterschiedlich. Ihrem Kind machen womöglich Ihre Lebensumstände zu schaffen, aber denken Sie daran, daß keiner von uns in einem Vakuum lebt: Von Geburt an sind wir nicht allein, und es hängt von der eigenen Persönlichkeit ab, wie jeder mit seiner Lebenssitutaion zurechtkommt.

Nachdem Sie die Fragen beantwortet haben, fällt es Ihnen vielleicht leichter, sich zu überlegen, wie Sie Ihrem Kind den Umgang mit seiner Umgebung erleichtern können. In Kapitel 1 ging es darum herauszufinden, welche Veranlagungen ein Kind hat und ob es dazu neigt, Täter oder Opfer zu sein. Es ist die Aufgabe der Eltern, das eigene Kind einzuschätzen und dann den entsprechenden Rahmen zu schaffen. Das ist nicht leicht, denn zunächst weiß man gar nicht, wie man sich verhalten soll, wenn sich ein Kind plötzlich schlecht benimmt.

9.3.2 Verzweiflung

Wer glaubt, daß man die Situation seines Kindes nicht verändern kann, irrt. (Was konkret möglich ist, wird weiter unten in diesem Kapitel besprochen.) Genauso falsch ist es zu glauben, daß auch die eigene Situation ausweglos ist.

Denken Sie an eine Musikbox: Sie haben sie eingestellt und können nun jede gewünschte Platte auswählen. Sind Sie heiter und vergnügt, dann wählen Sie entsprechend, sind Sie schlecht gelaunt, dann brauchen Sie nur einen anderen Knopf zu drücken. Aber keiner drückt die Knöpfe für Sie! Die Menschen verzweifeln oft, weil sie das Gefühl haben, sie sollten etwas anderes machen oder irgendwie anders sein. Wer wegen seines Kindes unglücklich ist, hat eine andere Vorstellung von ihm und seinem Verhalten oder erwartet, daß es etwas Besonderes zustande bringen sollte. Von Zeit zu Zeit sollte die eigene Idealvorstellung überprüft werden.

Geben Sie Ihr Kind niemals auf, akzeptieren Sie es immer, gleich ob es nun ein Täter oder ein Opfer ist. Unternehmen Sie alles nur erdenklich Mögliche, und vertrauen Sie darauf, daß Sie ihm helfen können. Was immer Sie in Angriff nehmen, zumindest zeigen Sie ihm damit, daß es Ihnen etwas bedeutet. Sie fürchten, daß alles schlimmer wird, wenn Sie sich einmischen – aber Sie mischen sich nicht einfach ein: Sie wollen etwas verändern. Wer sich einmischt, erledigt gewöhnlich eine Angelegenheit für andere, Sie aber wollen etwas verändern.

9.4 Die eigenen Angelegenheiten mit anderen besprechen

Es ist von unschätzbarem Wert, wenn man jemanden hat, mit dem man über seine Sorgen reden kann.

9.4.1 Nachbarn und andere vertrauenswürdige Personen

Wer zum Beispiel die Meinung seiner freundlichen Nachbarin schätzt, kann mit ihr die Sorgen um das Verhalten des eigenen Kindes besprechen. Fragen Sie ruhig, ob sie glaubt, daß Sie alles falsch gemacht haben. Eine außenstehende Person schätzt die Dinge oft anders ein als die Familienmitglieder selbst, und wer seiner Nachbarin klar macht, daß ihm an einer ehrlichen Stellungnahme gelegen ist, wird oft überrascht sein, auf welche Art und Weise sie das Geschehen beurteilt.

Vielleicht hat sie den Eindruck, daß Sie übertrieben reagieren. Oder sie bestätigt Ihre Zweifel und fügt hinzu, daß sie seit langem denselben Eindruck hatte, es Ihnen aber nicht sagen wollte. Jedenfalls wird alles, was sie äußert, Ihnen helfen, die Dinge aus einer anderen Perspektive zu betrachten und das Verhalten Ihres Kindes ins richtige Bild zu setzen. Obendrein entsteht dank Ihrer Offenheit womöglich eine neue Freundschaft.

Auch das betroffene Kind sollte mit anderen Erwachsenen reden können.

Kann es sich anderen als nur seinen Eltern anvertrauen, dann werden ihm die unterschiedlichen Stellungnahmen bereits helfen, einen Großteil seiner Schwierigkeiten zu lösen. Vor allem kann es bei Außenstehenden einmal über seine Gefühle zu den Eltern und anderen Bezugspersonen sprechen. Verwandte, die nicht zur engeren Familie gehören, oder Freunde sind geeignete Gesprächspartner. Normalerweise bevorzugen Kinder einen besonderen Onkel oder eine bestimmte Tante.

Ideal wäre es, ein regelmäßiges Treffen mit einem Verwandten zu organisieren; damit gönnen Sie sich selbst eine Verschnaufpause, und Ihr Kind gewinnt einen interessierten Zuhörer, vor allem, wenn Sie diesen Angehörigen in das sonderbare Verhalten seines Gastes eingeweiht haben. Benimmt Ihr Kind sich bei anderen besser als zu Hause, dann ist das kein Grund, eifersüchtig zu sein. Freuen Sie sich darüber! Jeder nimmt sich gegenüber weniger vertrauten Personen eher zusammen. Sein vorbildliches Auftreten bedeutet nicht, daß er den anderen mehr liebt als Sie.

Auch Jugendleiter, Pfarrer oder Sporttrainer können diese Vertrauensfunktion übernehmen, deshalb ist es auch so wichtig für das Selbstwertgefühl Ihres Kindes, daß es sich besonderen Interessensgruppen außerhalb der Familie anschließt.

9.4.2 Brüder und Schwestern

Teilen Sie auch den Geschwistern Ihre Betroffenheit über das Verhalten des einen Kindes mit. Geschwister kennen ihren Bruder oder ihre Schwester oft besser als die Eltern. Aber manchmal halten sie sich auch an ein Versprechen, das sie dem Opfer gegeben haben, oder schweigen, da sie durch Repressalien von dem Missetäter in ihren eigenen Reihen bedroht werden.

Kinder werden leicht ermutigt zu reden, wenn man selbst offen mit ihnen über kleinere persönliche Angelegenheiten spricht (die allerdings sorgfältig ausgewählt sein sollten). Irgendwann, wenn die Kinder sich daran gewöhnt haben, über ihre Gefühle zu sprechen, wird sich eine Gelegenheit ergeben, Ihre Kinder zu fragen, was sie für den Bruder oder die Schwester empfinden. Dann erfahren Sie, ob er oder sie andere hänselt oder nicht.

Im allgemeinen lassen sich Geschwister, wie im folgenden gezeigt wird, ermutigen zu reden:

1. Sprechen Sie über die Schwierigkeiten ihres Bruders oder ihrer Schwester, und betonen Sie, daß Sie helfen wollen. Jedes Kind hat hin und wieder Probleme, und wenn die Eltern nichts davon wissen, können sie auch nicht helfen.

2. Informieren Sie den Lehrer, wenn Sie das Gefühl haben, Ihre Kinder könnten nicht mit Ihnen reden. Akzeptieren Sie, daß sie lieber mit einem anderen sprechen, und ärgern Sie sich nicht, wenn Sie nicht zuerst informiert wurden.

Wer eine Atmosphäre schafft, in der sich Kinder sicher fühlen und über ihre Gefühle sprechen können, der wird auch einen Rabauken oder ein scheues Kind dazu bringen, sich über die eigenen Schwierigkeiten zu äußern.

9.5 Das Gespräch mit dem Täter

9.5.1 Ideale Zeitpunkte

Überwinden Sie sich, und reden Sie mit Ihrem Kind, wenn Sie das Gefühl haben, daß es andere zu sehr hänselt. Neben spontanen Gesprächen, die sich hin und wieder ergeben, sollten Sie einmal wöchentlich zu einem festgesetzten Zeitpunkt für ein ausführliches Gespräch zur Verfügung stehen. Aber sitzen Sie nicht einfach da und plaudern vor sich hin, sondern unternehmen Sie etwas und reden Sie quasi nebenbei. Gehen Sie gemeinsam mit dem Hund spazieren, oder arbeiten Sie zusammen im Garten. Besprechen Sie zunächst allgemeine Dinge (Sportereignisse oder eine Fernsehsendung), und gehen Sie erst allmählich auf Gefühle und Beziehungsmuster ein.

Sagen Sie Ihrem Kind, wie gern Sie mit ihm spazierengegangen sind und mit ihm geplaudert haben, und wie sehr jeder einen Gesprächspartner braucht, vor allem, wenn ihm etwas auf dem Herzen liegt.

Fragen Sie Ihr Kind, ob es jemanden hat, mit dem es seine Probleme besprechen kann. Wenn nicht, dann könnten Sie sich selbst anbieten. Wenn Sie sich unsicher sind und das Gefühl haben, diesen Vorschlag werde Ihr Kind nicht annehmen, dann empfehlen Sie jemand anderen. Erzählen Sie ihm, mit wem Sie selbst reden, wenn Sie verwirrt sind, und wie sehr Sie sich wünschen, manche Dinge auch mit ihm zu besprechen. Teilen Sie Ihrem Kind mit, wie froh Sie sind, daß es Ihnen heute zuhört.

Wiederholen Sie diese Art von Grundsatzgesprächen, und weihen Sie Ihr Kind jedesmal in eines Ihrer eigenen Probleme ein.

9.5.2 Gesprächsthemen

Wer das Vertrauen seines Kindes erst einmal gewonnen hat, kann zu einem späteren Zeitpunkt bestimmte Themen anreißen, die mit Gewaltverhalten zu tun haben. Ihr Kind wird andeuten, daß ihm einige Situationen, in denen es zu Gewalt kam, vertraut sind, oder es wird einfach zuhören und aufnehmen, was Sie ihm erzählen.

Zu diesem Zeitpunkt sollten Sie nicht so lange bei diesem Thema bleiben und das Gewaltproblem, das Ihr Kind womöglich hat, nicht direkt anschneiden. (Wie Sie konkret mit einem Vorfall umgehen, wird später besprochen.) Es kommt im Moment nur darauf an, Ihrem Kind zwei Möglichkeiten anzubieten:

1. mit Ihnen zu sprechen, von seinem Gewaltverhalten zu erzählen und davon, wie es dazu kam,
2. Ihre unmißverständliche Meinung von dem, was richtig und falsch ist, anzuhören.

Dabei geht es um nachfolgende Zusammenhänge:

1. Führungsrolle und Gewalt

Ihr Kind kommandiert andere herum, weil es glaubt, dadurch ein Anführer zu sein. Vielleicht hat es irgendwo einmal gehört oder gespürt, daß Personen, die sich aufspielen, wichtig sind. Der Unterschied zwischen einer Person, die andere anleitet, und einer, die andere terrorisiert, ist ihm nicht bewußt.

Fragen Sie Ihr Kind danach. Kann es keine Antwort geben, dann erläutern Sie ihm, daß ein Anführer seinen Gefolgsleuten uneigennützig hilft, indem er ihnen zeigt, was sie in bestimmten Situationen machen müssen, und sie durch sein gutes Vorbild anregt, seine Ziele zu verfolgen. Gewalttätige Menschen hingegen nutzen andere zum eigenen Vergnügen aus, zwingen sie, Dinge zu tun, die sie nicht tun wollen, und freuen sich, wenn es ihnen schlecht geht.

Fordern Sie Ihr Kind auf, Personen zu nennen, die sich so verhalten, und sollte es sich darauf einlassen, dann können Sie auf seine Heldenfiguren zurückgreifen. Es wird ihm leichter fallen, über die negativen Mechanismen seines Helden zu reden als sich selbst direkt zu offenbaren. Sein Idol kann eine Phantasiefigur oder auch eine reale Person sein.

Die Beispiele schlechten Benehmens, die Ihr Kind anführt, könnten sein eigenes Verhalten betreffen. Konfrontieren Sie es nicht damit. Lassen Sie zu, daß es seine Gedanken ausbreitet und sein Betragen von außen schildert. Wenn Sie auf seine Phantasien eingehen, dann vergessen Sie nicht, immer wieder einmal einzuschieben, daß Gewalt nicht bewunderungswürdig ist – man sollte anderen lieber freundlich und rücksichtsvoll begegnen.

2. Einzelgänger und Gruppen

Ihrem Kind fällt es womöglich schwer zu verstehen, warum manche Kinder gern in Gruppen spielen und andere nicht. Es ist frustriert, weil es keine Freunde findet.

Deshalb erklären Sie ihm, daß einige allein spielen, weil es ihnen gefällt, und andere es vorziehen, gesellig zu sein. Die meisten Kinder beschäftigen sich zeitweise allein und dann wieder mit anderen, je nachdem, wie sie sich gerade fühlen. Das ist normal.

Sagen Sie ihm, daß es Kinder gibt, die ihren Spielkameraden nicht mit anderen teilen wollen und die deshalb einen Neuling wegschieben und dafür sorgen, daß keiner etwas mit ihm zu tun haben will. Machen Sie Ihrem Kind klar, daß es unrecht ist, andere auszuschließen, und daß es sich anstelle des neuen Kindes auch nicht wohl fühlen würde.

Fragen Sie Ihr Kind, ob es jemals darunter gelitten hat, nicht zu einer Gruppe zu gehören. Mit welchen Kindern würde es sich gern zusammenschließen und mit welchen nicht?

Schlagen Sie ihm vor, andere zum Mitspielen aufzufordern, die nicht in seiner Gruppe sind, und damit zu beweisen, daß es ein echter Anführer ist, der anderen hilft und zeigt, wie man sich hervorragend amüsieren kann.

Grundsätzlich sollte Ihr Kind begreifen, daß Kinder, die allein spielen, machen können, was sie wollen, in der Gruppe aber auf andere Rücksicht nehmen müssen. Kommt es neu zu einer Gruppe hinzu, dann sollte es sich zunächst zurückhalten und sich anpassen. Hat das Kind erst Freunde gefunden, dann werden sie im Laufe der Zeit auch seine Vorschläge berücksichtigen. Aber keiner wird auf es hören, wenn es versucht, andere herumzukommandieren und herumzuschubsen.

3. Nach einem Vorfall

Besprechen Sie mit Ihrem Kind, wie man sich fühlt, wenn man von einem Größeren schikaniert wurde, und was es bedeutet, von anderen eingeschüchtert zu werden. Sagen Sie ihm, daß es unfair ist, wenn Stärkere die Schwächeren hänseln. Wer stark ist, sollte den Schwächeren helfen. Ein großer, kräftiger Junge kann sehr nett und liebenswürdig sein, ist er das nicht, dann werden die Leute ihn für einen Schläger halten und ihn nicht mögen.

Fragen Sie Ihr Kind, ob es jemals belästigt wurde und wie es sich dabei gefühlt hat. Kennt es jemanden in der Schule, der schikaniert wurde, und kann es sich in dessen Lage hineinversetzen? Erklären Sie ihm, daß eine Person, die ernsthaft einen Jungen oder ein Mädchen bedroht, ihnen Dinge wegnimmt oder andere zwingt, etwas zu tun, was sie nicht wollen, oder andere körperlich angreift, mit einer Anzeige rechnen muß und vor Gericht gestellt werden kann. Gewaltanwendung ist ein ernstes Vergehen.

Alle diese Diskussionen bieten Ihrem Kind die Gelegenheit, seine Gefühle und Gedanken zu offenbaren, vor allem, wenn Sie behutsam vorgegangen sind und eine Vertrauensbasis aufgebaut haben. Vielleicht hat Ihr Kind auch gar nichts gesagt. Dann könnten Sie an seiner Körpersprache bemerkt haben, daß es sich entspannt und wenigstens gehört hat, wie Sie Ihre Gefühle ausdrücken und welche Gedanken Sie beschäftigen. Manches des Gesagten wird es gespeichert haben, und sollte sich sein Benehmen nicht schlagartig verändern, dann wird es das Gehörte vielleicht erst später umsetzen. Möglicherweise erst dann, wenn es sich eines Tages mit seinen eigenen Kindern über Verhaltensformen unterhält. Ist Ihnen übrigens aufgefallen, daß Sie mit zunehmendem Alter immer mehr Ihren Eltern ähneln?

Wer möchte, daß sich sein Kind sofort ändert, muß zweifellos andere Methoden anwenden, aber ein anhaltender Effekt wird ausbleiben, wenn das Kind nicht grundsätzlich seine Einstellung verändert hat. Das dauert, aber mit den Spaziergängen und in Ihren Gesprächen haben Sie den Änderungsprozeß bereits eingeleitet.

9.6 Mit dem Opfer reden

9.6.1 Der richtige Zeitpunkt

Den Beitritt zu einem Klub oder einem Verein haben Sie für Ihr Kind bereits arrangiert und es damit auch mit anderen Erwachsenen zusammengeführt. Es wird sich so leichter von Ihnen lösen (siehe Kapitel 7) und anfangen, seine eigene Identität zu finden. Es wird lernen, mit anderen in Kontakt zu treten und auch mit dominanteren Persönlichkeiten umzugehen. Wer sein Kind anfangs begleitet hat, sollte sich nach und nach zurückziehen. Sie haben versucht, es in eine eigene Welt einzuführen, überlassen Sie ihm diese bei der erstbesten Gelegenheit.

Das heißt nicht, daß Sie keine Zeit mehr mit Ihrem Kind verbringen sollten. Im Gegenteil, auch das ist wichtig. Selbst wenn Sie das Gefühl haben, sich mit Ihrem Kind gut zu verstehen und ihm reichlich Gelegenheit für Gespräche zu bieten, sollten Sie besondere Tage festsetzen, die Sie regelmäßig mit ihm verbringen. Unternehmen Sie gemeinsam etwas; das ist besser, als herumzusitzen und zu reden. Ein Anlaß könnte der Hund sein, der hinaus muß, oder einfach Ihr Bedürfnis nach Bewegung.

Ziel dieser gemeinsamen Unternehmungen ist es, Gelegenheit für Gespräche zu bieten. Die Unterhaltung muß sich nicht zwangsläufig um Gewalt drehen, darauf können Sie immer noch zu sprechen kommen, es geht zunächst darum, Ihr Kind zu ermutigen, seine Gedanken und Gefühle auszudrücken. Das können Sie folgendermaßen tun:

1. Die eigenen Gefühle und Gedanken ausdrücken
Wer sein Kind zum Reden motivieren möchte, sollte äußerst bedacht vorgehen, nicht dogmatisch oder anmaßend sein und keine schwerwiegenden Behauptungen in den Raum stellen. Vor allem aber sollte er nicht versuchen, besonders schlau zu wirken. Sprechen Sie statt dessen gelassen, und stellen Sie allgemeine Fragen. Demonstrieren Sie anhand Ihrer Worte Ihr grundsätzliches Interesse.

Sprechen Sie über Dinge, die Sie betreffen, die aber mit den Problemen Ihres Kindes nichts zu tun haben. Lassen Sie sich zum Beispiel über die unzureichende Busverbindung in Ihrer Stadt aus, oder die Tatsache, daß der Briefträger nie rechtzeitig die Post bringt. Belasten Sie Ihr Kind niemals mit ernsthaften Problemen. Es fällt ihm schon schwer genug, mit den eigenen zurechtzukommen, und Sie würden es enorm unter Druck setzen, wenn es in schwerwiegende familiäre Probleme oder persönliche Krisen hineingezogen wird, die mit Gesundheit, Finanzen oder Ihrer Partnerschaft zusammenhängen.

2. Dem Kind zuhören

Ihr Kind reagiert auf Ihr Verhalten – oder auch nicht. Hören Sie genau zu, wenn es auf Ihre Fragen eingeht. Zeigen Sie durch gelegentliche Kommentare Ihr Interesse, und ermuntern Sie es, indem Sie weitere Fragen einschieben. Urteilen Sie nicht darüber, was es sagt. Sollte es sich nicht äußern und anscheinend uninteressiert sein, dann geben Sie sich damit zufrieden, daß Ihr Kind immerhin zuhört. Äußern Sie manchmal, wie schön es ist, jemanden zu haben, mit dem man reden kann.

Haben Sie das Gefühl, Ihr Kind sei so weit (aber es kann fatale Folgen haben, wenn Sie zu früh davon ausgehen!), dann lenken Sie die Unterhaltung auf Themen, die mit Gewalt zu tun haben.

9.6.2 Gesprächsthemen

1. Sich zurechtfinden

Erzählen Sie Ihrem Kind von den nachhaltigsten Erinnerungen an Ihre eigene Schulzeit. Beschreiben Sie Ihren Lieblingslehrer und Ihre Lieblingsfächer, berichten Sie ihm von den Dingen, die Sie mit Ihren nettesten Mitschülern unternommen haben. Sie wollen ihm so vermitteln, wie schön es in der Schule sein kann.

Dann sprechen Sie auch über Dinge, die Sie nicht mochten, und über Lehrer, die Sie nicht leiden konnten. Sicher gab es auch Mitschüler, die von Zeit zu Zeit unerträglich waren. Ein paar schubsten andere herum, nahmen anderen Füller und Stifte weg. Sie haben erlebt, wie ein Junge sogar einem anderen die Turnschuhe aus der Hand gerissen hat, sich weigerte, sie zurückzugeben, und dem Jungen nach der Schule Schläge androhte, wenn er sich beschweren würde. Sie fragen sich, was wohl aus diesen Leuten geworden ist.

Sie erinnern sich daran, wie Sie selbst geschubst wurden und wie Sie vor allem ein Junge eingeschüchtert hat. Sie haben sich immer versteckt, wenn er in Ihre Nähe kam, und Sie wußten, daß es anderen Kindern genauso ging.

Sie glauben, daß man eingreifen muß, wenn ein Kind ein anderes unglücklich macht. Ihr Klassenkamerad hätte gemeldet werden müssen, damit wäre der Schrecken vorbei gewesen. Alle hätten ihre Ruhe gehabt, und dem Jungen selbst wäre geholfen worden.

Damals mußte sich jedoch jeder mit dem Betragen dieses Jungen abfinden. Sie konnten mit niemandem über Ihre Angst sprechen. Sie fürchteten sich genauso wie Ihre Mitschüler, in die Schule zu gehen. Sie glaubten sogar, daß mit Ihnen selbst etwas nicht stimmte, aber inzwischen wissen Sie genau, daß es nicht an Ihnen lag, sondern daß dieser Junge sich falsch verhielt. Mit der Zeit jedenfalls merkten Sie, daß Sie selbst mit der Situation fertig werden mußten.

2. Reagieren

Teilen Sie Ihrem Kind mit, was Sie ärgert. Sagen Sie ihm, wie es Sie nervt, daß Ihr Partner die Brotrinde nicht mitißt, wie die Großmutter immer darauf bestand, die Karotten längs zu schneiden. Auch bringt der Zeitungsbote oftmals die falsche Zeitung. Vor allem aber wurmt es Sie, wenn andere Leute Ihren Namen abkürzen. Das können Sie ganz und gar nicht ausstehen! Sie sind sicher, daß die anderen das absichtlich machen, um Sie zu ärgern.

Sie erinnern sich daran, daß es Kinder gab, die anderen Spitznamen erteilten und einfach abwarteten, wie die Betroffenen reagieren würden. Da war zum Beispiel ein Schüler, der hieß Jürgen Dickmann und wurde besonders intensiv geärgert (rate mal, warum!). Anfangs schrie er laut und weinte – und jeder wußte, daß er so reagieren würde. Vor allem ein Junge dachte sich immer neue Spitznamen aus und flüsterte sie ihm zu, so leise, daß der Lehrer es nicht hören konnte, und Jürgen ärgerte sich gewöhnlich so sehr darüber, daß er aufsprang und versuchte, den Jungen zu schlagen, der im Vergleich zu ihm selbst riesig war.

Ihre Freunde und Sie selbst amüsierten sich köstlich über diese Szenen, aber Jürgen fand das alles andere als komisch. Irgendwann reichte es ihm, und er hörte auf zu reagieren, und das war das Beste, was er tun konnte. Sie erinnern sich noch an ihn, als er etwas älter war und einfach lachte, wenn ihn jemand mit seinem Namen aufzog. Es machte ihm nichts mehr aus. Und obwohl er einen lustigen Nachnamen hatte, hörten die Leute auf, ihn zu necken, denn es gab keine Veranlassung mehr, sie hätten sich mit solchen Spötteleien nur selbst lächerlich gemacht.

Dann reden Sie über Spitznamen im allgemeinen und darüber, wie Sie genannt wurden oder wie die Lehrer hießen.

3. Mitteilen

Denken Sie an eine schwerwiegende Situation in Ihrem Leben, die Sie so durcheinanderbrachte, daß Sie mit jemandem darüber sprechen mußten. Wenn möglich eine Gewaltsituation, aber wählen Sie keine aus, die sich mit der vergleichen läßt, an der Ihr Kind oder seine Freunde beteiligt waren.

Nehmen Sie möglichst ein Beispiel aus Ihrer eigenen Schulzeit, als Sie selbst unter dem Druck eines anderen Schülers oder einer Schülerin oder mehrerer Schüler gelitten haben.

Beschreiben Sie Ihrem Kind, wie Sie sich gefühlt haben, bevor Sie darüber sprachen. Erzählen Sie ihm, warum Sie Angst hatten, darüber zu reden, warum Sie bestimmten Leuten nicht trauten und warum Sie sich die Person aussuchten, der Sie sich schließlich mitteilten. Beschreiben Sie ihm, was geschah, als Sie endlich den Mut zu reden faßten und spürten, daß die betroffene Person Ihnen zuhörte. Nutzen Sie folgende Argumente:

1. Es fällt jedem schwer zuzugeben, daß er belästigt wurde, und jeder hat das Gefühl, es sei besser, Unannehmlichkeiten für sich zu behalten.
2. Man glaubt häufig, daß nichts getan werden und keiner helfen kann.
3. Wir spüren, daß es falsch ist, über andere zu reden.

Gehen Sie immer auf die Emotionen ein, wenn Sie nachfolgende Antworten geben:

1. Man sollte immer mit anderen über seine Probleme reden, denn nur dann kann man sie lösen oder zumindest verringern.
2. Wer sich nicht mitteilt, dem kann auch nicht ge-

holfen werden. Nur wenn man andere einweiht,
dann können diese eingreifen, und wenn sie selbst
keinen Ausweg wissen, dann kennen sie vielleicht
jemanden, der Beistand leisten kann.
3. Ein Fehler kann immer gutgemacht werden, wenn
er gemeldet wurde. Wer Zeuge eines Vorfalls wurde
und ihn weder anzeigt noch darüber spricht, macht
sich selbst schuldig.

Wer Gedanken und Gefühle auf diese Art und Weise mitteilt
und sich auf diese Gesprächsthemen konzentriert, wird das
Kind allmählich zum Sprechen bringen. Es wird vielleicht
sogar auf den Vorfall eingehen, in den es verwickelt war.

Erzwingen Sie nichts, gehen Sie weiterhin behutsam vor,
und betrachten Sie die Momente, in denen Ihr Kind zu-
gänglicher wird, als einen Vorstoß innerhalb der langfristi-
gen Arbeit, die Sie in Angriff genommen haben.

Gleich, ob es sich um ein passives oder ein provozierendes
Opfer oder ein gewalttätiges Kind handelt, sie alle werden
Nutzen aus der beruhigenden Wirkung dieser gezielt für-
sorglichen Gespräche ziehen. Aber irgendwann müssen Sie
auch direkt aktiv werden.

9.7 Maßnahmen ergreifen

9.7.1 Das eigene Kind wird belästigt
1. Mit der Schule reden
Es ist nahezu immer das beste, jede Form von Belästigung
mit der Schule zu klären. Damit werden dem betroffenen Kind
weitere peinliche Situationen erspart, und seine Freundschaften bleiben unbelastet.

Schulen sind sich bewußt, daß es innerhalb ihrer Mauern
Gewalt gibt, und viele haben bestimmte Strategien entwickelt, um einem Vorfall vorzubeugen. Eltern können helfen, wenn sie jedes Ereignis bis ins Detail sofort melden.

Als erstes spricht man normalerweise den Klassenlehrer
oder die Klassenlehrerin an. Aber bevor Sie sich mit einem

von beiden treffen, sollten Sie für sich selbst die nachfolgenden Fragen, die im Zusammenhang mit dem Geschehen stehen, beantworten:

1. Was passierte Ihrem Kind?
2. Wie oft geschah es ?
3. Wer ist verantwortlich?
4. Wann fand der Vorfall statt?
5. Wo ist es passiert?
6. Hat Ihr Kind davon erzählt?
7. Wem wurde davon Meldung gemacht?
8. Wer hat Ihnen sonst von dem Ereignis berichtet?
9. Welche Anzeichen haben Sie darauf aufmerksam gemacht, daß etwas im Gange ist?
10. Hat Ihr Kind vor etwas Angst?

Aufgrund Ihrer Informationen kann beispielsweise die Klassenlehrerin eine Untersuchung einleiten und sich mit dem Übeltäter oder der Übeltäterin auseinandersetzen (siehe Kapitel 8) und weitere Schritte entsprechend der Schulordnung unternehmen (siehe Kapitel 10).

Ist die Stellungnahme der Klassenlehrerin unbefriedigend, dann wenden Sie sich an den Direktor. Reicht Ihnen auch seine Reaktion nicht aus, so teilen Sie ihm mit, daß Sie die Schulbehörde von den Schwierigkeiten und der bisherigen Stellungnahme der Schule in Kenntnis setzen werden. Fordern Sie obendrein eine Kopie der Schulordnung an.

Es ist meist nicht nötig, diese Maßnahmen zu ergreifen, denn eine Schule ist in der Regel froh, wenn sich die Eltern rühren, und darauf erpicht, die Angelegenheit gemeinsam mit diesen zu lösen. Also zögern Sie nicht, die Klassenleitung anzusprechen, wenn Sie sich Sorgen um Ihr Kind machen. Sie tragen mit Ihrer Information ganz erheblich zur Klärung eines Vorfalls bei. Ein Lehrer wird vielleicht einige Zeit bestürzt über das Benehmen seines Schülers sein und sich zunächst nicht in der Lage sehen, die Ursachen aufzudecken.

Normalerweise empfängt ein guter Lehrer kooperationsbereite Eltern mit offenen Armen. Gemeinsam sollten Sie entscheiden

1. was mit dem Täter geschehen soll,
2. was Sie unternehmen können, um Ihrem Kind in der
   Schule und zu Hause beizustehen.

2. Mit den Eltern des Täters reden

Wer in einem kleinen Ort wohnt und die Eltern des Täters
kennt, sollte sie ansprechen, bevor er mit der Schule Kontakt
aufnimmt. Manche Eltern könnten es einem übelnehmen,
wenn man sich direkt an die Schule wendet und sich offiziell
beschwert.

Die Angelegenheit ist delikat, und wenn Sie zu direkt vorgehen, dann provozieren Sie, selbst wenn Sie die Eltern kennen, womöglich eine schlechte Stimmung.

Sind Sie miteinander befreundet, dann sagen Sie einfach,
Sie hätten das Gefühl, daß die Kinder miteinander Schwierigkeiten haben und daß das eine mit dem anderen offenbar
etwas zu heftig umgeht.

Sind Sie mit den Eltern weniger vertraut, dann deuten Sie
vorsichtig an, daß etwas zwischen den Kindern vorgeht, Sie
aber nicht genau sagen könnten, was. Sie wüßten aber gern,
ob ihnen, den anderen Eltern, etwas aufgefallen sei. Ihr Kind
macht seit kurzem einen so verschüchterten Eindruck, wenn
es aus dem Schulbus steigt. Es wehrt sich obendrein, überhaupt in die Schule zu gehen – völlig anders als zu den Zeiten, da es kaum abwarten konnte, dorthin zu kommen ... Es
sieht so aus, als haben die beiden miteinander gekämpft oder
sich gestritten ... Hat das Kind Ihrer Bekannten etwas in der
Richtung angedeutet?

Vielleicht können Sie sich miteinander absprechen, vielleicht aber auch nicht. Auf jeden Fall haben Sie das Thema
angeschnitten und die anderen Eltern auf mögliche Konse-
quenzen hingewiesen; sicher wer-
den diese mit ihrem Kind reden.

Vermeiden Sie genaue Behauptungen oder Aussagen. Ihr Ziel ist
es, eine Atmosphäre zu schaffen, in
der man gemeinsam und souverän
das Problem lösen kann.

3. Mit dem Täter reden

Wie bereits erwähnt, würden die meisten Eltern, die erfahren, daß ihr Kind schikaniert wird, sich am liebsten den Täter vorknöpfen und es ihm in gleicher Münze heimzahlen.

Eine verständliche Reaktion, aber sie ist langfristig gesehen ineffektiv: Ein Kind, dem man körperlich Gewalt zugefügt hat, wird mit anderen genauso umgehen. Ein Kind, das man schlägt, wird andere schlagen. Das ist der Kreislauf der Gewalt.

Sie wollen es abschrecken, aber jede spontane Reaktion wird lediglich vorübergehende Veränderungen bewirken. Die Androhung einer Strafanzeige – durch Sie persönlich – kann allerdings von dauerhaftem Effekt sein. Aber Ihre Gefühle sollten Sie beherrschen, da es Ihnen gesetzlich untersagt ist, jemanden zu züchtigen, insbesondere Kinder.

Vielversprechend kann es sein, den Täter direkt anzureden, ihm zu sagen, was Sie wissen. Aber bleiben Sie ganz ruhig. Schreien Sie nicht. Teilen Sie ihm gelassen mit, daß Sie im Falle, daß er weiterhin Ihr Kind belästigt, sich mit seinen Eltern in Verbindung setzen, seinen Schulleiter ansprechen und ihn, wenn nötig, bei der Polizei anzeigen werden.

Weisen Sie ihn an, nicht mit Ihrem Kind über diese Unterredung zu sprechen und sich von ihm fern zu halten. Im Moment, da Sie von weiteren Vorfällen hören, werden Sie nicht zögern, die angekündigten Maßnahmen zu ergreifen.

Benutzen Sie keine Flüche oder Drohungen, die später gegen Sie verwendet werden könnten, aber teilen Sie ihm mit, wie Sie vorgehen werden, wenn er sich weiterhin so benimmt.

4. Mit dem eigenen Kind reden

Wer weiß, daß sein Kind belästigt wurde, sollte bis ins Detail darüber sprechen und Verhaltensregeln einüben. Gezielte Vorgehensweisen finden Sie in Kapitel 8.

9.7.2 Das eigene Kind belästigt seine Mitschüler
1. Mit der Schule reden

Bevor Sie mit Ihrem Kind reden, sollten Sie mit seinem Lehrer oder seiner Lehrerin über Ihre Befürchtungen und Sorgen sprechen. Bereiten Sie sich auf folgende Fragen vor:

1. Wen belästigt Ihr Kind?
2. In welcher Form geht es vor?
3. Wann schikaniert es andere?
4. Wo passiert es?
5. Sind weitere Kinder beteiligt?
6. Seit wann geht das so?
7. Wie haben Sie davon erfahren?
8. Wurde der Vorfall der Schule gemeldet?
9. Warum haben Sie das Gefühl, daß Ihr Kind andere hänselt?
10. Haben Sie den Verdacht, daß es auch in andere Vorfälle verwickelt ist?

Zögern Sie nicht, um ein Gespräch zu bitten. Die Lehrkraft wird über Ihre Kooperationsbereitschaft froh sein und Achtung davor haben, daß Sie sie selbst auf den Vorfall aufmerksam machen. Sie wird Ihnen mitteilen, was in der Schule unternommen werden kann. Gemeinsam können Sie sich dann Gedanken machen, wie Sie sich zu Hause am besten verhalten.

Es ist tatsächlich entscheidend, sich mit der Schule abzustimmen. Bestraft die Schule das Kind ernsthaft, so empfiehlt es sich, zu Hause weniger streng vorzugehen: Eine zu harte Bestrafung kann das Gegenteil dessen bewirken, was sie ursprünglich erzielen sollte. Ebensowenig ist es angebracht, die Ermittlungsmethoden des Lehrers zu Hause zu wiederholen (siehe Kapitel 8). Wird Ihr Kind gewalttätig, dann sollten Sie immer und als erstes die Schule kontaktieren.

2. Mit dem Kind reden
Nachdem Sie mit der Schule über den Vorfall gesprochen haben, gehen Sie auf Ihr Kind zu. Bleiben Sie sachlich, und lassen Sie sich nicht beirren.

Hatte die Schule noch keine Zeit, Ihr Kind zu befragen oder Einzelheiten des Vorganges zu ermitteln, dann versuchen Sie es selbst. Unser Beispiel für ein gezieltes Gespräch bietet Ihnen eine allgemeine Grundlage für eine solche Auseinandersetzung.

Hat die Schule bereits Strafmaßnahmen ergriffen, so sollten Sie dennoch Ihre eigene außerordentliche Mißbilligung des Verhaltens Ihres Kindes durch eigene Sanktionen unterstreichen (siehe Kapitel 5). Aber stimmen Sie diese auf die Vorgehensweise der Schule ab.

Stellt Sie die Reaktion der Schule nicht zufrieden, dann halten Sie sich an das weiter oben vorgeschlagene Verfahren.

9.8 Zusammenfassung

Eltern können bereits viel erreichen, wenn sie sich mehr um ihr schwieriges Kind kümmern und es darin bestärken, seine Gedanken und Gefühle auszudrücken. Dennoch sollten sie niemals zögern, sich Unterstützung zu suchen. Nachbarn und andere Familienmitglieder beurteilen das Geschehen aus einer anderen Perspektive, was sehr hilfreich sein kann, und natürlich sind auch andere bereit, zuzuhören und zu verstehen, in welch schwieriger Situation man ist.

Lehrer und Erzieher werden zunehmend geschult, gewaltsames Verhalten wahrzunehmen und damit umzugehen, aber sie sind auch auf die Unterstützung und die Hinweise der Eltern angewiesen. Eltern und Lehrer müssen zusammenarbeiten, um effektive Maßnahmen zu erarbeiten, erfolgreich abzuschrecken und persönlich handhabbare Programme zu entwickeln.

Egal ob ein Kind andere belästigt oder selbst schikaniert wird, ob es große oder kleine Probleme hat, Sie sollten sich innerhalb der Familie und bei Freunden Unterstützung holen und die Schule kontaktieren. Zögern Sie nie!

Im nächsten Kapitel befassen wir uns mit dem gewaltfeindlichen Verhalten von Schulen. Haben Sie weitere Ideen, dann setzen Sie sich bitte mit den betreffenden Lehrern oder dem Elternbeirat in Verbindung.

Die Schule Ihres Kindes gehört zu Ihrem Lebensbereich, und auch Sie tragen die Verantwortung dafür, daß alle Kinder, die sich der Schulgemeinschaft anschließen, vor gewalttätigen Übergriffen geschützt werden.

10 Die Aufgabe der Schule – eine Anti-Gewalt-Strategie

Gewaltverhalten kann nur unterbunden werden, wenn Eltern, Schulen und andere Organisationen zusammenarbeiten und gemeinsam ein systematisches und umfassendes Anti-Gewalt-Programm entwickeln, das langfristig angelegt ist. Einzelne Vorfälle können individuell geklärt werden, auf lange Sicht aber kann ein spontanes Krisenmanagement das Problem nicht wirklich lösen und richtet vor allem gegen die überwiegend im geheimen stattfindenden Geschehnisse nichts aus.

In Schulen kann gewalttätiges Verhalten erfolgreich bekämpft werden, da sich dort leicht beobachten läßt, wo und wann es zu Zwischenfällen kommt und wer beteiligt ist. Aufgrund dieser Überwachung ist es möglich, effektive Strategien zu verwirklichen. Deshalb sind es die Schulen, die sich in Abstimmung mit den Eltern dem Problem stellen sollten und eine Anti-Gewalt-Strategie aufbauen müssen. Dabei ist folgendes besonders zu berücksichtigen.

10.1 Die Situation erfassen

Lehrer, die sich für eine Anti-Gewalt-Strategie stark machen, sollten zunächst einmal eine Stoffsammlung anlegen, das heißt, soviel wie möglich über die mannigfachen Formen von Hänseleien und Belästigungen an der eigenen Schule herausbekommen. Besonders hilfreich ist es zu wissen, wie oft es zu Zwischenfällen kommt, was tatsächlich passiert, wo sie stattfinden und wer wem etwas antut. Das zu ermitteln ist nicht so kompliziert, wie es zunächst den Anschein hat, da Sie zahlreiche Informationen bekommen werden, wenn Sie einfach direkt jeden Schüler und jede Schülerin befragen.

Für eine erfolgreiche Arbeit ist entscheidend, wie lang, wie eindeutig und wie sachlich die Fragen gefaßt sind, und es ist wichtig, daß die Befragten nicht unter Druck gesetzt werden. Der Fragebogen, den Sie zu Beginn Ihrer Kampagne einsetzen, wird ein bestimmtes Problembewußtsein schaffen. Um den Effekt noch zu steigern und im nachhinein aus dem allgemein entstandenen Interesse noch größeren Nutzen zu ziehen, empfiehlt es sich, ihn mit den Kindern vorzubereiten. Nach den ersten Ermittlungen werden Sie das Gefühl haben, daß es eine wahre Flut an gewalttätigen Vorfällen gibt. Das sollte als Erfolg Ihrer Aktion gewertet werden, weil es ein Zeichen dafür ist, daß die Kinder angefangen haben zu berichten.

10.2 Den Vorgang einleiten

Kinder werden vor allem belästigt, wenn sie eine neue Schule besuchen, gleich ob es eine Grundschule oder eine weiterführende Schule ist. Aus diesem Grund sollten sowohl Eltern als auch Lehrer vor Schulbeginn an einer Reihe von Informationsabenden teilnehmen. Diese Treffen sind vor dem Eintritt in eine Hauptschule besonders sinnvoll, da es dort am häufigsten zu handgreiflichen Gewaltvorfällen kommt.

Bei diesen Zusammenkünften werden die Kinder mit der neuen Umgebung vertraut gemacht, und sowohl Eltern als auch Schüler können sich auf die Eigenarten und die Anforderungen der neuen Schule einstellen. Die Schule sollte den Eltern vermitteln, daß ihre Mitarbeit und ihre Kritik jederzeit willkommen sind. Es hängt ja von der Zusammenarbeit zwischen Eltern und Schule ab, wie wirksam die Schulordnung ist. Vor allem in bezug auf das Benehmen, die Disziplin und gewalttätiges Verhalten kommt es auf die volle Unterstützung der Eltern an. Regelmäßige Elternabende sollten angeboten werden, an denen ausschließlich die Schulordnung diskutiert wird und alle die Gelegenheit haben, diese kontinuierlich zu überprüfen und gegebenenfalls neuen Situationen anzupassen. Bei einer Einführung könnten bereits nachfolgende Verlautbarungen hinsichtlich des Gewaltverhaltens zur Diskussion gestellt werden.

10.2.1 Verhaltensregeln für Eltern

1. Eltern sind grundsätzlich verpflichtet, an Schulordnungsbesprechungen teilzunehmen. Die Anwesenheit bei Versammlungen zur Schulordnung ist obligatrisch.
2. Eltern werden mit Informationsmaterial zum Thema »Gewalt – was kann ich tun?« versorgt und sollten nicht zögern, verdächtiges Verhalten dem Klassenlehrer zu melden.
3. Eltern vertrauen auf das ernsthafte Interesse des Lehrers an ihrem Kind und sind für jede Information im Zusammenhang mit einer möglichen Beteiligung ihres Kindes an gewalttätigen Zwischenfällen offen.
4. Eltern sind bereit, in Zusammenarbeit mit dem Lehrer einen Maßnahmenkatalog zu erarbeiten, wenn ihr Kind an gewalttätigen Vorfällen in der Schule beteiligt ist. Dieser Plan sollte von Eltern und Lehrern eingehalten werden.
5. Eltern tragen gegenüber ihrem Kind jede Entscheidung der Schule hinsichtlich Verhalten, Disziplin und Gewalt mit. Entscheidungen, die sie in Frage stellen, können mit dem Klassenlehrer in Einzelgesprächen erläutert werden.

10.2.2 Verhaltensregeln für Lehrer

1. Lehrer sind verpflichtet, sich bei Verhaltensproblemen eines Kindes sofort mit den Eltern in Verbindung zu setzen.
2. Lehrer berücksichtigen und respektieren nicht nur ihre eigene Ansicht, sondern auch die der Eltern.
3. Lehrer sind angehalten, die besonderen Streßfaktoren,denen sie selbst und die Eltern im Umgang mit dem betroffenen Kind ausgesetzt sind, abzuwägen.
4. Lehrer respektieren die notwendige Vertraulichkeit im Umgang mit Eltern oder Kindern, die in gewaltsame Vorfälle verwickelt sind.

5. Lehrer sind sich der Bedeutung einer Partnerschaft mit den Eltern bewußt. Vor allem die Bedürfnisse der Eltern von Kindern, die in gewalttätiges Verhalten verwickelt sind, müssen berücksichtigt werden.

10.2.3 Verhaltensregeln für Kinder

Verhaltensregeln für Kinder sollten genau und detailliert formuliert sein und mehr als nur eine Empfehlung geben, sich anständig zu benehmen und Gewalt aus dem Weg zu gehen. In diesem Buch geht es nur um die Bereiche, die den Umgang mit gewalttätigem Verhalten betreffen – darüber hinaus hat jede Schule normalerweise eine umfassende Ordnung, in der die Anforderungen hinsichtlich des Benehmens im Klassenzimmer und in der Schule überhaupt zusammengestellt sind.

Nachfolgend ein paar Punkte, auf die Kinder besonders achten sollten:

1. Kinder, die aus irgendeinem Grund unglücklich sind, sollten immer mit ihrem Klassenlehrer oder mit ihren Eltern reden.
2. Kinder sollten allein mit dem Lehrer reden, wenn sie gewalttätiges Verhalten melden wollen. Wer gewalttätige Vorfälle anzeigt, hilft seinen Mitschülern und wird Anerkennung ernten.
3. Kinder sollten mit ihren Eltern reden, wenn sie den Eindruck haben, daß sich andere schlecht benehmen, es zu Belästigungen kommt und keiner eingreift.
4. Kinder sollten nie allein zur Schule und nach Hause gehen und den Schulweg des öfteren ändern. Wenn sie nicht gern den Schulbus nehmen, sollten sie es ihrem Lehrer oder ihren Eltern sagen.
5. Kinder sollten weder Spielsachen noch andere private Dinge mit in die Schule nehmen, lediglich eine Kleinigkeit für die Pause und Geld nur dann, wenn die Schule darum bittet.
6. Kinder sollten sich immer innerhalb des Schulgeländes aufhalten und vor allem in der Pause verlassene Orte meiden.

10.3 Die Rolle der Eltern und anderer Bezugspersonen

Das schlechte Benehmen von Kindern bessert sich vielfach, wenn die Schule die Eltern unterstützt und ihnen hilfreich zur Seite steht.

Allerdings sollten sich Schulen nicht anmaßen zu behaupten, sie seien die Experten und könnten Eltern beibringen, wie sie ihre Kinder zu erziehen haben. Eine solche Einstellung zeugt von Mißachtung und Ignoranz, wirkt der Absicht, etwas positiv zu verändern, entgegen und führt lediglich zu einer Eskalation der Verhaltensschwierigkeiten des betroffenen Kindes.

Ein Lehrer sollte akzeptieren, daß Eltern einfach nur jemanden brauchen, der für das, was sie gerade durchmachen, Verständnis zeigt, ihnen schlichtweg zuhört und keine Vorträge hält. Ein offenes Ohr kann sie stärken und bewirken, daß sie anfangen, ihr Kind stärker zu kontrollieren. Treffen, bei denen die Schulordnung besprochen wird, haben für viele Eltern einen zu offiziellen Charakter, der sie an einer Aussprache hindert. Wenngleich die Teilnahmepflicht an Versammlungen aufrechterhalten werden sollte, könnten Lehrer obendrein zwanglose Kaffeerunden für Mütter und Väter organisieren, die sich in einem intimeren Kreis wohler fühlen. Eltern fällt es bei solchen Gelegenheiten womöglich leichter, über etwas zu sprechen, was sie nicht verstehen, oder über ihre Probleme zu reden. Vor allem ein Konfliktberater sollte auf dieser Basis mit Eltern arbeiten.

In eine Anti-Gewalt-Strategie sollte auch der enge Kontakt von Schule und Eltern zu anderen örtlichen Organisationen gehören. Sowohl die Täter als auch die Opfer werden außerordentlich davon profitieren, wenn sie außerhalb der Schule Vereinen oder Klubs angehören, aber oft fällt es Eltern schwer, selbst den Kontakt aufzubauen.

Eine Liste der ortsansässigen Organisationen sollte verfaßt und der Kontakt zu den Sprechern hergestellt werden. Sie könnten zu Elternabenden eingeladen werden, damit jeder mit ihnen reden und die Schule ihr Programm im Umgang mit Gewalt vorstellen kann. Dabei bietet es sich an, einen Abschnitt der Eingliederung schwieriger Kinder in örtliche Vereine zu widmen.

Ladenbesitzer, Polizisten, Bibliotheksmitarbeiter und alle Personen, die in der Umgebung der Schule leben oder arbeiten, sollten eingeladen werden, damit sie so ein Gefühl der Zugehörigkeit bekommen. Es wäre ideal, sie einmal im Jahr zu Kaffee und Kuchen zu bitten und sie bei dieser Gelegenheit über die Schulstrategie gegen Gewalt und andere inakzeptable Verhaltensweisen zu informieren.

10.4 Kindergärten

Eine gute Vorschulerziehung wirkt sich positiv auf mögliches gewalttätiges und asoziales Verhalten in späteren Jahren aus.

Gewalt spielt bereits im Kindergarten eine Rolle, und das Verhalten von Kleinkindern, die erstmalig mit anderen zusammentreffen und sich mit anderen auseinandersetzen, sollte genau beobachtet werden. Werden rabiate Umgangsformen in diesem Alter ignoriert, dann gewinnen sie an Bedeutung. Der Angreifer meint, sein Vorgehen werde akzeptiert, und der Belästigte fürchtet sich vor allen anderen und lernt, sich passiv zu verhalten.

Ein Kind, das andere schikaniert, sollte vom Erzieher oder der Erzieherin beiseite genommen und aufgefordert werden, sich anders zu benehmen. Einer Wiederholung seines Verhaltens kann vorgebeugt werden, indem man es in dem Moment, in dem es zu neuerlicher Quälerei ansetzt, rasch in eine besondere Aufgabe verwickelt. Keine Gelegenheit sollte ausgelassen werden, das Kind zu loben, wenn es sich anständig benimmt. Ein aufmunterndes Lächeln, ein wohlwollender Kommentar, ein kleines Geschenk in Form eines Sternchens oder winziger Spielsachen bestätigt seine Anerkennung.

Alle, die in Kindergärten arbeiten, sollten bestimmte, das Verhalten modifizierende Techniken beherrschen und mit den Entwicklungsprozessen in der frühen Kindheit vertraut sein. Sie sollten in der Lage sein, mit Kleinkindern Kommunikationstechniken und die Auseinandersetzung mit anderen zu üben. Am meisten kommt es allerdings darauf an, daß sie Wärme ausstrahlen und einfühlsam auf die Kleinen eingehen können.

Viele Kinder werden wegen ihrer Lernschwierigkeiten gewalttätig. Fällt das bereits im Kindergarten auf, so ist eine zusätzliche Betreuung sehr hilfreich, und wird die künftige Lehrkraft eingeweiht, dann kann sie bzw. er sich auf die Integration des betroffenen Kindes besser vorbereiten.

Ein enger Kontakt zwischen Kindergärten und den lokalen Schulen ist immer von Vorteil. Wichtig ist auch, daß Kinder und Eltern sich die in Frage kommenden Schulen genau ansehen, bevor sie sich für eine entscheiden. Eltern, deren Kind bereits im Kindergarten große Probleme macht oder hat, sollten ermuntert werden, über ihre häuslichen Schwierigkeiten zu reden.

Sie sollten auch die Gelegenheit bekommen, mit dem künftigen Klassenlehrer oder der Klassenlehrerin einen Plan auszuarbeiten, der den Umgang mit dem Kind sowohl in der Schule als auch zu Hause regelt und so vorbeugend wirkt. Sind bereits tiefgehende psychische Komplikationen abzusehen, dann empfiehlt es sich, einen Erziehungspsychologen hinzuzuziehen.

Gewalt kommt auch in Kindergärten vor. Rechtzeitig bemerkt und kontrolliert, wird sie sich kaum nachhaltig auswirken – die Vorteile, die ein betreutes Kind hat, lenken es von seinem Bedürfnis, andere zu schikanieren, rasch und dauerhaft ab. Ein Kind, das dazu neigt, andere zu beherrschen, wird lernen, mit ihnen in angemessener Art und Weise umzugehen. Ein Kind, das dazu neigt, sich zurückzuziehen, wird lernen, sich mit aggressiveren Kindern auseinanderzusetzen: In Ländern, in denen der Besuch eines Kindergartens üblich ist, sind Gewaltvorfälle und kriminelle Taten in späterem Alter deutlich seltener. Aber natürlich reicht die bloße Einrichtung eines Kindergartens nicht aus; den Erfolg bestimmen seine Struktur und eine anregende Erziehung.

10.5 Internate

Internatsschüler und -schülerinnen können sich abends nicht in die sichere Umgebung ihres Zuhauses zurückziehen. Deshalb sind hier detailliert geregelte Kontrollmechanismen von äußerster Wichtigkeit.

Abgesehen von den allgemeinen Richtlinien, die wie in jeder Schule offengelegt und in irgendeiner Form festgehalten werden und einsehbar sind, sollten Internate eine Person bestimmen, die unabhängig von der Schule jedem Kind als Ansprechpartner zur Verfügung steht, das über Gewalt oder irgendein anderes Problem im Vertrauen reden möchte. Zur Vereinfachung einer Kontaktaufnahme sollten die Schüler Zugang zu einem privaten Telefonanschluß haben. Sie sollten klar über Sinn und Zweck dieses Telefons unterrichtet werden.

Internate tragen noch mehr Verantwortung für ihre Schüler, die weit weg von ihren Eltern sind, und sie müssen sich besonders bemühen, unmißverständliche Regeln einzuführen und eine eindeutige Haltung zur Gewalt zu beziehen. Kinder, die in der Schule übernachten und wohnen, müssen sich sicher fühlen und darauf vertrauen können, daß Gewalt nicht toleriert wird.

10.6 Schwachstellen

Es gibt bestimmte Zeiten im Verlauf des Schulalltags, zu denen zahlreiche Kinder unterschiedlichen Alters in unstrukturierten und nur wenig bewachten Gruppen zusammentreffen. Vor allem dann kommt es zu Zwischenfällen. Bei der Erarbeitung einer Anti-Gewalt-Strategie sollten Eltern und Lehrer die besonderen Probleme, die in solchen Situationen entstehen, berücksichtigen.

10.6.1 Der Schulweg
Die erste und letzte Gelegenheit, Kinder zu belästigen, bietet der Schulweg: morgens, wenn sie auf dem Weg zur Schule

sind, und mittags oder nachmittags, wenn sie nach Hause zurückkehren. Einige gehen zu Fuß, manche fahren mit dem Rad. Andere nehmen den Bus, in dem sie unbeaufsichtigt sind, denn der Busfahrer ist nicht in der Lage, irgend jemanden zu überwachen.

In einem Schulbus allerdings sollte neben dem Fahrer ein Erwachsener mitfahren, der sich für ein friedliches Miteinander verantwortlich fühlt. Diese Person sollte besonders geschult sein, um wirklich dafür sorgen zu können, daß jeder Schüler und jede Schülerin im Bus sicher ist und keiner belästigt wird. Sollte nicht genug Geld für diesen Zweck da sein, so könnte eine Eltern-Lehrer-Initiative nach Freiwilligen suchen. Eltern sollten im übrigen ihre Kinder anweisen, ihren Schulweg von Zeit zu Zeit zu ändern.

Es passiert so viel, während die Kinder auf ihren Schulbus warten oder ihn verpassen, weil sie zu spät aus der Schule kamen oder die Lehrer sie noch aufhielten. Besser wäre es deshalb, wenn ein Lehrer dafür sorgte, daß sich kleine Gruppen bilden, die gemeinsam losgeschickt werden, und daß sich diejenigen, die zu Fuß nach Hause gehen, auch mit anderen zusammenschließen. Ein weiteres Mitglied des Kollegiums sollte die Schüler am Fahrradabstellplatz überwachen.

Die Schule muß auch einkalkulieren, daß sich häufig ältere Schüler an Jüngeren vergreifen und diese schikanieren. Um dem entgegenzuwirken, könnten die Ankunfts- und Aufbruchszeiten für die verschiedenen Jahrgangsstufen unterschiedlich festgelegt werden.

Solche Änderungen sind einfach und leicht durchzuführen. Die Schule sollte bedenken, daß vielen Kindern gerade der Schulweg Schlaflosigkeit bereitet und sie sich erst im Klassenzimmer sicher fühlen.

10.6.2 Pausen

Im Schulhof werden die meisten Kinder schikaniert. In vielen Schulen werden ganze Horden von Kindern in einem begrenzten Raum untergebracht, in dem sie gewöhnlich nichts zu tun haben. Ein Lehrer führt die Aufsicht, im Grunde aber möchte er sich selbst erholen und einen Snack zu sich nehmen. Er überläßt die Kinder sich selbst. Die einfachste Lösung wäre, flexible Pausenzeiten einzurichten, was in Kindergärten und Grundschulen kein Problem sein sollte. Erziehern und Klassenlehrern könnte es also freigestellt sein, Pausen zu machen, sie zu unterschiedlichen Zeiten und an verschiedenen Plätzen abzuhalten und ihr Pausenbrot gemeinsam mit den Kindern zu verzehren.

Je mehr größere Ansammlungen von Kindern vermieden werden, desto weniger wird passieren. Lehrer, die die Möglichkeit haben, ihre Pausen flexibel zu gestalten, hätten damit auch ein weiteres Druckmittel zur Verfügung, indem sie im Sinne einer Bestrafung gelegentlich eine Pause streichen. Ein guter Lehrer unterrichtet im übrigen so spannend und gestaltet seinen Unterricht so vielseitig, daß eine Pause am Morgen und eine am Nachmittag ausreichen müßten. Auf die Toilette gehen kann jeder je nach Bedarf – das heißt, wenn es wirklich nötig ist.

In Ganztagsschulen kann die Mittagszeit oft problematisch sein, wenn die Mitarbeiter eigentlich selbst ihre Ruhe haben wollen. Die Querelen, die dann entstehen, werden in den Nachmittagsunterricht hineingetragen.

Hat jede Altersstufe ihre eigenen Pausenzeiten, dann sollte dennoch die Gestaltung gut durchdacht sein. Ein paar Schüler könnten zu einem Ballspiel auf den Schulhof geschickt werden, andere sich mit Erlaubnis der Klassenleitung im Klassenzimmer ausruhen. Hat zum Beispiel die Aufsicht führende Lehrerin den Verdacht, daß bestimmte Gruppierungen zu Spannungen führen könnten, löst sie diese unauffällig auf oder setzt sich zu den betreffenden Schülern. Das Klassenzimmer sollte mit einer Vielfalt von Dingen ausgestattet sein, mit denen sich die Kinder beschäftigen können. Auch der Schulhof sollte in seiner Gestaltung zu konstruktiven Spielen anregen. Ein Fußballspiel mit Schülern und Lehrern oder ein Brettspiel im Klassenzimmer beugt Verhaltensauffälligkeiten vor – mehr jedenfalls, als wenn Lehrer im Lehrerzimmer sitzen und Tee trinken, lustlos der ersten Nachmittagsstunde entgegensehen oder sich über ein besonderes Abendessen nach den Verpflichtungen des Tages Gedanken machen.

Eine Ruhe ausstrahlende Schulhofgestaltung, die Kindern eine Vielfalt attraktiver Einrichtungen bietet, bewirkt eine Minderung aggressiven Verhaltens. Die ideale Pausenumgebung entspricht den Bedürfnissen der Schüler, die allein, mit jemand anderem oder in einer Gruppe spielen möchten. Die einen haben die Möglichkeit, ihrem kleineren oder größeren Bewegungsdrang nachzukommen, andere, sich zurückzuziehen und zu träumen. Auch die Schulhöfe weiterführender Schulen sollten zweckmäßig gestaltet sein und Gelegenheit zu Ballspielen und andere Bewegungsmöglichkeiten bieten und natürlich auch Ruhezonen haben.

Ebenso wichtig ist es, und zwar sowohl in Grundschulen als auch in weiterführenden Schulen, daß die Kinder möglichst in ihrer Altersgruppe spielen. In Grundschulen kann man das durch flexible Pausengestaltung erreichen, in weiterführenden Schulen durch das Angebot gezielter Aktivitäten.

Grundsätzlich ist Leerlauf zu vermeiden, und zwar sowohl während als auch außerhalb des Unterrichts.

10.6.3 Unterricht

Die Klassenzimmer sollten so gestaltet sein, daß ein effektiver und problemloser Unterricht möglich ist.

Normalerweise und insbesondere in weiterführenden Schulen sitzen die Schüler in einem Raum, der mit Tischen und Stühlen vollgestellt ist und für nichts anderes Raum bietet. Es wird von allen ohne Ausnahme erwartet, daß sie während des gesamten Unterrichts auf ihrem Platz sitzen bleiben. Bekanntlich ist aber jeder Mensch anders veranlagt, und somit sind in einer derart festgelegten Situation Probleme vorprogrammiert. Nicht jedes Kind kann sich so gut konzentrieren wie ein anderes, und deshalb sollte ihm innerhalb des Klassenzimmers die Möglichkeit geboten werden, sich kurzfristig anderweitig zu betätigen. Nur so kann verhindert werden, daß sich beispielsweise weder ein begabter noch ein weniger begabter Schüler langweilen.

10.7 Der Lehrplan

In der Schulordnung steht auch, inwieweit im Lehrplan der Umgang mit Gewalt und den damit verbundenen Aktionen berücksichtigt werden sollte.

10.7.1 Unterrichtsfächer

Eine Extrasatzung sollte festlegen, inwieweit Lehrer das Thema Gewalt in alle Fächer einbauen können. Es reicht nicht aus, wenn lediglich in vereinzelten Stunden und in besonderen Sitzungen über soziales Verhalten und gewaltfreies Miteinander diskutiert wird. Das Thema sollte allgegenwärtig sein und in alle Fächer einbezogen werden. Es wäre sinnvoll, ihm sogar einen eigenen Platz innerhalb des Lehrplans einzuräumen.

Unabdingbar ist jede Art von körperlicher Betätigung im Freien und das Ausüben von Sportarten, da beides sich positiv und ausgleichend auf die Selbstwahrnehmung von aggressiven oder schüchternen Kindern auswirkt. (Ein Therapeut könnte bei Gestaltungsfragen hinzugezogen werden.)

Jedes Kind sollte während des ganzen Schuljahres wenigstens einmal wöchentlich am Sportunterricht im Freien teilnehmen.

10.7.2 Gefühlserziehung

Der Lehrplan sollte nicht nur einer geistigen Ausbildung, sondern auch der emotionalen Entwicklung seiner Schüler und Schülerinnen gerecht werden. Mit anderen Worten, in der Schule geht es nicht nur um Fakten, Zahlen und Techniken, sondern auch darum, sich seiner eigenen Gefühle bewußt zu werden und den Empfindungen und Ansichten anderer Verständnis entgegenzubringen. Lehrer sollten sich bei der Unterrichtsvorbereitung drei Dinge vornehmen:

1. **Wissen und Fertigkeiten lehren,**
2. **moralische und ethische Grundsätze vermitteln,**
3. **die Emotionen betonen, die im Zusammenhang mit dem Stoff, den einzelnen Schülern und vor allem im Umgang miteinander und für das eigene Selbstbewußtsein eine bedeutende Rolle spielen.**

10.8 Gruppenbildung

10.8.1 Altersstufen

Die Arbeit in Kleingruppen ist für den präventiven Umgang mit Gewalt unerläßlich. Überwiegend schikanieren ältere Schüler oder Schülerinnen die jüngeren. Deshalb wird es Kindern, welche Probleme haben, ermöglicht, ein gewisses Selbstwertgefühl zu bewahren, und einer Verschlechterung ihres Benehmens vorgebeugt, wenn sie mit Gleichaltrigen in einer Gruppe sind.

10.8.2 Leistungsgruppen

Manche Schulen entscheiden sich, Kinder bestimmter Altersstufen nicht in Leistungsgruppen einzuteilen, damit sich weniger gute Schüler oder Schülerinnen nicht minderwertig fühlen. Sie meinen, wenn sie die Kinder entsprechend ihrer Begabungen unterschiedlichen Gruppen zuweisen, daß sich dann die Probleme sowohl der aggressiven als auch der schüchternen Kinder verstärken.

Gemischte Leistungsgruppen aber spornen nachweislich das Interesse weniger leistungsfähiger Kinder an. In kleineren Arbeitsgruppen unterstützen die stärkeren Kinder die schwächeren, jedes Mitglied lernt, sich vernünftig mit anderen auseinanderzusetzen und sich eine Meinung zu bilden (siehe Kapitel 6). Weniger begabte Kinder gewinnen in solchen Situationen an Selbstvertrauen, und das kann sogar so weit gehen, daß sie zum Beispiel rasend schnell lesen lernen. Es ist bekannt, daß sich mit zunehmendem Selbstvertrauen die Zwangslage eines Opfers verbessert.

10.9 Die Aufgaben der Mitschüler

Die Schüler selbst sollten in die Erarbeitung einer Anti-Gewalt-Strategie mit einbezogen werden. Abgesehen davon, daß sie durch den Lehrplan mit betroffen sind, sollten sie an einer Eltern-Lehrer-Versammlung zum Thema Gewalt teilnehmen dürfen. Gewählte Klassenvertreter eignen sich nicht nur dazu, die Meinung ihrer Klasse zu verfechten, sondern könnten auch Gewaltvorfälle aus ihrer Klasse weitergeben.

Kindern fällt es häufig leichter, sich eher Gleichaltrigen als Erwachsenen anzuvertrauen. In manchen Schulen haben Kinder sogar die Erlaubnis bekommen, eigene Verhandlungen abzuhalten und selbst über Schuld und Strafmaß bei Gewaltvorfällen zu entscheiden. Die Täter werden dabei offensichtlich weniger durch das Strafmaß als vielmehr durch die Schande abgeschreckt, der sie vor so vielen Gleichaltrigen ausgesetzt sind.

In anderen Schulen sind für ältere und verantwortungsbewußtere Schüler Arbeitskreise für den Umgang mit Gewalt eingerichtet worden, in denen sie sich auch mit gemeldeten Vorfällen auseinandersetzen und entscheiden, wen sie um Rat bitten wollen.

Es ist ratsam, die Schüler in die Diskussion um eine Anti-Gewalt-Strategie mit einzubeziehen, aber inwieweit man ihnen das Feld überläßt, muß sorgfältig abgewogen werden. Öffentliche Schülerverhandlungen haben zum Beispiel einen zu offiziellen Charakter, und wird eine Sitzung nicht genau von Erwachsenen überwacht, dann fühlt sich der Angeklagte ernsthaft ausgegrenzt und hat berechtigte Zweifel daran, daß sich die Erwachsenen für sein Verhalten wirklich interessieren und es verändern wollen.

10.10 Neue Schüler

Jedes Jahr werden Kinder neu eingeschult, und es ist schwer einzuschätzen, ob hierfür eine Anti-Gewalt-Regelung notwendig ist oder nicht. Manche Kinder sind verletzbarer als andere, manche Kinder schikanieren mehr als andere, manche werden mehr gehänselt als andere.

Aber während es relativ einfach ist, eine Ordnung aufzustellen, ist es doch umso schwieriger, sie langfristig einzuhalten. Eltern, Lehrer, Schüler und andere Personen, die zur Schule gehören, sind rasch bereit, einer neuen Regelung zuzustimmen. Wenn aber keiner die Verantwortung dafür übernimmt, daß sie auch zur Anwendung kommt und regelmäßig überarbeitet wird, dann wird sie oft willkürlich angewendet und anders umgesetzt, als es beabsichtigt war.

10.11 Drei Personen verwalten die Anti-Gewalt-Strategie

Bei einer Anzahl von 500 Schülern sollten drei Fachkräfte nicht nur die Anti-Gewalt-Strategie vertreten, erhalten und weiterentwickeln, sondern sich auch für eine emotional geprägte Pädagogik einsetzen.

1. Ein Sonderbeauftragter setzt sich für die Anti-Gewalt-Strategie ein
Ein Lehrer, der sich im Umgang mit Gewalt besonders hat schulen lassen, könnte neben seinen Pflichten im Unterricht

die Verantwortung für folgende Punkte übernehmen:
1. eine Anti-Gewalt-Strategie in Absprache mit den Eltern, anderen Lehrern und den Kindern erarbeiten,
2. dafür sorgen, daß sie eingehalten wird,
3. sie jährlich in Absprache mit Eltern, Lehrern und Schülern überarbeiten.

In konkrete Vorfälle wird dieser Sonderbeauftragte nicht mit einbezogen, damit er unabhängig bleibt.

2. Ein Konfliktberater

In Fortbildungslehrgängen sollten alle Lehrer im Umgang mit besonders schwierigen Kindern, zwischenmenschlichen Beziehungen und Familienangelegenheiten geschult werden. Lehrer könnten in diesem Zusammenhang neben ihrem Hauptfach dieses Thema aber auch als weiteres Gebiet wählen.

Jede Schule sollte einen solchen Konfliktberater einstellen. Um dem Stigma eines Sozialarbeiters zu entgehen, könnte er eine halbe Woche in seinem Hauptfach unterrichten und die andere Hälfte seinem Nebenfach widmen. Zu seinen Verantwortungsbereichen gehören:
1. die Beurteilung schwieriger Kinder in Zusammenarbeit mit den Schulen, die sie vorher besucht haben,
2. die Zusammenarbeit mit dem Elternhaus der Betroffenen,
3. die Zusammenarbeit mit dem Therapeuten besonders hilfsbedürftiger Kinder,
4. die Zusammenarbeit mit dem Sonderbeauftragten, der die Anti-Gewalt-Strategie überwacht,
5. das Angebot einer zusätzlichen Schulung für den Umgang mit Kindern, die emotionale Probleme und damit einhergehende Lernschwierigkeiten haben und Verhaltensauffälligkeiten im Klassenzimmer zeigen. Dabei müssen die emotionalen Aspekte des Stundenplans, Familienangelegenheiten, Gewalt, Beratungserkenntnisse und Unterrichtsmethoden beachtet werden.

Diese zuletzt genannte Schulung sollte Pflicht für alle sein, die im schulischen Bereich mit Kindern zusammenkommen, also nicht nur für Lehrer, sondern auch für Referendare oder den Hausmeister.

Da manche Lehrer nicht merken, daß sie selbst gewalttätige Methoden im Unterricht anwenden, sollten auch die Unterrichtsmethoden kein Tabuthema sein. In jeder Schule fördert zumindest ein Lehrer gewalttätiges Verhalten unter Schülern durch sein eigenes Vorgehen.

Gewaltvorfälle werden diesem Konfliktberater nicht gemeldet. Er muß unabhängig bleiben, um die Anti-Gewalt-Strategie vom zwischenmenschlichen Standpunkt aus überwachen zu können. Seine Beobachtungen und Erkenntnisse sollte er einmal jährlich zusammenfassen und der Öffentlichkeit zugänglich machen.

3. Ein Schulpsychologe

Lehrer sollten auch die Möglichkeit bekommen, sich in Seminaren zum Berater oder Schulpsychologen fortbilden zu lassen. Für 500 Schüler sollte ein solcher Spezialist zuständig sein und folgenden Aufgaben nachgehen:

1. **Kinder psychologisch beraten und gegebenenfalls eine Therapie empfehlen,**
2. **eine Beratungsstelle einrichten,**
3. **eine Beratungsstelle für Eltern einrichten.**

Die Arbeit eines Schulpsychologen unterliegt der Schweigepflicht. Deutet sich aber in einer Sitzung eine Gewalteskalation an, dann sollte diese Information an die Schulleitung weitergegeben werden. Jedes Kind wird über diese Vorgehensweise im voraus informiert.

Der Schulpsychologe darf niemals an disziplinarischen Maßnahmen im Zusammenhang mit einem Gewaltvorfall beteiligt sein. Ein Kind, das ihm zugewiesen wird, sollte sich darüber im klaren sein, daß die Sitzungen nicht Teil einer Strafmaßnahme sind, sondern ihm helfen sollen. Alles, was es aus seiner Vergangenheit preisgibt, wird im Zusammenhang mit seiner gegenwärtigen Situation aufgearbeitet.

Unterschiedliche Therapieansätze können hier zum Tragen kommen – im Hinblick auf die Arbeit mit Tätern und Opfern sollten sie sich auf die folgenden vier Punkte konzentrieren:

A DIE SELBSTEINSCHÄTZUNG:
Das Kind sollte angeregt werden, sich die wichtigsten Personen, Plätze und die entscheidenden Ereignisse in seinem Leben bewußt zu machen. Seine positiven persönlichen Eigenschaften werden betont, und es sollte lernen, sich selbst zu achten.

B SELBSTDISZIPLIN:
Zur Stärkung der Willenskraft sollte das Kind an disziplinierende körperliche Übungen herangeführt werden. Regelmäßig werden diese Ertüchtigungen wiederholt und entsprechend seiner Leistungsfähigkeit so intensiviert, daß es beginnt, seine körperlichen Grenzen zu spüren. Bekanntlich tragen körperliche Übungen zu einer physischen Veränderung bei – sie entspannen und steigern das Wohlbefinden.

Ein Opfer fühlt sich besser, wenn es ein größeres Vertrauen zu seinen körperlichen Fähigkeiten gewinnt, und ein Täter lernt über die Körperarbeit, seine Impulsivität zu beherrschen.

C DAS IDEAL:
Es gibt Kinder, die nach einem Ideal streben, das vollkommen unerreichbar ist, und die deshalb frustriert und unglücklich sind, aggressiv werden oder in Passivität verfallen. Befaßt sich der Schulpsychologe mit diesem Ideal, so kann er dem Kind helfen, zu einer realistischen Selbsteinschätzung zu kommen und herauszufinden, wie es gern sein möchte (und könnte). Ziel dieses Prozesses ist es auch zu entdecken, wie das Kind von anderen eingeschätzt wird.

D SELBSTKONTROLLE:
Ein Kind, das ausreichend Selbstvertrauen gewonnen hat, ist in der Lage, darüber nachzudenken, inwieweit sein Verhal-

ten von seinen Emotionen abweicht, und es lernt, seine Gefühle einzuschätzen und zu kontrollieren.

Dieses letzte Stadium kann nach eingehender Arbeit mit den drei vorherigen Elementen des Programms erreicht werden. Ist der Prozeß zu schnell verlaufen, dann wird das Kind eher die Verantwortung für seine Emotionen ablehnen als sie kontrollieren. Haben Täter und Opfer begriffen, daß sie ihre Gefühle und die äußeren Umstände beherrschen können, dann hat der Psychologe sein Ziel erreicht.

10.12 Über den Umgang mit Gewalttätigen

Sämtliche Mitarbeiter einer Schule müssen ganz klar angeleitet werden, wie sie sich bei einem Gewaltvorfall verhalten sollen, und deshalb auch in der Anti-Gewalt-Strategie der Schule berücksichtigt sein. Nachfolgend einige Prinzipien:

1. Sicherheit und Schutz des Opfers sind der Maßstab für jeden Lehrer und jede Lehrerin.
2. Ist es nötig, handgreiflich zu werden, so sollte man ein Kind einfach nur festhalten, unter keinen Umständen schlagen.
3. Am besten ist es, sich Unterstützung zu holen.
4. Der Täter oder die Täterin sollte aufgefordert werden, sich bei einer bestimmten Stelle zu melden.
5. Ist das Opfer in Sicherheit gebracht, kann der Täter oder die Täterin befragt werden (siehe Kapitel 8).
6. Dann sollte das Opfer befragt werden (siehe Kapitel 8).
7. Die Eltern beider Parteien müssen über den Vorfall und die Vorgehensweise der Lehrer informiert werden. Wollen sie sich mit dem Lehrer oder der Lehrerin zu einem Gespräch darüber treffen, wird dieser/ diese sie willkommen heißen.
8. Ist das Ergebnis dieser Vorgehensweise unbefriedigend, so sollte der Lehrer oder die Lehrerin die Schulleitung informieren, die sich dann mit dem Täter oder der Täterin und mit den Eltern in Verbindung setzt.

9. Der Konfliktberater wird informiert, und er empfiehlt womöglich ein Gespräch mit dem Schulpsychologen.

10. Der Vorfall sollte notiert werden, um eventuell
weitere Verhaltensauffälligkeiten zu überwachen.
Welche Informationen festgehalten werden, ergibt
sich aus den Fragen, die im Gespräch mit den Betroffenen gestellt wurden (siehe Kapitel 8).

10.13 Zusammenfassung

Schulen, die eine Anti-Gewalt-Strategie entwickelt und eingesetzt haben, verzeichnen eine beachtliche Abnahme von
Gewalttaten. Natürlich kann sie durch gegenläufige Kräfte,
also durch andere Schüler und Erwachsene, unterlaufen
werden. Gewinnt man diese aber dafür, aktiv gegen Gewalt
vorzugehen, so wird ein durchgängiges Überwachungssy-
stem möglich und effektiv.

Lehrer und Eltern können diesen Prozeß unterstützen, indem sie eine gewisse Infrastruktur aufbauen, die es den
Schülern ermöglicht, sich leicht und bequem mit ihnen in
Verbindung zu setzen. Das hat zusätzlich den Vorteil, daß
künftige Generationen vielleicht ein größeres Vertrauen zu
den Erwachsenen fassen und immer mehr Kinder besser mit
Gewalt umgehen können.

Denn Gewalttätige wird es immer geben: Manche Kinder
werden aggressiver und dominanter sein als andere, manche
besonders verletzbar. Obendrein werden Erwachsene nie –
und sollten es auch nie – in der Lage sein, auffällige Kinder
permanent zu überwachen.

Erwachsene haben die Aufgabe, nicht nur ein System zu
entwickeln, in dem Opfer vor Tätern geschützt werden, sondern auch eines, das Täter und Opfer vor sich selbst schützt.
Um dazu in der Lage zu sein, müssen sie ihr eigenes Verhalten gegenüber den Betroffenen überprüfen, sich ihre eigenen
Bedürfnisse und die ihrer Kinder bewußt machen und dann
darüber nachsinnen, wie sie sich am besten gegenüber Tä-

ter- oder Opferpersönlichkeiten verhalten, wie sie konstruktiv und sinnvoll mit ihnen umgehen können.

Ich hoffe, daß die Lektüre dieses Buches Ihnen dazu einige Hinweise geben konnte. Wenn es dagegen weitere Fragen
zur Diskussion über Gewalt aufgeworfen hat, hat es dennoch
seinen Zweck erfüllt. Auf viele Fragen des menschlichen Verhaltens können wir bis heute keine Antwort geben. Aber als
reifer und mitfühlender Erwachsener haben Sie den richtigen Ansatz gefunden, wenn Sie nicht nur im Interesse des
Kindes handeln, sondern auch für das Wohl nachfolgender
Generationen.

Viel Glück!

Anhang

A Indiskutable Maßnahmen

Manchmal ist es angebracht, Kinder zu bestrafen. Ebenso sollten sie für gutes Benehmen belohnt werden (siehe Kap. 5).

Wer Kinder mit den Folgen ihres Verhaltens konfrontiert, sollte sich darüber im klaren sein, daß sie auch gewisse Rechte haben. Es scheint manchem vielleicht überflüssig, die nachfolgenden inakzeptablen Maßnahmen auch nur zu erwähnen, dennoch kann es nie schaden, wenn auch Lehrer immer wieder sorgfältig ihre Methoden überprüfen: Zum Beispiel verletzt man bereits die medizinische Sorgfaltspflicht, wenn man einem Kind verbietet, zum Arzt zu gehen oder seine Eltern nicht über beobachtete gesundheitliche Probleme informiert.

Eltern sollten wissen, daß einige – den Menschenrechten entsprechende – Grundsätze zum Schutze ihrer Kinder im Internat und zu Hause festgesetzt sind. Es ist ein Segen, daß es solche Richtlinien gibt, und jeder, der sein Kind in ein Internat schickt, kann im großen und ganzen auf sie vertrauen.

Diese Grundsätze bilden auch eine hilfreiche Basis bei der Überlegung, welche Strafe bei schlechtem Benehmen des eigenen Kindes angemessen ist. Wie oft zum Beispiel verbieten Eltern ihrem Kind zur Strafe, aus dem Haus zu gehen, oder streichen ihm das Taschengeld, wenn es ungezogen war!?

1. Prügelstrafen

Prügelstrafe ist die vorsätzliche Anwendung von Gewalt als Strafe. Es ist niemandem erlaubt, ein Kind als Reaktion auf seine Gewalt zu ohrfeigen, zu schubsen oder zu schlagen.

Körperlich darf nur gemaßregelt werden, um eine unmittelbare Gefahr oder ein persönliches Unrecht von einem Kind, von anderen, von sich selbst und von Eigentum abzuwenden. Aber jede Form von Gewalt muß angemessen und begründet sein.

2. Entzug von Essen und Trinken

Einem Kind darf man niemals Essen und Trinken, das ihm zukommt, verweigern. Auch wenn es zur Strafe von den gemeinsamen Mahlzeiten ausgeschlossen wird, muß es dennoch mit dem normalen Essen versorgt werden.

3. Verweigerung eines Kontakts mit Eltern und Angehörigen

Erzieher sollten den Besuch der Eltern einplanen und damit das Bedürfnis eines Kindes nach regelmäßigem Kontakt mit seinem Zuhause akzeptieren. Das Gespräch mit den Eltern und Angehörigen darf im Zuge einer Strafe niemals verweigert werden.

4. Einsperren

Erzieher müssen dafür sorgen, daß die Unterkunft eines Kindes vor Eindringlingen sicher und geschützt ist. Sie dürfen ein Kind nur dann einsperren, wenn es eine Gefahr für sich selbst oder andere darstellt. Sie sollten es nie ausschließlich zur Strafe einsperren.

5. Vorsätzlicher Schlafentzug

Ein Kind darf nie am Schlafen gehindert werden. Ist ein Kind wach oder kann es nicht schlafen, dann sollte es den Schlafraum verlassen, damit andere schlafen können, aber nur, wenn es selbst dazu bereit ist. Man darf es nicht auf den Flur stellen oder zu körperlichen Betätigungen heranziehen, um es zu erschöpfen.

6. Geldstrafen

Geldstrafen dürfen nie im Zusammenhang mit schlechtem Benehmen verhängt werden, es sei denn, ein Kind muß beschädigtes fremdes Eigentum reparieren oder ersetzen.

7. Körperliche Durchsuchungen

Die Kleider eines Kindes können durchsucht werden, allerdings nie als Strafe, sondern lediglich aus Sicherheitsgründen. Das Kind darf niemals körperlich abgetastet werden.

8. Medizinische Sorgfaltspflicht

Einem Kind darf niemals der Zugang zu einer medizinischen Behandlung versagt werden (einschließlich Zahnarztbesuch).

B Quellen und Adressen

Eltern, deren Kind in Gewaltvorfälle verwickelt ist, sollten den Mut aufbringen, sich einer Freundin, einem Freund, einem Nachbarn oder einer Nachbarin anzuvertrauen (siehe Kapitel 9). Niemals sollten Sie zögern, mit dem Lehrer Ihres Kindes darüber zu sprechen und, wenn das fruchtlos bleibt, sich an die Schulleitung zu wenden, wenn nötig sogar an die Schulbehörde.

Sie alle müssen Eltern, die selbst oder deren Kinder Probleme haben, helfen – das gehört zu Ihren vorrangigen Pflichten. Erzieher sollten zugleich nie glauben, sie könnten alle Probleme, die Kinder haben, verstehen und allein lösen. Es ist immer sinnvoll, Kollegen hinzuzuziehen und sich an der Schulordnung zu orientieren (siehe Kapitel 10), die das Verhalten aller Schüler, Lehrer und Mitarbeiter regelt. Schulpsychologen und andere Fachkräfte sollten befragt werden, schließlich wurden sie vorwiegend zu diesem Zweck eingestellt.

Eltern wie Lehrer verfügen über die meisten praktischen Erfahrungen im Umgang mit Kindern und können sich gegenseitig helfen, vor allem, wenn sie gemeinsam eine Anti-Gewalt-Strategie erarbeiten. Zusätzlich gibt es nationale Einrichtungen, die bei Gewaltproblemen nützliche Ratschläge bereithalten und Eltern sowie Erziehern mit Rat und Tat zur Seite stehen.

Stellt sich Ihr Kind als gewalttätig heraus, so können Sie sich zuerst an die Lehrer Ihres Kindes wenden.

Darüber hinaus geben Ihnen die örtlichen Jugendämter wichtige Ratschläge und leisten Hilfe. Ebenso können Sie sich an die Erziehungsberatungsstellen Ihrer Stadt oder Ihres Landkreises oder – in drastischen Fällen – an die Polizei wenden. In größeren Städten gibt es häufig auch Kinder-und-Jugend-Telefone, die Ihnen wichtige Informationen geben.

Überregionale Informationsstellen sind:

Aktion Humane Schule – Bundesgeschäftsstelle
Waldäckerstraße 27, 70435 Stuttgart
Tel.: 0711/982 76 90, Fax: 0711/98 27 91

Bundesarbeitsgemeinschaft Kinder- und Jugendschutz
(BAJ e. V.)
Haager Weg 44, 53127 Bonn
Tel.: 0228/29 94 21, Fax: 0228/28 27 73

Bundesministerium für Familie,
Senioren, Frauen und Jugend
Rochusstraße 8-10, 53123 Bonn
Tel: 0228/930-0, Fax: 0228/930-22 21

Bundesverband Alleinstehender Mütter und Väter e. V.
Beethovenallee 7, 53173 Bonn
Tel.: 0228/35 29 95, Fax: 0228/35 83 50

Bundesverein zur Prävention für sexuellen Mißbrauch
Ruhmarkt 11, 24975 Maasbüll
Tel. 04634/17 11, Fax: 04634/17 02

Deutscher Kinderschutzbund e. V. – Bundesverband
Schiffgraben 29, 30159 Hannover
Tel.: 0511/304 85-0, Fax: 0511/304 85-49

Kinder- und Jugendtelefon:
Tel.: 0800/11 11 03 33
(Montag bis Freitag 15-19 Uhr)

Elterntelefon:
Tel.: 0202/75 705

C Literaturhinweise

Albrecht, Hans J., Strunk, Peter und Wolff, Reinhart: *Gewalt gegen Kinder. Das Phänomen der Kindesmißhandlung aus sozialpsychologischer, kriminologischer und jugendpsychiatrischer Sicht,* Freiburg 1986

Bauriedl, Thea: *Wege aus der Gewalt. Analyse von Beziehungen,* Freiburg ⁴1995

Bettelheim, Bruno: *So können sie nicht leben. Die Rehabilitierung emotional gestörter Kinder,* Stuttgart 1973

Biddulph, Steve: *Jungen! Wie sie glücklich heranwachsen. Warum sie anders sind – und wie sie zu ausgeglichenen und fähigen Männern werden,* München 1998

Biddulph, Steve: *Das Geheimnis glücklicher Kinder,* München 1997

Böhner, Stefan: *Aggressive Kinder und Jugendliche,* Mannheim 1994

Böhner, Stefan: *Alltagsprobleme aggressiver Kinder und Jugendlicher,* Mannheim 1994

Brinkmann, Wilhelm und Honig, Michael S.: *Gewalt gegen Kinder – Kinderschutz. Eine sozialwissenschaftliche Auswahlbibliographie,* München 1986

Büttner, Christian: *Video-Horror, Schule und Gewalt. Pädagogische Entwürfe für die Lehrerfortbildung gegen Horror- und Gewaltvideos bei Kindern und Jugendlichen,* Weinheim 1990

Colbert, T.C. : *Das verwundete Selbst. Über die Ursachen von psychischen Störungen,* München 1998

Dieckmann, Dorothea: *Kinder greifen zur Gewalt,* Reinbek bei Hamburg 1994

Eigenmann, Joseph (Hrsg.): *Aggression im Kinder- und Jugendheim. Eine Form zwischenmenschlicher Beziehung,* Luzern 1988

Eisenberg, Götz und Gronemeyer, Reimer: *Jugend und Gewalt. Der neue Generationenkonflikt oder der Zerfall der zivilen Gesellschaft,* Reinbek bei Hamburg 1993

Elliott, Michele: *So schütze ich mein Kind vor sexuellem Mißbrauch, Gewalt und Drogen, Bergisch Gladbach 1995*

Erikson, Erik H.: *Identität und Lebenszyklus. Frankfurt am Main 1976*

Finger-Trescher, Ute und Trescher, Hans G. (Hrsg.): *Aggression und Wachstum. Theorie, Konzepte und Erfahrungen aus der Arbeit mit Kindern, Jugendlichen und jungen Erwachsenen, Mainz 1992*

Franke, Ulrike (Hrsg.): *Aggressive und hyperaktive Kinder. Therapeutische Verfahren, Stuttgart 1995*

Fromm, Erich: *Anatomie der menschlichen Destruktivität, Reinbek bei Hamburg 1977*

Gieth, Hans J. van der: *Schule gegen Gewalt. Möglichkeiten einer Gegenstrategie, Lichtenau-Scherzheim 1996*

Gloer, Nele und Schmiedeskamp-Böhler, Irmgard: *Die verlorene Kindheit – Gewalt gegen Jungen, München 1990*

Guggenbühl, Allan, Wolk, Bernhard, Wehner, Michael und Rettich, Markus: *Aggression und Gewalt in der Schule. Schulhauskultur als Antwort. Ein praktisches Handbuch für Lehrerinnen und Lehrer aller Stufen, Freiburg 1996*

Haug-Schnabel, Gabriele: *Aggression im Kindergarten. Verständnis und Bewältigung, Freiburg 1996*

Heil, Hubertus, Perik, Muzaffer und Wendt, Peter U. (Hrsg.): *Jugend und Gewalt. Über den Umgang mit gewaltbereiten Jugendlichen, Marburg 1993*

Helsper, Werner und Wenzel, Hartmut: *Pädagogik und Gewalt. Zu den Möglichkeiten und Grenzen pädagogischen Handelns, Leverkusen 1995*

Jungjohann, Eugen: *Kinder klagen an – Angst, Leid und Gewalt, Frankfurt am Main 1991*

Kammerer, Doro: *Aggression und Gewalt bei Jungen. Warum sie auf Waffen und Raufereien stehen und wie Eltern damit umgehen können, München 1993*

Knopf, Hartmut (Hrsg.): *Aggressives Verhalten und Gewalt in der Schule. Prävention und konstruktiver Umgang mit Konflikten, München 1996*

Krausslach, Jörg, Düwer, Friedrich W. und Fellberg, Gerda: *Aggressive Jugendliche. Jugendliche zwischen Kneipe und Knast, Weinheim ⁶ 1990*

Melzer, Wolfgang (Hrsg.): *Schule, Gewalt und Rechtsextremismus, Leverkusen ²1995*

Miller, Alice: *Du sollst nicht merken, Frankfurt 1983*

Petermann, Franz und Petermann, Ulrike: *Training mit aggressiven Kindern, Weinheim 1994*

Redl, Fritz und Wineman, David: *Steuerung des aggressiven Verhaltens beim Kind, München ⁶ 1993*

Reuter, Dieter: *Kindergrundrechte und elterliche Gewalt, Berlin 1968*

Rusch, Regina (Hrsg.): *Gewalt. Kinder schreiben über Erlebnisse, Ängste, Auswege, Mainz 1994*

Schad, Ute: *Verbale Gewalt bei Jugendlichen. Ein Praxisforschungsbericht über ausgrenzendes und abwertendes Verhalten gegenüber Minderheiten, Weinheim 1996*

Schubarth, Wilfried, Kolbe, Fritz U. und Willems, Helmut (Hrsg.): *Gewalt an Schulen. Ausmaß, Bedingungen, Ursachen. Quantitative und qualitative Untersuchungen in den alten und neuen Ländern, Leverkusen 1995*

Silberman, Alphons, Liebermann, Robert M., Heinrichs, Heribert u. a.: *Aggression und Fernsehen. Gefährdet das Fernsehen die Kinder? Ein Elternbuch, Tübingen 1973*

Smith, Charles A.: *Hauen ist doof. 162 Spiele gegen Aggression in Kindergruppen, Mülheim an der Ruhr 1994*

Stein, Arnd: *Wenn Kinder aggressiv sind. Wie wir verstehen und helfen können, München 1995*

Struck, Peter: *Erziehung gegen Gewalt. Ein Buch gegen die Spirale von Aggression und Haß, Neuwied 1994*

Stüwe, Gerd (Hrsg.): *Jugend und Gewalt. Ist die Gewaltbereitschaft Jugendlicher bereits ein Massenphänomen?, Frankfurt am Main 1992*

Train, Alan G.: *Helping the Aggressive Child, London 1993*

Trube-Becker, Elisabeth: *Gewalt gegen das Kind. Vernachlässigung, Mißhandlung, sexueller Mißbrauch und Tötung von Kindern, Heidelberg 1987*

Volker, Klaus: *Jugend und Gewalt, München 1996*

Wahl, Klaus: *Studien über Gewalt in Familien. Gesellschaftliche Erfahrung, Selbstbewußtsein, Gewalttätigkeit, München 1990*

Weißer Ring (Hrsg.): *Gewalt in der Schule, Mainz 1995*

Wolff, Reinhart (Hrsg.): *Gewalt gegen Kinder: Kindermißhandlung, Kinderschutz. Forschungsergebnisse, Kontroversen, Projekte, Reinbek bei Hamburg 1997*

Ziegler, Franz: *Kinder als Opfer von Gewalt. Ursachen und Interventionsmöglichkeiten, Bern 1995*

D Register

Weitere KidsWorld-Elternratgeber im Beust Verlag

200 S., 45 farbige Ill., 40 s/w Fotografien, DM/sFr 24,80, öS 181,- ISBN 3-89530-019-5

Jeder, der heute mit Jungen zu tun hat, macht sich Sorgen um sie: Wo man auch hinsieht, geraten sie in Schwierigkeiten. Eltern und Erzieher/innen möchten besser verstehen, was Jungen bewegt und wie man ihnen helfen kann, zu glücklichen, liebevollen und fähigen Männern heranzuwachsen.
In *Jungen! Wie sie glücklich heranwachsen* zeigt **Steve Biddulph** die wichtigsten Stationen der Entwicklung von Jungen auf – von der Geburt bis ins Erwachsenenalter. Und er gibt auf seine unnachahmliche, humorvolle, offene und praktische, von fundiertem Wissen getragene Art Ratschläge, wie Jungen liebevoll, aber auch mit starker Hand geführt werden können.

200 S., 77 farbige Ill., Pb., 15 x 23 cm, 24,80 DM, 24,80 sFr, 181,- öS,ISBN 3-89530-000-4

Süddeutscher Rundfunk:
»Der beste Erziehungs-Ratgeber seit langem. Ein wunderbares Buch für ›Praktiker‹, dem es gelingt, mit ›Aha‹-Erlebnissen bei der Lektüre wirklich weiterzuhelfen.«

Saarländischer Rundfunk:
»Wenn Sie dieses Buch mit seinen gut strukturierten Kapiteln lesen, werden Sie buchstäblich die stützende Hand auf Ihrer Schulter spüren.«

Bernd Göttlicher/Monika Pilger

Kinder am Computer

222 Ideen, wie Eltern ihre Kinder am Computer fördern können

Beust

Kids
WORLD

PRAXISBUCH

224 S., 60 farbige Ill., 24,80 DM/sFr, 181,- öS, ISBN 3-89530-006-3

Mit diesem Buch erhält der Leser eine leicht verständliche Anleitung, die es nicht nur dem Computerfreak ermöglicht, Kindern pädagogische Inhalte spielerisch zu vermitteln. Um die zahlreichen Vorschläge, die das Buch liefert, praktisch umzusetzen, genügen ein PC oder Macintosh mit aktuellem Betriebssystem.

Neue Westfälische
»Das Besondere dieses Buches ist der Versuch, im Gegensatz zu anderen Elternratgebern vor allem praktische Anleitungen an die Hand zu geben. Daß das Autorenteam dabei auch an einem Tabuthema rüttelt und Tips für Babys und Kleinkinder vorstellt, ist bemerkenswert.«

Bildzeitung

»Mit diesem Elternratgeber sind Sie ganz schnell beim Thema und können bestimmen, welche Hard- und Software im Kinderzimmer künftig stehen soll.«

Süddeutsche Zeitung

»Hier erfahren Sie alles über den Computer, was Sie schon immer wissen wollten, aber Ihre Kinder nie zu fragen wagten ... mit Richtlinien, in welcher Dosierung und mit welchen Inhalten Eltern altersgerechtes Computerwissen vermitteln können.«

224 S., 38 farbige Ill.
DM/SFr 24,80, ÖS 181,-
ISBN 3-89530-010-1

Aschaffenburger Stadtmagazin

»Die ersten Worte des eigenen Kindes werden meist sehnsüchtig erwartet. Und danach? Dieses Buch ist ideal für Eltern, die auch noch nach diesem Moment wissen wollen, wie das Kind zur Sprache kommt, und die spielerisch und mit viel Spaß zu einer guten Sprachentwicklung beitragen wollen.«

Besser leben

»... ein ebenso unterhaltsamer wie brauchbarer Ratgeber ... Er enthält eine Fülle von praktischen Tips ...«

184 S., 43 farbige Ill.
DM/SFr 24,80, ÖS 181,-
ISBN 3-89530-005-5

Jean Robb Hilary Letts

Clevere Kids...
fallen nicht vom Himmel

Auch Lernen will gelernt sein

216 S., 42 s/w Ill., DM/SFr 24,80, ÖS 181,-, ISBN 3-89530-017-9

Kinder können selbständig ihre Fähigkeiten und ihre Freude am Lernen entdecken. Leicht verständlich und ohne lernspychologischen Kauderwelsch zeigt
dieser Ratgeber, wie Kinder ihre Lernhemmungen abbauen und ihre Lust am Lernen steigern können. Zahlreiche Spielvorschläge und Schaukästen machen es dem
Leser leicht, die Ideen pädagogisch sinnvoll und mit Spaß für jung und alt umzusetzen. Ein Buch, das Eltern und Kinder ermuntert, Selbstvertrauen zu wagen: Er-
folge können kinderleicht sein.
Jean Robb ist in Australien Millionen von Zuhörern bekannt: als Moderatorin einer
Rundfunksendung, die täglich Fragen zur Kindererziehung und Schule beantwortet. 1990 gründete sie gemeinsam mit der Logopädin **Hilary Letts** die Stiftung
Successful Learning.

Bild und Funk

»... mit vielen Beispielen, Anekdoten, Fragen und Antworten, Diskussionen und einem sachlichen Lexikonteil hilft der vorliegende Ratgeber, ohne große Umschreibungen die richtigen Worte und Verhaltensweisen – für jedes Alter – zu finden.«

Kurier, Wien

»In durchaus humorvoller Form will das Buch Gesprächsanleitungen liefern, bietet aber auch dort sachliche Information, wo vielleicht selbst die Eltern nicht ganz sattelfest sind.«

200 S., 40 farbige Ill.
DM/SFr 24,80, ÖS 181,-
ISBN 3-89530-011-X

Die aktuelle, Nürnberg

»Mit Witz und Charme bringt das Enkel-ABC Großeltern von heute auf neue, überraschende Weise wieder das Buchstabieren bei.«

Saarbrücker Zeitung

»Jeder Menge praktischer Tips bietet dieser Ratgeber quasi als Erinnerungshilfe.«

Thüringer Allgemeine

»Das amüsante Enkel-ABC mischt sich ein in den Umgang der Generationen. Und es verrät, warum Großväter für jeden Unsinn zu haben sind.«

208 S., 42 farbige Ill., 15 x 23 cm,
DM/SFr 24,80, ÖS 181,-
ISBN 3-89530-009-8

Beust

RATGEBER

Steve Biddulph

Weitere Geheimnisse glücklicher Kinder

Die neue Generation von Elternratgebern

Weltbestseller 2

Kids
WORLD

208 S., 63 farbige Ill., DM 24,80, SFr 23.-, ÖS 181,-, ISBN 3-89530-020-9

Steve Biddulphs Folgeband zu *Das Geheimnis glücklicher Kinder* ergänzt den ersten Titel in zweierlei Hinsicht: Zum einen behandelt er neue Erziehungsthemen, zum anderen werden Themen vertieft, die im ersten Buch nur kurz angesprochen wurden.
Das Buch gibt Antwort auf zwei der wichtigsten Fragen heutiger Erziehung:
Wie können Eltern lernen, Disziplin und Gehorsam von ihren Kindern zu fordern, ohne auf physische Gewalt oder Einschüchterungen zurückzugreifen?
Wie können Eltern ermuntert werden, ihre Kinder wirklich selbst zu erziehen und die Aufgabe nicht anderen (oft nur vermeintlich besser qualifizierten) Personen zu überlassen.
Damit Eltern diese Herausforderungen meistern können, gibt Steve Biddulph ihnen zwei wirkungsvolle Konzepte an die Hand: »Sanfte Liebe« und »Standfeste Liebe« oder anders ausgedrückt – Einfühlungsvermögen und Festigkeit.

Berliner Zeitung

»Mit diesem Buch haben Sie Gelegenheit, fast verschwundene Spielideen wie auch originelle Eigenkreationen (wieder) mit Ihren Kindern zu entdecken. Alle Ideen zeichnen sich aus durch spontane Umsetzbarkeit und einfache Durchführung.«

Familie & Co

»Über 160 Spielideen, wobei lobenswerterweise die Wohn- und Lebensverhältnisse mitberücksichtigt werden. Viele Tips und witzige Illustrationen gibt's dazu – ein Buch, das nicht nur den lieben Kleinen Beine macht. Bravissimo!«

192 S., 39 Ill., Pb., 15 x 23 cm
DM/sFr 24,80, öS 181,-
ISBN 3-89530-007-1

ekz-Informationsdienst

»ansprechendes Layout, humorvoller Stil, gut verständlich, flott und informativ mit vielen Beispielen«

NDR Hamburg Welle

»... ohne besserwisserischen Tonfall, humorvoll, übersichtlich gestaltet ...«

Ostsee Zeitung

»... humorvoll, informativ, ideenreich und anekdotenhaft wird hier auf viele Situationen eingegangen, die im Familienalltag eine Rolle spielen.«

200 S., 81 farbige Ill.
DM/SFr 24,80, ÖS 181,-
ISBN 3-89530-001-2